本书由陕西师范大学学术著作出版基金资助出版

六艺圆融

马一浮文化哲学研究

许宁 著

中国社会科学出版社

图书在版编目(CIP)数据

六艺圆融:马一浮文化哲学研究 / 许宁著 . —北京:中国社会科学
出版社,2008.3

ISBN 978-7-5004-6686-4

Ⅰ. 六… Ⅱ. 许… Ⅲ. 马一浮(1883~1967)—哲学思想—
研究 Ⅳ. B261.5

中国版本图书馆 CIP 数据核字(2008)第 038304 号

责任编辑 韩育良
责任校对 郑成花
封面设计 格子工作室
版式设计 戴 宽

出版发行 **中国社会科学出版社**

社 址 北京鼓楼西大街甲 158 号 邮 编 100720
电 话 010—84029450(邮购)
网 址 http://www.csspw.cn
经 销 新华书店
印 刷 华审印刷厂 装 订 广增装订厂
版 次 2008 年 3 月第 1 版 印 次 2008 年 3 月第 1 次印刷
开 本 880×1230 1/32
印 张 9.25 插 页 2
字 数 240 千字
定 价 26.00 元

序

宋志明

　　大凡学过中国哲学史的人，都会对先秦时期的"百家争鸣"留下深刻的印象。那是中国古代第一个社会剧烈变革的时代：王室衰微，诸侯争霸；礼崩乐坏，诸家蜂起。传统的意识形态的大厦轰然坍塌，殷周礼乐、天命权威的社会基础从根本上动摇，不再具有约束人心的力量。从政治史的角度看，那无疑是一个乱世；而从哲学史的角度看，却是一个黄金时代。旧有社会意识权威的失落，成为新思想问世的契机。思想家们从各个视角反思传统观念的缺陷，发挥思想原创力，构想新社会所需的新思想、新观念、新规则。史家以"百家"形容当时思想流派之繁多，以"争鸣"形容当时思想交流之活跃、思想交锋之激烈。在中国历史上还有一个历史时期，堪与先秦时期媲美，那就是20世纪初年。这是一个社会剧烈变革的时期，中国社会正在由古代转入近现代；这也是一个"百家争鸣"时期，形形色色的思想流派竞长争高，各种"主义"、各种学说纷纷登场亮相。思想家们以中外文化交流为背景，学术视野比自己的前辈更开阔。一方面，他们致力于"输入学理"，从西方人的思想库中搬来进化论、天赋人权论、共和国思想、科学与民主思想、康德哲学、黑格尔哲学、尼采哲学、实证主义、实用主义、柏格森主义、新实在主义、逻辑实证主义，当然还有影响最大、最深的马克思主义；另一方面，他们致力于"整理国故"，站在新时代的高度运用新观点、新方法诠释固有的学术遗产，使之适应新时代的需要，焕发新的生命力。正是在这样的学术氛围中，现代新儒家成为中国现代哲学史上重要的思想流派之一。

马一浮是重要的现代新儒家之一，与梁漱溟、熊十力齐名，被贺麟誉为"中国文化仅存的硕果"。他饱读中国文化典籍，精通多种外语，融会中外思想资源，创立了独具特色的现代新儒家思想体系。可是，当前学术界对他的研究很不充分，只有数量有限的几篇论文和几本介绍性的著作，几乎可以说是现代新儒学研究方面的一项空白。目前现代新儒家的研究者，大多从接受西方哲学的影响入手评判学术价值，故而忽略了以拒斥形而上学为特色的马一浮。有的学者甚至不承认马一浮在哲学上有创新之处。许宁博士著《六艺圆融——马一浮文化哲学研究》破除了这种偏见，以独到的视角揭示马一浮的思想特质，在关于现代新儒家的研究方法上有所突破。

该书围绕着马一浮的文化哲学展开论述，首先评述马一浮的思想方法，找到判教论这一马一浮建立文化哲学的思考起点。接着进入马一浮文化哲学系统的殿堂，剖析其关于理气、知能、止观等范畴的哲学意涵，评述马一浮的名相论。作者对马一浮的文化哲学作了立体的把握，指出心性论是马一浮文化哲学的核心。在马一浮的文化哲学体系中，心兼理气，心统性情，心外无物，心即本体即工夫。他接着宋明理学讲，但讲出了新意。作者指出，马一浮文化哲学的新意就在致力于文化价值的时代重构，以六艺论统摄一切学术，确立真善美的价值目标，倡导证人论的文化精神。作者的这些观点都发人所未发，有创新之处。该书结构严谨，文笔流畅，分析深入，鞭辟入理，切中肯綮，说理充分，结论正确。该书对于全面了解现代新儒家这一文化现象有学术价值和理论意义，对于促进儒学的现代转化、培育民族精神有应用价值。对话式的诠释深度不够，对马一浮文化哲学的历史局限的评判亦有些简略，这可能是本书的不足之处。希望许宁博士继续研究这个课题，争取有更多的成果问世。

孟子把"得天下英才而教育之"视为乐事。我在与许宁相处的三年中，的确体验到了这种快乐。称实而论，我对马一浮的学术思想所知有限。在与许宁切磋琢磨的过程中，我亦收获良多，可谓"教学相长"。欣闻许宁博士论文修改后付梓，我乐为其序，更嘉其有成。

2006 年 8 月序于中国人民大学宜园二楼寓所

摘　要

文化危机是中国文化哲学的产床。以马一浮为代表的中国知识分子痛心于传统价值系统的崩溃，迫切希望从哲学层面考察和反思文化的本质及其发展规律，评价和衡断世界文化反观下的民族文化的价值及其限度，贞定和重构中国社会的道德谱系和文化秩序，冀求传统文化的现代转生和中西文化的互动与贯通，这一切构成了20世纪初中国文化哲学思潮勃兴的思想动因和历史背景。

导论部分介绍了中国现代文化哲学发生的时代背景和主要流派，指出在持续的文化讨论中出现了颇具特色的三大文化哲学流派，即自由主义的西化派、保守主义的现代新儒家和马克思主义的唯物史观派。并进而围绕论主马一浮简述其治学和讲学的人生际遇和思想发展，基于现代新儒家的共同文化立场和马一浮的自身理论建构，在近现代中西文化冲突的思想史背景下，本书认为将马一浮的思想体系理解和把握为整体贯通的文化哲学创造，可能更接近于他的思想原貌。

马一浮文化哲学的理论建构既依傍传统思想资源，又具有独特的理论视角，在其哲学文本的表象下隐藏着其特有的逻辑构成，表征着其主要理论组成部分及诸范畴系统的逻辑关联，体现了一条清晰的思想线索，即由作为逻辑起点的判教论到范畴层面的名相论，再到作为理论基础的心性论和逻辑展开的六艺论，最后归结为人格层面的证人论。

第一章判教论旨在说明马一浮文化哲学的建构方法和思维手段。在马一浮看来，判教是在风云诡谲、文化跌宕的时代环境下的价值抉择。因此判教在其文化哲学中就突出为体系建构的方法诠解，其核心是文化价值的判断与衡准。马一浮在研究儒佛二家判教理论的基础上，本着"异而知其类，暌而观其通"的圆融宗旨，发展出现代新儒家的判教理论体系。判教论还表明了马一浮的文化史观，对以三教为主体的传统文化展开富有时代意义的判教，通过判今古、判朱陆、判汉宋、判三教，乃至于判中西文化，在新的历史文化参照系中，重新定位和厘清固有文化的思想秩序和价值内蕴，从殊相中寻找共相，将六艺确立为传统文化的纲维和中西文化统摄的前提。通过其判教活动过程，马一浮建构起自身的文化哲学体系，在整体逻辑结构中渗透着深刻、鲜明的判教思维方式的影响。

第二章名相论阐述了马一浮文化哲学在范畴层面的价值转换和义理融通，主要解决范畴的可通约性和价值的对应性问题，在纷繁的语词密林中寻求文化共性，通过秩序文化条理获得范畴归致。马一浮首先从义理与名相的关系入手，指出其作为能指的名相在儒、释、道等思想体系中都各有殊异，但其作为所指的义理都是一致的，因此就为传统哲学中的名相圆融提供了理论前提；其次，马一浮从本体论、认识论、修养论对理气、知能、止观等范畴作了细致的分析和清理，对历史上存在的理学与心学、儒家与佛教的分歧和对峙进行了疏通和批导。

第三章心性论是马一浮文化哲学的理论基础，它关系到六艺论的合法性依据和价值根源判断，占据十分重要的地位，主要解决心性价值及其实现的问题，为文化主体进行全面的心性贞定。当然，作为宋明理学中心话题的心性无疑具有相当大的敏感度，一方面它充满了理学与心学的紧张；另一方面亦有被时人目为空谈心性的诟病。马一浮以《大乘起信论》的"一心二门"作为基本框架，超越性地提出"心兼理气、统性情"的命题，并从心外无物、本体与功夫角度作了阐述，表面看似乎是接受了心学的立场，实际上马一浮是对理学和心学都作了修正和调整，建构起六艺价值系统，从而进一步提出了其文化哲学最主要观点。

第四章六艺论是马一浮文化哲学的逻辑展开，表明了马一浮对文化本质及其现象的总的看法，主要解决文化价值及其实现的问题，体现了文化价值的时代重构。他以"六艺统摄一切学术"为总命题，分别论述了六艺统诸子，六艺统四部，六艺统摄西来学术等，他认为人心是六艺之价值源泉，因此只要人心一日不灭，六艺之道则炳然长存，作为西方价值的真、善、美亦可被六艺价值系统所摄。实际上原本作为六经的《诗》、《书》、《礼》、《乐》、《易》、《春秋》已经溢漾出具体历史文本内容范围，由迹至本，成为具有越超性的价值原则。他认为六艺散在《论语》总在《孝经》，故在复性书院的讲经活动已经变为对传统文化中六艺之道的阐扬，包含着对中华民族的深刻文化忧患和对人类文化走向的终极思想关切，所以又转向对人的追寻。

第五章证人论是马一浮文化哲学在人生、人格层面的贯彻，主要解决人生价值及其实现的问题，是文化精神的生命流溢。简言之，是证什么人、如何证、证什么的问题。马一浮指出由六艺之道，行六艺之教，最终是为了证成六艺之人，也即是对六艺的心性证验和生命自觉。所以他首先区分人格类型，以君子、圣贤作为完美人格的典范；其次批判现代大学制度，主张以六艺为主要内容来进行培育、涵养，复性书院的学规可视为其人格教育思想的纲领。但毫无疑问，所有外部的环境条件都不是决定性因素，关键在于读书践履从而发现和证验自性本具之理，充实和推进人格的完善，成为抗日战争和文化建设运动中的中坚。

值得注意的是，马一浮的文化哲学以六艺为核心观念，其内在理路都是围绕着这个核心观念而展开的。判教论据六艺判教，既是体系建构的方法诠解，又体现了以儒学价值为本位的文化史观；名相论将繁杂的范畴归致于六艺义理，是同一所指的不同能指；心性论旨在揭示六艺乃人人自性本具之理，由此贞定文化主体；六艺论重新建构了中西文化中具有普遍意义的价值系统；证人论则突出了对六艺之人的教育和塑造，所以"六艺"在马一浮那里已消褪了经典文本的意味，而成为人类文化理想的象征，普遍文化价值的范型，完满人格类型的楷模。

第六章三圣论对梁漱溟、熊十力和马一浮的文化哲学作了比较研究。指出他们具有共同的时代主题，即如何解决近现代以来中国所面临的文化危机，如何重建儒家文化的价值系统和思想秩序，实现传统文化主要是儒家文化的现代转型。结合各自的经历境遇、理论凭借、兴趣机缘，作为儒林领袖，他们独立地赋予传统儒学以新的时代意蕴和理论生命力，导向不同的发展路径，形成各具特色的理论建构，构成儒家文化现代转型的三个向度：梁漱溟着眼儒学思想与乡村改造的结合，致力于儒学的社会化，重构社会组织系统；熊十力以唯识学和西方哲学为阶梯，强调儒学形上之维的敞开，在儒学哲学化的思辨进程中增强与西学的对话能力与互动生成；马一浮认为西学冲击下的中国学术正处于末世，因而以存留"读书种子"的心态倾心儒学的精英化，从心性本原疏解中西文化的紧张与对立。本章从三圣的共时性理论建构的角度，分析他们在文化批判、文化价值、文化主张和文化实践诸层面的不同特点，由此把握现代新儒学的发展脉向，强调"中国的哲学"的内在生命精神。

结语部分概括了马一浮文化哲学的理论特点，即理论形态的传统性、哲学话题的时代性和价值取向的圆融性，分别阐发了其在诠释学、文化学和价值观层面上的丰富意蕴，并就马一浮文化哲学的历史局限性和思想偏向作了深入分析。

目 录

导论：微茫不辨山川势

　　他是 20 世纪中国知识分子的杰出代表，既有深厚精湛的国学根底，又有游历欧美的西学滋养。他性慕幽遁，超卓隐逸，却又攘夷明义，出斋讲学。熊十力尊之"道高识远"，梁漱溟挽之"千年国粹，一代儒宗"；周恩来赞为"我国当代理学大师"，贺麟誉为"代表传统中国文化的仅存的硕果"；世人将他和熊十力、梁漱溟恭奉为"现代儒家三圣"，徐复观则把他和熊、梁、张（君劢）并称为"当代四大儒者"。他就是浙江绍兴的马一浮先生。

　　马一浮和他同时代的知识分子一样，痛苦地目睹了天朝的崩溃，深切地感受着传统文化在西学逼迫下的呻吟和脆弱，于是他们出入中西，希望从哲学层面考察和反思文化的本质及其发展规律，评价和衡断世界文化反观下的民族文化的价值及其限度，贞定和重构中国社会的道德谱系和文化秩序，冀求传统文化的现代转生和中西文化的互动与贯通，这一切构成了 20 世纪初中国文化哲学思潮勃兴的思想动因和历史背景。它充分表明了以马一浮为代表的知识分子群体的复杂的心路历程，也反映了他们对于文化这一时代主题所作出的思索与努力。正如任何伟大的理论贡献都源于巨大的挑战，马一浮的哲思亦来自于那关乎民族患难与文化兴废的重重危机的深处。

第一节　文化危机与文化哲学

一　文化危机

中国近现代文化哲学的产生与西方文化哲学的产生具有不同的历史背景。中国近现代文化哲学从一开始就与中国社会近现代文化危机有着不解之缘，而西方文化哲学则是其社会经济发展和哲学逻辑演进的必然产物。

自18世纪启蒙运动以来，神权遭到了更为强烈的抨击和否定，人本主义取代神本主义成为精神世界的旗帜，人们走出上帝的巨大阴影重新从人自身及其活动中探讨人与文化的关系，从而为文化哲学的产生准备了思想解放的前提条件。同时天文学、物理学、力学、化学等自然科学成果迅速普及，极大地促进了资本主义社会的生产力，而且资本主义伴随着地理大发现进行殖民扩张，在争夺原材料产地和商品倾销地的斗争中拉开了全球化进程的帷幕。当非洲、亚洲、南美洲等文明系统出现在西方文化视域中时，就需要一种全面考察全球人类文化的解释理论，思考文化的先进性与落后性，时代性与民族性，共性与个性，以及关于人的本质、存在、历史、价值、发展的文化理解。要求通过对各民族文化历史的现象考察抽绎出人类文化历史发展的最一般规律，这样就为文化哲学的产生提供了社会现实条件。

从唯理论和经验论两大哲学传统来看，不管是理性分析还是经验归纳都无法独自担负对复杂社会历史现象的认识和说明的使命，因而必须在哲学方法论的高度上实现二者的统合。我们在文化哲学的先驱者维柯、赫尔德和康德那里都能感受到他们由思维方式的变革而带来的思想理论的创新。而且民族学、人类学、社会学、历史学、神话学等人文社会科学诸门类在19世纪中叶以后获得了长足的进步，人们对具体文化结构和不同文化类型的探讨愈见深入，使对文化现象进行更高的哲学层面的反思和省察成为可能，这一切又无疑为西方文化哲学的产生增添了新的理论资源和方法工具①。

近代中国的历史实际上是一部危机重重的历史，伴随着政治秩序的逐步崩溃，在内忧外患、国殇族衰的时代困境中，人们痛苦而深切地反思传统文化的现实作用，自觉探求中国社会近代化进程中的文化动因，由器物层渐及于制度层，乃至扩大到思想文化层，反映了这种反思的艰难和曲折。尽管辛亥革命以武器的批判推翻了数千年的封建君主专制制度，建立了民主共和国家，但并没有从思想上、文化上、心理上完成对传统文化的彻底清算和系统批判，这一工作有待于在新文化运动、科玄论战、疑古思潮的三大运动中获得实现。从而分别展开了对传统文化的价值批判、科学批判和历史批判。

对传统文化的价值批判。新文化运动以 1915 年 9 月陈独秀创办《青年》杂志为标志，该杂志旨在唤醒国民的"理论觉悟"，从而拉开了新文化运动的序幕。运动中的主要刊物包括《新青年》、《新潮》、《国民杂志》、《每周评论》、《少年中国》、《星期评论》、《建设》、《解放与改造》等，讨论话题涉及孔教、礼法、贞节、国粹、政治、宗教等，逐渐形成全国范围的文化运动。中国的先进分子从辛亥革命的失败中，尤其是几经帝制复辟后，深切地感到文化转型是社会变革的基本条件，正式将锋芒指向了传统文化及其价值观的改造。新文化运动的代表人物深刻分析了中国民众心理结构中的奴性和劣根性，认为儒家思想与君主专制存在着内在的本质联系，以西方文化鲜活而强悍的思想为理据，对传统文化的置疑转变为对传统文化的否定。因而提出"重估一切价值"，高举民主和科学的大旗，展开对旧道德、旧礼法、旧文学、旧政治等固有价值系统的猛烈抨击，试图清洗与帝制皇权相联系的一切旧的文化因袭。

---

① 参见洪晓楠《文化哲学思潮简论》，上海三联书店 2000 年版。

但因为新文化运动对传统文化的价值批判一开始就具有社会和政治批判功能，在民族危机逐步加重的情况下，最终在 1919 年转变为因抗议北洋军政府的卖国外交而爆发的"五四"爱国运动。

对传统文化的科学批判。科玄论战由北京大学教授张君劢于 1923 年 2 月 14 日在清华学校所作的题为《人生观》的讲演而引发，他辨析科学与人生观的五大区别，认为人生观是主观的，与客体无涉，与科学无关，提倡自孔孟至宋明的儒家文化，主张对西方文化采取批判吸收的态度。地质学家丁文江随即写了《玄学与科学——评张君劢的"人生观"》一文，以人生观能否和科学相区别为主要论题，提出科学万能，可以支配人生观，鲜明地号召"打倒玄学鬼"。许多学者纷纷发表文章，其中有梁启超、胡适、吴稚晖、林宰平、张东荪、王星拱、唐钺、陈独秀、瞿秋白等。"玄学派"持守东方文化立场，"科学派"则以西方文化为依归，对传统文化进行科学主义的批评，以科学消解玄学的合法性，将科学作为人生价值的取向，并以西方文化全盘置换传统文化，可以视为是新文化运动的继续和深入。

对传统文化的历史批判。1926 年，顾颉刚主编的《古史辨》第一册出版，至 1941 年共出版七大册，参与人数众多，影响远远溢出史学界，扩大为整个学术思想界的持续争鸣活动。疑古思潮意在全面推翻整个中国上古信史，认为儒家六经所建构的中国古代史图景只是随口编造的"一篇糊涂账"。古史辨运动是新文化运动以来持续反传统主义的惯性发展。彭明辉先生指出："疑古思想与五四时期反儒学运动之若合符节。"[①]古史辨运动通过疑古考证了一些史料，更重要的是破坏了儒家思想的历史结构，从而有可能生成新的意义和解释，因此促进了现代史学研究的长足发展。但由于过

---

① 彭明辉：《疑古思想与现代中国史学的发展》，台湾商务印书馆 1991 年版，第 1 页。

激的怀疑主义也造成无材料可信，无史实可征，扭曲和破坏了古史原貌。顾颉刚在20世纪50年代反省古史辨运动时亦认为："现在看来也不免偏，偏在都要撕破，容易堕入虚无主义。"①

综观这三个运动恰恰构成了对儒学批判的三个逻辑环节，使传统文化所遭遇的困境和危机进一步放大和加深。也正在这个过程中，儒学在与西方文化的对话、论战中争取和发展自己的话语策略和文化主张，拓展民族文化和价值系统的理论空间。

二　中国文化哲学与现代新儒家

中国近现代文化哲学肇始于作为批判环节开端的新文化运动。以李大钊在《言治》发表《东西文明根本上之异点》和陈独秀在《新青年》发表《东西民族根本思想之差异》为标志，人们力图在中西文化的比较中探寻二者的融通之道。其中影响最大，也被视为第一部真正意义上的文化哲学专著当属1921年梁漱溟的《东西文化及其哲学》。他在书中将共时性的西、中、印三大文化按"意欲"的不同分判为历时性的三个发展阶段，并预言未来的世界文化将出现古希腊、中国、印度文明三期重现的态势。在随后更加热烈的文化讨论中，朱谦之在20世纪30年代出版了首部以《文化哲学》冠名的著作，该书意在说明文化的本质及其类型，分析文化的地理分布，阐明中外文化关系及本国文化的新动向，以谋求建设未来的世界文化。但时至今日，学界对文化、文化哲学的理解仍然各执异同，缺乏统一的认识。

《周易·贲·象》曰："观乎人文，以化成天下。"这是中国人对文化本质及功能的最初认识，而这一认识实际上主导了后世对文化的致思方向，即认为文化与人有着内在的本质联系，始终以人来规定文化，强调文化即是人化。现代新儒家在传统与现实的撞击中

---

① 顾颉刚：《秦汉的方士与儒生》序，上海古籍出版社1998年版，第5页。

对文化有了更深切的体会，指出文化是民族生活的观念体现。这里包括两个理论层次：其一，民族生活层次。一方面，民族是民族内作为个体的人的集合体，这样民族生活就摆脱了个体的随机性和偶然性，而具备了稳定性和典型性的特征；另一方面，民族生活既包含物质生活，也包含精神生活，具有极大的涵摄性。其二，观念体现层次。民族生活在观念层次上的体现即是文化，它包括该民族的思维方式、认知模式、心理结构、价值取向、民族精神等内容，同时也体现为文化对民族生活的整体塑造和建构，因此文化作为民族生活的观念体现揭示了该民族的根本性质和普遍特征。

现代新儒家作为 20 世纪持守民族本位立场的思想文化派别，虽未对文化哲学作明确的规定，但依据他们的内在理路，结合当代的理论成果，可以从广义上认为文化哲学实际上是对文化本质的哲学反思。从文化层面看，文化作为民族生活的观念体现，展示为纷繁复杂的文化现象，多姿多彩的文化传统，异地殊俗的文化情趣，丰富多元的文化理论，是本质与现象、共相与殊相的统一；从哲学层面看，哲学思维要求在特殊性中把握一般性，在具体性中寻绎抽象性，在现实性中突出反思性，而从文化现象中概括文化本质，恰恰反映了哲学思维的本性。

依此定义考察现代新儒家的文化哲学，可以看到，他们着重从文化与人的关系中把握文化本质，其文化哲学的建构依托于传统人生哲学的丰厚理论底蕴，充分反映了对人性、人格、人生的关切与眷注。从价值论来说，文化哲学有文化价值及其实现的问题，人生哲学有人生价值及其实现的问题，现代新儒家文化哲学则糅合了二者之所长，力求从文化与人的双向互动中寻找文化价值和人生价值的落实与确证，拓宽文化哲学的理论视野。

本书认为可以从纵横两个座标向度上贞定现代新儒家的文化哲学：从纵的方面看，它是儒家思想在新的历史条件下的所生成的哲学形态，既有时代的影响，西学的浸染，又有其内在的历史发展向度的逻辑转进；从横的方面看，由于文化问题的复杂性、重要性和广泛性，社会各阶级、阶层都必须作出问答，提出方案，因而形成了三个主要文化哲学流派。

（一）儒学系统的形态转进①

从先秦至 20 世纪，在漫长的历史进程中，儒学理论呈现出不同的阶段特点和价值向度，根据历时性的考察，可以大致分为人生儒学、社会儒学、政治儒学、考据儒学、形上儒学。准确地说，诸形态并非截然分开，而是共生互补、渗透融通的关系，划分只是侧重于思考重心的转移和理论形态的凸显。

儒学强调对人生或生活的觉解与体认，尊重生命的价值和生活的意义，旨在提供人生的基本价值理念和道德原则，在立身行事、为人处世的人伦日用中潜移默化，积淀为中华民族文化心理结构的重要内容，这就是最初发生的人生儒学。在人生儒学的基础上，又自然地发展出社会儒学。儒家认为，人之所以异于禽兽，正在于人的社会组织形式，"人能群，彼不能群也"（《荀子·王制》），通过社会性的教化熏陶，形成良好的人际关系和风俗传统，孔子曰"克己复礼"，荀子曰"化性起伪"，《易传》曰"人文化成"，皆就社会儒学的功能而言。政治儒学是人生儒学和社会儒学的外在推展，即根据儒学的基本价值理念和道德原则建立一套维持社会稳定和统治秩序的政治制度系统，集中体现为《大学》修齐治平的制度设计。考据儒学自汉至清，在儒学发展史中始终占据一定的地位，尤其在清代，考据儒学对古代文献的整理作出了巨大贡献，与政治儒学相比，它对现实生活的关注和干预要疏远得多。形上儒学是在宇宙观和心性论的层面上展开的，宋明理学吸收《易传》《中庸》和玄、佛的思维资源，大大提升了哲学思辨水平，达到了传

---

① 本小节受惠于李维武先生的启发，参见李维武《儒学生存形态的历史形成与未来转化》，载《中国哲学史》2000 年第 4 期。

统形上儒学的巅峰。

　　而在 19 世纪末到 20 世纪初的中国，儒学的诸种理论形态受到严峻的挑战，传统儒学陷入了前所未有的困境与危机：

　　　　康有为以公羊学作思想先导进行变法的失败，宣告了政治儒学的失灵；严复引入西方近代经验主义传统和现代实证主义原则，建构以经典力学和进化论为框架的科学宇宙论，对中国传统哲学本体论加以批评和解构，使形上儒学的根基发生动摇；而中国社会的历史性变革，以及由此而来的新文化运动，更对人生儒学和社会儒学发生了巨大冲击；至于考据儒学，则自中国进入 19 世纪后，就已失去了那种赖其生存的原有环境。①

　　在这一背景下，现代新儒家敏锐地认识到，中国近百年的危机，从根本上说是一个文化的危机，所以他们首先讨论的是中西文化、传统与现代、科学与人文等关系，论证儒学再生于现代中国的可能性和必要性，思考中西文化冲突的化解之道，这些表明了儒学系统在现代的形态已经转进到一个新的历史阶段，展开了一个新的理论维度，即文化儒学或文化哲学意义上的儒学。现代新儒家的文化哲学研究旨在肯定儒学思想价值和传统文化精神，进而肯定儒学在工业社会的生命力，希望通过中西文化的交流与互动促进儒学的新发展。当然，除了文化儒学这一维度外，现代新儒家在形上儒学和人生儒学方面也作了富有意义的努力，但毫无疑问，现代新儒学与中国社会所发生的最密切联系是通过其文化哲学来达成的。

---

①　李维武：《儒学生存形态的历史形成与未来转化》，载《中国哲学史》2000 年第 4 期，第 92 页。

（二）时代主题的哲学变奏

20 世纪中国的时代主题是文化问题。围绕它不仅联系着一系列的文化论争和文化冲突，而且中国社会转型的诸理论问题亦与之密切相关，所以各社会阶级、阶层都长期关注和思考这一时代主题，形成了颇具特色的三大文化哲学思潮：自由主义的西化派、保守主义的现代新儒家和马克思主义的唯物史观派。他们分别表现为对文化的时代性、民族性和阶级性的阐扬与建构。

西化派的文化哲学逻辑是首先将中西文化彻底对立，认为二者有着根本的不同。陈独秀在《东西民族根本思想之差异》中指出：西方以战争为本位，东方以安息为本位；西方以个人为本位，东方以家族为本位；西方以法治为本位，东方以感情为本位；西方以实利为本位，东方以虚文为本位等①。而且他们还坚持物质与精神相统一，认为不能割裂精神文化与物质文化的关系，反对据此分别配属东西方。"没有一种文明单是精神的，也没有一种文明单是物质的。"② 西方物质进步，所以其精神亦进步，这样必然会得出"全盘西化"的结论。其极端主张是胡适的"万事不如人"和陈序经的"全盘西化"，他们痛陈传统文化的弊端，坚决主张用洋溢民主精神和科学精神的西方近代文化来取代、改造中国本土的封建文化，他们高扬了文化的时代性，却忽视了文化的民族性，以简单的置换代替创造的转化，否定了民族文化现代转型的可能。

现代新儒家承认科技革命给人类社会带来的巨大变化，但同时指出，科技进步并没有带来所期盼的幸福，反而招致了深重灾难，认为中国有其特殊的文化背景和国情，不宜全面效仿照搬西方制度结构和文化模式。他们重在发掘民族文化的精神资源，寻求内圣开

---

① 《陈独秀文章选编》（上），生活、读书、求知三联书店 1984 年版，第 97—99页。

② 《胡适文存》二集卷一，亚东图书馆 1930 年版，第 4 页。

出新外王的逻辑通道，重构儒家文化的思想秩序和价值系统，凸显儒家文化在精神领域和人生需要方面的特殊意义。强调"融合西洋思想，以统整世界文明"，力图将中国文化纳入到世界先进文化的总体进程中，他们坚持了文化的民族性，却以体用思维模式割裂了物质和精神的关系，既误读了西方文化，又为"从老根上发新芽"制造了理论障碍。

马克思主义者以唯物史观为指导，认识到社会存在决定社会意识，经济基础决定文化本质，指出思想、主义、哲学、宗教、道德、法制等等不能限制经济变化、物质变化，而物质和经济可以决定思想、主义、哲学、宗教、道德、法制。他们注意运用阶级分析方法揭示文化现象中隐藏的阶级本质，把握中国近现代社会历史发展的规律和文化思潮的发展趋势，系统地批判、扬弃了诸多文化主张，号召在中西文化沟通的基础上建设民族的、科学的、大众的无产阶级新文化。

三　现代新儒家文化哲学的宏观省察

现代新儒家作为一个产生于 20 世纪 20 年代的思想文化派别，面对近代以来所遭遇的文化危机，以弘扬儒学的基本理念为己任，寻求民族文化的现代转生，体现了明确的历史责任感和文化担当意识，形成了现代新儒家学派的文化哲学理论体系。

现代新儒家认为文化总是人的文化，因而关于文化的一切理论问题和方案都必须应当服务于人这个最高目的，文化哲学最终要转换为人生哲学，落实在人的社会生活实践上。所以现代新儒家不仅有一批文化哲学著作，而且还有大量探讨人生哲学的作品，如梁漱溟《人心与人生》，冯友兰《新原人》，贺麟《文化与人生》，唐君毅《道德自我之建立》等。这不仅体现了传统儒学对人及其生活世界的关切，而且又反映了其文化哲学鲜明的人学特征，正是在文化与人的双向互动中，现代新儒家作出了具有重要现实意义的理论创获。下面试从四个层面上探讨现代新儒家文化哲学与人生哲学的内在关联与价值趋向，从宏观上省察和把握其文化哲学的特质。

文化与人之所以成为现代新儒家热烈讨论的两个话题。对前者而言，是因为他们痛切地感到近代中国一百多年的危机实质是文化的危机，故而他们根据传统儒学资源，系统反思全球背景下的文化现象，以全面复兴儒学为根本理念，建构起新儒家的文化哲学；就后者而言，是因为他们继承了儒学以人为本的传统，并结合时代特征和西方理论，发展出新儒家的人生哲学。尽管二者各成一理论体系，但由于文化与人的关系是如此紧密，所以使新儒家的文化哲学与人生哲学具有极强的沟通性和相关性，成为它们共同的立论基点。

（一）文化定义与人的生活

文化定义是文化哲学的逻辑起点，它不仅决定了哲学体系的建构方向，而且决定了哲学体系的理论限度。大多数的现代新儒家都对文化作了规定，虽然界说和表述各有不同，但论证策略和精神主旨是一致的。如梁漱溟认为文化是"那一民族生活的样法"①，或"一个民族生活的种种方面"②。徐复观提出"文化是由生活的自觉而来的生活自身及生活方式这方面的价值的充实与提高"③。钱穆"认为文化只是人生，只是人类的生活"④ 或"文化指的是时空凝合的某一大群的生活之各部门各方面的整一全体"⑤。这些文化定

---

① 梁漱溟：《东西文化及其哲学》，载《梁漱溟全集》第一卷，山东人民出版社1989年版，第352页。
② 同上书，第339页。
③ 方克立、李锦全主编：《现代新儒家学案》（下），中国社会科学出版社1995年版，第623页。
④ 方克立、李锦全主编：《现代新儒家学案》（中），中国社会科学出版社1995年版，第562页。
⑤ 同上书，第562—563页。

义尽管有不同的表述方式，但它们有一个共同的特点，即用人及人的生活来规定文化。这样就突出和强调了人作为文化主体的地位，把文化看做人的生命活动的发动、凝结、确证和实现，从而深刻揭示了文化与人的内在相关性。

　　所谓的"人"并非指单个的人，而是一个类概念，主要指某一地区、某一集团、某一社会或某一民族。对于面对西学挑战，急于调动、整合传统文化资源的现代新儒家来说，文化主体首先是民族主体，钱穆明确指出："文化必有一主体，此主体即民族。"① 文化危机实际是民族文化的危机，因此必须凸显文化主体的民族性。中国古代就以文化作为区分不同民族的标准，严格夷夏之防。随着民族交流的扩大和融合的加深，更主要的从文化礼义的层面来理解夷夏关系，如孔颖达在《五经正义》中指出："中国有礼义之大，故称夏；有服章之美，故谓之华。"自春秋以来的华夷互变的历史事实也深刻昭示了这一观点。钱穆先生总结道："在古代观念上，四夷与诸夏实在另有一个分别的标准，这个标准，不是'血缘'而是'文化'。所谓'诸侯用夷礼则夷之，夷狄进于中国则中国之'，此即是以文化为'华'、'夷'分别之明证。"② 现代新儒家也秉持了这个精神，虽然由于文化的强势和弱势的换位造成文化自信的不足，但他们希望借着民族文化的重建来延续中华民族的生命力。"人的生活"或"民族生活"是一个富有弹性和包容性的概念，它既包括了精神文化，又包括了制度文化和物质文化。梁漱溟析之为"精神生活方面"，"社会生活方面"，"物质生活方面"③；

---

　　① 方克立、李锦全主编：《现代新儒家学案》（中），中国社会科学出版社 1995 年版，第 569 页。
　　② 钱穆：《中国文化史导论》（修订本），商务印书馆 1994 年版，第 41 页。
　　③ 梁漱溟：《东西文化及其哲学》，载《梁漱溟全集》第一卷，山东人民出版社 1989 年版，第 339 页。

钱穆称之为"精神的"，"集体的"，"物质的"①。但文化之所以作为区分民族的标志，并使民族自成其为民族的关键在于在民族生活中孕育、涵养、生成的民族精神。牟宗三、徐复观、张君劢、唐君毅在 1958 年发表的《为中国文化敬告世界人士宣言》中指出："照我们的意思，文化是各民族精神生命之表现。"民族精神一方面贯穿、渗透于文化的方方面面，另一方面在塑造、凝聚民族上起着重要的范型和扭结作用。故而现代新儒家从人的生活来规定文化的逻辑结论最终落实到民族精神上来了。

（二）文化类型与人生态度

文化类型是历史形成的各种文化共同体最本质的特征。现代新儒家的文化类型理论试图通过给中外文化"别类定型"，肯定文化的平等性和独立性，挽回民族文化自信，并为中外文化比较和走向融合提供理论准备。其文化类型确立的标准乃是各民族的人生态度，由此对中外文化作出总的评判。

按徐复观的看法，文化的最根本意义"在于形成人们所共同保持的健全的人生态度"②。梁漱溟在其名著《东西文化及其哲学》中首次以人生态度的不同提出了文化的三路向学说。第一种路向追逐索求现世的利益，表现为强烈要求满足的物质欲望，遇到问题就要下手解决，改造不适应的客观环境；第二种路向是遇到问题不求解决，只要在现有环境中获得满足，不想奋斗以改造局面，只求随遇而安和意欲调和；第三种路向是以取消问题代替解决问题，因觉人生皆苦而持厌弃、出世、禁欲的人生态度。西方文化是第一种路向，人生态度为人对于物的问题，以意欲向前要求为根本精神；中

---

① 方克立、李锦全主编：《现代新儒家学案》（中），中国社会科学出版社 1995 年版，第 565—566 页。

② 方克立、李锦全主编：《现代新儒家学案》（下），中国社会科学出版社 1995 年版，第 622 页。

国文化是第二种路向，人生态度为人对于人的问题，以意欲自为调和、持中为根本精神；印度文化是第三种路向，人生态度为人对于自己本身的问题，以意欲反身向后要求为根本要求。由于人生态度的殊异，西方文化的科学和民主最为发达，印度文化则发展了宗教，而介于二者之间的中国文化以其与自然融洽游乐的态度，比起西洋人风驰电掣的向前要求，以致精神沦丧苦闷要好，也强于反身内求的印度文化，故而是现在最优异的文化。这三种人生态度并非悬隔，而有共生的关系，各为三种文化之基本人生态度。

这种共时性又体现为历时性，即三种人生态度是按照一定的次第在历史进程中得到重现并发展出相应的文化。"照我的意思人类文化有三步骤，人类两眼视线所集而致其研究者也有三层次：先着眼研究者在外界物质，其所用的是理智；次则着眼研究者在内界生命，其所用的是直觉；再其次则着眼研究者将在无生本体，其所用的是现量；初指古代的西洋及在近世之复兴，次指古代的中国及其将在最近未来之复兴，再次指古代的印度及其在将在较远未来之复兴。而此刻正是从近世转入最近未来的一过渡时代也。"① 这样梁漱溟就从人生态度出发，在纵横两个维度上建构起文化类型理论，显示了现代新儒家在文化与人的基本关系上另一解释视角。

（三）文化价值与人生境界

文化价值是文化的价值构成，它是现代新儒家文化哲学的核心。价值是客体对于主体需要的满足，价值的高低取决于客体对于主体需要的满足程度。在有关文化价值的论述中，文化能否并且何种程度上满足主体需要就突出为关键性的问题，其中人生境界成为一个重要的论证环节。如冯友兰说："人对于宇宙人生底觉解的程度，可有不同。因此，宇宙人生，对于人底意义，亦有不同。人对

---

① 梁漱溟：《东西文化及其哲学》，载《梁漱溟全集》第一卷，山东人民出版社1989年版，第503—504页。

于宇宙人生在某种程度上所有底觉解，因此，宇宙人生对于人所有底某种不同底意义，即构成人所有底境界。"① 可见，这里的境界是指由人对于宇宙人生的悟解而获得的关于宇宙人生的意义及其由意义构成的世界。冯友兰将客观世界之外的这个意义世界——境界，按照层次的高低划分为四等：自然境界、功利境界、道德境界、天地境界，它们呈现为由低到高的动态发展过程。

在自然境界中的人，其行为是顺才顺行的，对于所行的事的性质并无清楚的了解，而且他所行的事对于他没有清楚的意义，他的境界似乎是一个混沌。在功利境界中的人，其行为是为利的——为自己的利。虽然动物也为自己利，却是出于本能的冲动，而他自觉他有如此的行为，是出于心灵的计划，或是求增加他自己的财产，或是求发展他自己的事业，或是求增进他自己的荣誉。在道德境界中的人，其行为是行义的，即是为社会谋利益。求自己的利的行为，是利的行为；求社会的利的行为，是行义的行为。功利境界中的人以"占有"为目的，道德境界中的人以"贡献"为目的。在天地境界中的人，其行为是事天的。人不但是社会的一部分，而且是宇宙的一部分，可以"与天地参"。

人生境界的次第既然在于它对于人生的意义大小，那么它又必然反映了作为人的存在方式的文化的价值高低。对于大多数人而言，功利境界和道德境界是最主要的两种人生境界。与此相对应，现代新儒家区分出"形而上文化"和"形而下文化"。科学被认定为"形而下文化"，在认识大自然客观规律的基础上，通过科学方法和技术工具改造自然，为人类谋取物质利益，因而是求利的，表现在人对于自然界的关系和人的物质生活领域。艺术、宗教、哲学和道德等被认为是"形而上文化"，表现在人与人、人与社会的关系中，提供正确的价值导向和道德原则。故道德境界高于功利境

① 黄克剑、吴小龙编：《冯友兰集》，群言出版社1993年版，第304—305页。

界，"形而上文化"也优于"形而下文化"。方东美指出："这个自然界是形而下的境界，我们站在形而下的里面，各方面的要求都满足了，……还要提升向上，向上去发现形而上的世界的秘密。"[①]文化价值停留于功利境界的形而下文化是远远不够的，必须超越这个文化，达到道德境界的形而上文化。中国文化的价值就在于这种超越后的形而上的文化，尤其是心性之学，成为中国文化的本原和大道。牟宗三痛感现代人对道德境界的淡漠，导致了形而下文化的独尊，"近人以科学知识为唯一标准，以为最首出，最显明，而德行反成为最辽远，最隐晦，最不显明之事，其实这是支离歧出，逐流而忘本"[②]。唐君毅亦批评曰："顾中国近百年来之人，对于西方文化价值之肯定，实太偏于专从功利点着眼。"[③] 现代新儒家由人生境界而推导出文化价值，以意义说明价值，认为相对近代西方文化，中国文化不仅可以救治其重科学轻人文的价值危机、意义危机和道德危机，而且显示了儒家文化价值结构的坚实和优越。

（四）文化发展与人的创造

人类文化自产生以来，不断向广度和深度发展，而发展的每一步都离不开人的创造。冯友兰说："文化是人的文化，是待人而后实有者。宇宙间若没有人，宇宙间即没有文化。"[④] 徐复观从文化发生学的角度细致考察了文化发展与人的创造的关系，第一，是把感观所得的材料，通过心的构造力与判断力，以找出这种材料的条理、意义及其关联；第二，把客观化为主观，又将主观投射、印证到客观上，循环往复，使主观世界与客观世界联系在一起。人生逐

---

① 《方东美先生演讲集》，台湾黎明文化事业公司 1980 年版，第 20 页。
② 方克立、李锦全主编：《现代新儒家学案》（下），中国社会科学出版社 1995 年版，第 426 页。
③ 同上书，第 317 页。
④ 方克立、李锦全主编：《现代新儒家学案》（中），中国社会科学出版社 1995 年版，第 146 页。

渐向深度和广度拓展、扩大，因而能把人与人、人与物作有意义的连接，并向有意义的方向前进。"人类的文化生活，便是这样一步一步的建立起来；人类自然的生命，便是在这样文化生活中而生存发展。"① 正因为文化是人类心智活动的产物，所以不同于动物的本能的活动。现代新儒家虽然肯定人是文化的创造者，但对创造主体的论证却走向了圣贤创造文化的历史观。唐君毅认为："人类虽然都在文化社会中生活，然大多数的人，常只能享受历史传下来的文化成果，而不能创造文化。"② 总之，是那些先知先觉者在创造文化，而广大人民群众则被描述为文化的传播者和寄生者。

　　文化的发展不是一帆风顺的，有先进，有落后，有发达，有消亡，中国文化曾经兴旺发达了数千年，成为最悠久的文化传统。但在欧风美雨、坚船利炮的震撼中，中国文化落伍了，陷入危机，失去生命力了。唐君毅叹之曰："花果飘零"，"所谓中国文化已衰微，不足应付时代，是什么一种意义。是否中国文化精神，在现在全不存在了"③？在这样的文化危亡中，现代新儒家勇于担承历史使命，因为"人在有创造文化的精神时，人必须以他的生活之一切实际经验，以他的精力，他的生命，为文化创造而用"④，所以他们以强烈的学术信心和执著精神，成为20世纪文化运动中颇为活跃的一群。文化危机并不可怕，可怕的是丧失信心，逃避责任。在危机中总蕴涵着希望，"大时代中的一切灾难，皆所以促成大时代中我们最伟大的创造"⑤。文化的更新与发展，在现代新儒家看

---

　　① 方克立、李锦全主编：《现代新儒家学案》（下），中国社会科学出版社1995年版，第629页。

　　② 同上书，第245页。

　　③ 同上书，第304页。

　　④ 同上书，第246页。

　　⑤ 方克立、李锦全主编：《现代新儒家学案》（中），中国社会科学出版社1995年版，第575页。

来是挽救民族危亡的重要途径，"保种救国只能文化自救"①。而文化自救则在于"返本开新"，"从老根上发新芽"，决不能割裂传统的文化脐带。钱穆的说法较有代表性："在今天纵使我们的生活的观念已经改变了，但还只能文化自救，不能脱胎换骨的要另来一套新文化。只有我们自己来救我们自己。换言之，即是从各自的旧文化中求再生长。"②

同时，文化的共性与个性也与人的创造有关。"人的共性与个性，一与多，当然会反映在其所创造的文化上，而成为文化底一与多，文化的共性与个性。"③ 而我们应当欢迎这种共性与个性，因为它们对文化的发展是极有裨益的。文化的共性与个性之间，个性与个性之间，由于不断地接触、吸收，将使某些个性的若干原有部分，发生一种解体现象。"但这种解体，并非个性之消减，而是个性新的凝集。个性之不断上升与凝集，正是人类创造文化的过程。"④ 中国文化要像过去吸收佛教那样，努力吸收西方文化，在文化的交流、融合中建设和发展更有民族性的中国文化。

由上可见，现代新儒家的文化哲学与人生哲学的全幅建构落足于对文化与人的基本关系的考察，尽管他们的分析、评判囿于民族本位的局限，带有很大的不足和偏颇，形成了 20 世纪中国文化保守主义的主干，但他们力图挖掘古代儒学资源，接续传统，调整民族文化的路向，在融合会通中回应西学的挑战，其胸襟是颇大的，其研究是深刻的，其精神是真诚的，其教训是我们在进行社会主义文化建设时值得反复探讨、认真汲取的。而马一浮作为现代新儒家

① 方克立、李锦全主编：《现代新儒家学案》（中），中国社会科学出版社 1995 年版，第 575 页。

② 同上书，第 576 页。

③ 方克立、李锦全主编：《现代新儒家学案》（下），中国社会科学出版社 1995 年版，第 634 页。

④ 同上。

中的"文苑儒林最老师"和"儒家三圣"之一，其文化哲学的思考和建构无疑具有重要的代表意义。

第二节　马一浮的治学与讲学

马一浮，名浮，字一浮，浙江绍兴人，生于1883年，卒于1967年。乳名锡铭，幼名福田，后改为马浮，号湛翁，兼取《楞严经》"如湛巨海，流浮沤，起灭无从"和《庄子》"其生若浮"之义，晚号蠲叟或蠲戏老人，取《法华经》"蠲除戏论"之义，以"蠲戏斋"为馆额。

马氏家族年代久远，据说可追溯到战国时代。马一浮在《会稽马氏皋亭山先茔记》中记叙了马氏家族世代迁徙流变的大致线索：

> 马氏之先出于伯益，六国时赵奢为赵将，号马服君，子孙因以为氏。在汉居扶风茂陵，世次绵邈，谱牒散阙。自五代时，讳维升时避梁唐之乱，实始居嵊，为大族。后徙会稽，初居吴融。（二，199）①

马氏注重传统儒学教育，世代以儒学著称，明亡后，为坚守民族气节，曾"三世不应举"，道光元年马之曾伯祖马步蟾，任御史，上疏以刘宗周从祀文庙，开创了明儒从祀的先例，显示马氏先人承继儒学道统的历史责任感。

马一浮不仅为先祖事迹所激励，而且深受父母潜移默化的影响。马的父亲名廷培，字冠臣，自幼敦敏，强识过人。清咸丰十一

---

① 本书基本引文系采用《马一浮集》（一、二、三册），浙江古籍出版社、浙江教育出版社1996年版，"二"指第二册，"199"指该册页码，下同。

年，因其伯父兰舫公马楚材在四川仁寿县战事中阵亡，死后无嗣，清廷褒奖之，就将廷培作为嗣子，入川佐幕，潜心研究经济之学，涉及法制条例、刑名、钱谷、掌故、民物、吏事等。幕游十载后，擢升潼川府通判，后因生母倪太恭人逝世，辞归故里。他对儿子福田寄予厚望，戒之勿为章句学，应读史书："不读史无以见事变之几、立身之鹄也。"（二，208）一生制行不苟，务为切己之学。他教育儿子应笃志经术："立身制行之道，约之以'不苟'二字。'不苟'，即主敬也。事事不苟，然后能事事体察，以得其条理。主敬、穷理，一以贯之，非有二也。"（二，65）从中可见，这些奉程朱为圭臬的庭训对马一浮日后的学术研究路线，坚持弘扬传统文化的理念是有重要影响的。而且，马廷培远离宦海，每手执竹筐，入村市，撷园蔬，以陶渊明式的生活态度为马一浮性慕幽遁，不求闻达树立了典范。

马一浮的母亲何定珠，祖籍陕西沔县，生长世族，幼娴内训，注重对子女的道德教育。她常告诫幼年福田勿学某人富贵，应学某人行谊贤，发现其弄钱为戏，戒之曰："儿幼，宜勿弄此。他日成人，须严立风骨，龌龊事此，将鄙夫之归矣。"（二，211）数十年后，马一浮忆及此，仍"未尝不赧发项颈间"（二，211）。并为子女讲说古代豪杰孝义之事，希望他们能自拔于流俗。如果说受父亲影响而笃志义理之学，那么在母亲的培养下，他则发展了文学方面的禀赋，八岁作诗，九岁诵文选、楚辞，尤其能展示其文学天斌的是十岁时所作的"神童诗"。据说当时，何夫人手指庭前菊花，要求作五言律诗一首，限麻字韵，马应声而就：

> 我爱陶元亮，东篱采菊花。
> 枝枝傲霜雪，瓣瓣生云霞。
> 本是仙人种，移来高士家。
> 晨餐秋更洁，不必美胡麻。（三，759）

正是在良好的家庭环境和文化氛围中，马一浮培养出对祖国传统文化的热爱，从此走上了发奋读书、沉潜学术、昌明六艺、泽被后人的文化旅途。

马一浮的一生大致可分为三个主要时期：治学时期、讲学时期和隐居时期。

一　学凡三变①

综观马一浮的治学经历，他自己的总结更精确，更具代表性："余初治考据，继专攻西学，用力既久，然后知其弊，又转治佛典，最后始归于六经。"（三，1191）下面就依此分别阐述之。

（一）初治考据

马一浮出生于四川成都，自幼聪慧，三四岁即在母亲指导下开蒙识字，从何虚舟读唐诗，五岁能吟诗对句。六岁随父母返浙后，仍由母亲教育②。十一岁时，母亲病逝后一段时间，马一浮主要靠自学，泛观博览，刻苦攻读。其父延请当地名儒举人郑墨田来授馆，但不久，郑举人即请辞。马父以为孩子淘气，忤怒师长。经深入了解，才知马一浮才智过人，郑墨田自愧不能胜任，为不误人子弟，所以请辞。马父既惊且异，亲自教读，但在教学过程中，对儿子提出的某些问题或见解，也自叹弗如，从此，任其自学。此时马一浮受清代朴学影响甚深，因而孜孜于考据之学，以科举取士为目

---

①　乌以风对其师的学术思想发展亦有类似看法："先生早年治考据，欲从张之洞所编《书目》入手求为学门径。旋悟其非，即行舍去。继而致力西学，又悟其专尚知解，无关身心受用。体究多年，始转向老庄和释氏之学，求安身立命之地。用力既久，一旦贯通，方知释老之学，亦有得有失。而亲切简易，发明心性义理贯彻圆融全得无失者，莫如六经，于是治学始以六经为主。"（乌以风：《马一浮先生学赞》，自印本，第32页。）

②　在给弥甥丁慰长、丁镜涵的示语中，马一浮回忆："吾八岁初学为诗，九岁能诵《楚辞》、《文选》。十岁，先妣指庭前菊，命作五律，限'麻'字韵。应声而就……先妣色喜曰：'儿长大当能诗。此诗虽有稚气，颇似不食烟火语。'"（二，178—179）

标，他的天才终于在 16 岁绍兴县试时获得了展示，高中县试第一名。据说考题要求集古人词句成文，难度很大，而马的文章通达优美，宛若己出。同科者有周树人、周作人兄弟等。周作人后来在《知堂回想录》中记载：“会稽凡十一图，案首为马福田，予在十图三十四，豫才兄三图三十七，……这里须得说明，马福田即是浙江的名流马一浮。”①

马一浮在中试后名声鹊起，时有乡贤汤寿潜（字蛰先，后任中华民国浙江省第一任都督，交通总长）颇为欣赏，目为栋梁，特以长女许配之。从发蒙到中试和新婚，应为马为学经历的第一个阶段，“金榜题名日，洞房花烛夜”不仅掀开了新的人生册页，而且成为他学术思想取向的一个重要转折。

（二）专攻西学

在戊戌变法维新运动的影响下，马一浮和无数热血青年一样，渴望学习西方先进的知识，积极投身挽救民族危亡的历史洪流。1899 年，新婚不久的马一浮与汤寿潜的受业弟子谢无量一道去上海同文会堂学习英文、法文，以便直接阅读西方原著。此时，他们相继结识了马君武、李叔同、邵力子、黄炎培、洪允祥、林同庄等人，译介了一批西方哲学、社会学和文学著作，并与马君武共同创办了一个以翻译外文学术资料为宗旨的《二十世纪翻译世界》，该杂志月出一册，共出六期，后因马一浮赴美而停刊。内容丰富，涉猎广泛，包括哲学史、哲学泛论、社会学、社会主义、宗教进化论、政治学史、政治泛论、法律泛论、最新经济学、教育史以及“海上大冒险谈”、“地球之最新要闻”等十二个栏目，反映他们渴望吸收西方新鲜思想营养的热切心情和勤勉态度。

---

① 周作人：《再是县考》，载《知堂回想录》（上），河北教育出版社 2002 年版，第 60 页。

　　在上海求学期间，不幸接踵而来，二姐、父亲、妻子于三年内相继亡故，尽管马十分悲痛，但他并没有消沉下去。在《故马浮妻孝愍汤君权葬圹铭》（1902）中极为清楚地表达了他的志向和主张：

　　　　浮之为志，不在促促数千年、数十国之间。以为全世界人类生存之道，皆基于悲之一观念所发布，渐次而有家族、社会、国际之事，迄于今日，其组织规则，尚未有完全者，不改革全世界迷信宗教，黑暗政治之毒，则人类之苦无量期，而国种优劣存亡之故，尚为人类历史事实之小者。浮之言曰：吾欲唱个人自治、家族自治，影响于社会，以被乎全球。破一切帝王圣哲私名小智，求人群最适之公安，而使个人永永享有道德法律上之幸福。（二，217）

　　他期望与妻子一道完成宏愿，但斯人往矣，对妻子深深的怀念与情愫是他终身未续弦的重要原因。后有人劝其再娶以留子嗣，他认为思想的传承比宗族的传承更为重要。从文化的流脉上看，孔子精神的真正传人并非是其嫡传的子孙——衍圣公，而是濂、洛、关、闽等接续民族慧命和文化血脉的伟大儒者。
　　1903年，他带着为全人类求幸福生活的理想，应清政府驻美使馆之聘，赴美国圣路易斯留学生监督公署担任中文文牍，曾兼任万国博览会中国馆秘书，并游历过英伦三岛和德、日。除了使馆工作，马将大部分的业余时间都用来读书和翻译，在其《一佛之北米居留记》中记载了他的时间安排："上午研究文法修辞学；下午读哲学书，译社会主义书；晚来读文学书。"（二，288）据日记的不完全记录，他曾广泛阅读自柏拉图、亚里士多德至康德、黑格尔、叔本华、达尔文、赫胥黎、孔德等的大量西方哲学、社会学、生物学等著作，对马克思、恩格斯等关于社会主义的书籍十分重视，发愿译《日耳曼之社会主义史》、《露西亚之虚无主义史》、《法国革命党史》三书，亦曾涉猎莎士比亚、但丁、拜伦、弥尔顿等文豪的作品，显示了他此时强烈的求知欲望。1904 年元旦，他流露出对国家民族前途命运的深深忧虑："我惨黑可哀之死国白骨已朽，鹰犬餍肉"，"哀哉！可哭哉！吾不知二十世纪之第四年，乃至第五年，地理上、文字上、政治上尚有支那帝国之一名辞否乎？亦遂从此消灭乎？"（二，282）

同年 5 月，他转赴日本留学，学习日文和德文，至 11 月回国，携归马克思《资本论》德文版，据考证，马是将《资本论》原版引入中国的第一人①。

回国后，满腔抱负一时无用武之地，马遂静心读书，从事翻译，从英文译西班牙小说《唐·吉诃德》题为《稽先生传》，连载于上海《独立周报》；从日文译意大利著作《政治罪恶论》，从英文译俄罗斯托尔斯泰《艺术论》，及杜思退《正艺》等论文。

（三）出入三教

1906 年，马一浮将治学重点正式转向国学②，以移居杭州广化

---

①　参见赵士华《马一浮最早把〈资本论〉带进中国》，载《共产党员》1987 年第 5 期；盛经鸿：《引进〈资本论〉原版的第一个中国人》，载《历史大观园》1991 年第 3 期。

②　关于这一时期治学方向转变的原因，可参见马叙伦、乌以风的介绍。马叙伦回忆说："一浮长余二岁，彼时朱颜绿髦，各自负以天下为任。乃一浮寻即自匿陋巷，日与古人为伍，不屑于世务。"（马叙伦：《马君武》，载《石屋余渖》，上海书店 1984 年版，第 63 页。）又马一浮弟子乌以风认为："先生目睹国事之艰难，推求其根源，皆由于学术之大本未明，心性之精微难知。欲挽狂澜，转移风气，非自拔流俗，穷究玄微，不足以破邪显正，起蔽扶衰。于是益加立志为学，绝意仕进，远谢时缘，闭户读书。"（乌以风：《马一浮先生学赞》，第 2 页。）王凤贤、滕复对马的退隐的解释是："由于他对辛亥革命前后国家政局的某种不满及对中国前途的深深的忧虑，出自一种对于文化的深沉的忧患意识和仁者担当的神圣使命感。"（王凤贤、滕复：《现代新儒学的典范》，载毕养赛主编《中国当代理学大师马一浮》，上海人民出版社 1992 年版，第 37 页。）

寺阅读《四库全书》为标志，三年内读完了三万六千四百余册的《四库全书》，并作了大量的读书笔记，为其日后的国学研究工作奠定了极为坚实的基础①。1907 年在致舅父何稚逸的信中，他表达了这样的心愿："欲为儒宗，著秦汉以来学术之流派；为文宗，纪羲画以降文艺之盛衰。"（二，348）并欲撰述《西方学林》、《西方艺文志》，以辅助儒学②。马一生阅书无数，被誉为中国 20 世纪的"读书种子"，不仅速度惊人，而且过目不忘。丰子恺在《桐庐负暄》转述了弘一法师的介绍："马先生是生而知之的。假定有一个人，生出来就读书；而且每天读两本（他用食指和拇指略示书之厚薄），而且读了就会背诵，读到马先生的年纪，所读的还不及马先生之多。"③ 丰子恺亦深感："无论什么问题，关于世间或出世间的，马先生都有最高远最源本的见解。他引证古人的话，无论什么书，都背诵出原文来。"④ 这不仅可以从其所列的略加点评的书

---

① 乾隆三十八年（1773 年）乾隆帝下旨编纂《四库全书》，以皇子永瑢、大学士于敏中为总裁，纪昀、陆锡熊等为总纂。经过各地藏书家开报进献，地方官员购借采访，360 余名学者参加编纂，3000 多人抄录誊写，历时 20 年终告完成。《四库全书》分经、史、子、集四部，全书共收各种图书 3457 种，36000 余册，79070 卷。抄录 7 部，分存于"内廷四阁"（文渊阁、文源阁、文溯阁、文津阁）和"江南三阁"（文汇阁、文宗阁、文澜阁）。广化寺旁有清乾隆四十七年（1782 年）修建的皇家藏书楼文澜阁。清咸丰十年春（1860 年）太平军攻杭州城，次年文澜阁阁毁书散，后经杭州丁丙、丁申兄弟努力搜求抢救，收购补抄，至清光绪六年（1880 年）文澜阁重建，所缺仅 200 余种，已基本恢复了旧藏。

② 他认为今人对西学的理解舛误甚多："见当世为西学者，猎其粗粕，矜尺寸之艺，大抵工师之事，商贩所习，而谓之学。稍贤者，记律令数条，遂自拟萧何；诵章句不敌孺子，已抗颜讲道，哆口议时政。……甥所收彼土论著百余家，略识其流别。大概推本人生之诣，陈上治之要。玄思幽邈，出入道家，其平实者，亦与儒家为近。文草高者拟于周末诸子，下不失《吕览》、《淮南》之列。凡此皆国人之所弃不道，甥独好之，以为符于圣人之术。"（二，349—350）

③ 丰子恺：《桐庐负暄》，载《缘缘堂随笔》，浙江文艺出版社 1983 年版，第270—271 页。

④ 同上书，第270 页。

目看出，而且也可以从他对医学、音乐、书法、戏曲、诗词、方术等无所不通中获得强烈的印象。

马认为中国儒学并非封建社会的糟粕，而是人类思想的精华所存，圣贤一流，实有其人，性德发露，确有其事。所以当蔡元培出于世谊在1911年邀请他任教育部秘书长的时候，却又在学校实行反孔废经的政策，对此马一浮难以苟同，遂旋即辞职；1916年蔡元培主政北大时，又欲邀其出任文科学长，马亦婉言谢绝。

马将传统文化归纳到以六艺为代表的整体思想框架中，此处的"六艺"并非是礼、乐、射、御、书、数等具体技能和工艺，而是指《诗》、《书》、《礼》、《乐》、《易》、《春秋》等六经中所蕴涵和表征的基本理念与价值原则。马从六艺角度理解和诠释儒家思想乃至传统文化是一个渐进的思想发展过程，但从现存的资料看，这一过程至少于1913年即已肇始。按时间顺序编排的《蠲戏斋诗前集》提供了这方面的情况：如《舜水祠堂诗》："躬被六艺泽，世严謦宗守"（三，2）；《简谢啬庵五十韵》："六经伊洛印，一发邹鲁传"（三，11）；《答潘法曹》："百家往不反，六艺炳常存"（三，18）；《赠叶左文》："恭承伊洛训，导我以人路"。（三，19）在1924年所写的《般若会约》的手稿背面，还草拟了《因社》印书议，已提及"儒者以六艺为宗本。诸子亦原出六艺。……有六艺而无四部"（二，1268）等成型思想。

马一浮的尊儒立场使他与梁漱溟、熊十力等人结下了深厚的友谊。由于在发扬孔学的观点上一致，梁漱溟于1921年暑假专程从北京到杭州拜访马一浮，以后学自居，行儒家大礼参拜。二人晤谈之下，兴趣相投，彼此倾慕，临别时马以木刻本《先圣大训》（杨慈湖著）和《盱坛直诠》（罗近溪著）见赠。而马、熊的会见则堪称学坛佳话。1929年，熊十力听说马一浮为当代大儒，欲求一见，苦于无人引介，故以函自荐并附《新唯识论》讲稿请教。信寄出后，数星期杳无回音，一日忽有客来访，来人通报姓名后，方知是马一浮先生，熊大喜过望。马说："你寄来了大作，我只好把它仔细看完。所以迟至今日始才回访。"此次相见之后，遂成莫逆之交。① 熊十力邀马为《新论》作序，马慨然应允，给予极高评价，熊亦叹为知己②。马长熊 2 岁，长梁 10 岁，并称为现代"儒家三圣"。

马自认颇具佛教宿缘③，对佛学亦有极为深湛的造诣，在从1917 年到 1927 年的十年中，他几乎通读了"三藏十二部"的佛学典籍，组织居士团体，广交方外之友，为寺僧修撰碑铭，阐述佛学思想。但他对佛学的研究是建立在对儒学的资助和阐发上的。因为他始终认为圣道广大，佛老实有助于义理的开发，然而一些俗儒不明宋明儒之机用，摒二氏于外，造成儒学在现代的衰微。正因为如此，他并未从信仰层面认同佛教，而是着力于学理层面的探讨，所以他虽然身为居士且深研义理，却始终不愿出家，而是在尊儒的前

---

①　参见马镜泉、赵士华《马一浮评传》，百花洲出版社 1993 年版，第 93 页。唐至中：《纪念前辈马一浮先生》，载《中国当代理学大师马一浮》，第 127—128 页。但据马一浮回忆，此次相见是因为乌与风的缘故："时熊先生方养疴广化寺。一日，以风来，出《新唯识论》稿本数页并熊先生书，略无寒暄语，直说就正之意，且云'有疾不能亲来'。唯时虽不相识，喜其坦白豁达，越日自往访之，亦无应酬，便对坐谈义。见有不同，各尽底蕴。从此契合，遂为知交。"（三，1088）

②　熊十力在回信中称："序文妙在写得不诬，能实指我现在的行位。……'乾道变化，各正性命'，吾全部只是发明此旨。兄拈此作骨子以序此书，再无第二人能序得。漱溟真能契否，尚是问题也。"（熊十力：《熊十力论文书札》之《复马一浮》，载《熊十力全集》第八卷，第 388 页。）

③　马一浮晚年自言："四岁就学，从何虚舟师读唐诗，多成诵。师尝问诗中最爱何句，脱口应曰：'茅屋访孤僧。'师异之，以语先君云：'是子其为僧乎？'今年已耆艾，虽不为僧，然实自同方外。"（三，1010）1956 年回忆时又言："予为童子时，爱诵义山此诗（残阳西入崦，茅屋访孤僧——引者注），以其易解也。长老闻之曰：'此子必游于方之外者。'盖宿习使然，老而益验。"（二，123）

提下挖掘佛教思想体系中与儒家心性义理契合一致的地方。其代表性观点即是 1918 年在《与蒋再唐论儒佛义》中提出的儒佛互摄说："故六艺之文，显于此土，三藏之奥，演自彼天。法界一如，心源无二，推其宗极，岂不冥符。……若定以儒摄佛，亦听以佛摄儒。"（二，502）马现存唯一一部佛学专著《法数钩玄》。"法数"系佛教术语，指法门之数，如三界、五蕴、四谛、十二因缘等。"钩玄"是言简意赅地解释佛经中的术语含义。该书资料搜集十分广泛，亦无宗派门户之见，计有《法华文句》、《天台教义》、《华严经》、《阿含经》、《圆觉经》、《涅槃经玄义》、《大庄严经》、《瑜珈师地论》等十余种。马一浮还积极创办佛学研究团体，如 1924 年成立在家居士组织——般若学会时起草了章程《般若会约》。除此以外，现存有《十二等观》、《颂箴铭》、《童蒙箴》等短文及为寺僧所作的塔铭传记，如《重修祥峰禅师塔铭》、《昭庆同戒录书后》、《虎跑定慧寺五百应真造像石刻后记》、《楞严正脉科会序》、《楞严开蒙小引》、《唐高僧鉴真法师赞》、《香积佛智禅师传》、《重刻莲池大师戒杀放生文序》、《旭光室记》、《印光法师文钞序》等，反映了这一时期较为深厚的佛教因缘。

他住过灵隐寺、永福寺、广化寺、海潮寺、地藏庵，与灵隐寺慧明法师、海潮寺楚泉法师、香积寺肇安法师关系融洽①。而且在马一浮的影响下，彭逊之和李叔同相继出家，皈依佛门，这被杭州某些人作为理由指责马一浮让别人出家，自己却留在尘世，是破坏佛性的罪魁。实际上，马一浮不主张研究佛法一定要出家，也曾屡次相劝阻。在彭逊之出家后，长年接济彭子读书，后在彭困厄之时，又说服彭的儿子、亲戚，劝彭还俗，这些恰恰反映了他的儒之肝胆，佛之慈悲。李叔同在出家前视马一浮为善知识，经马点化出

---

① 马在 1942 年作诗《忆方外三友》纪念之："慧明叹我祖师相，楚泉哂我文字禅。独有肇安旁不肯，贺予佛祖一时捐。"（三，832）

家后①，马亦经常去虎跑寺看望，后经战劫，二人虽天各一方，却彼此牵念。弘一法师圆寂后，马写挽诗追思，传诵海内：

> 高行头陀重，遗风艺苑思。
> 自知心是佛，常以戒为师。
> 三界犹星翳，全身总律仪。
> 只今无缝塔，可有不萌枝？（三，166）

关于道家，他亦深有研究。曾运用以佛解道的诠释路径撰述了《老子注》、《庄子笺》等，从现存的断章残简中仍能看出他于道家、道教造诣匪浅。1920年他在《老子道德经注》的前言中谈了著述原委："此庚申年避暑所作。以老子义，印合般若方等，于禅则与洞山为近，触言玄会，亦似通途寥廓，无有塞碍。后以病缘中缀，不复措意。维老氏之旨，未必如斯。理既冥符，言象可略。如遇玄解之士，亦可相与解颐耳。"（一，769）他以佛学重释《逍遥游》和《齐物论》，合为《庄子笺》，但因病中辍，没有完成。要旨是以"诸法实相，缘起性空"对诠老庄。

（四）归于六经

马一浮揭橥六艺宗旨，形成了较为成熟的思想体系，当在1927年前后。他在上一年回复洪巢林的信时，建议洪应反求六经："禅是闲名，大可束阁；性是实德，必须亲证。……浮愚，以为公于禅教二门涉猎已久，泛泛寻求，终无把鼻。曷若归而求之六经，取法宋贤，约而易入。"（二，423）这既是对治洪的学术进路，又

---

① 1917年李叔同给弟子刘质平的信中说："自去腊受马一浮大士之熏陶，渐有所悟，世味日淡，职务多荒。"（《弘一法师书信》，生活·读书·新知三联书店1990年版，第90页。）在《四分律比丘戒相表记》的自叙中还写道："余于戊午七月，出家落发，其年九月受比丘戒。马一浮居士贻以《灵峰毗尼事义集要》并《宝华传戒正范》，披玩周环，悲欣交集，因发学戒之愿焉。"

是其治学经历的切身体察。1927 年与金香岩的信中，他明确了自己的为学路向："浮年来于此事已不挂唇吻，其书亦久束阁。尚欲以有生之年，专研六艺，拾先圣之坠绪，答师友之深期。虽劫火洞然，不敢自沮。"（二，495）就在他孜孜探求六艺之学时，"卢沟桥事变"爆发，日军大举入侵。马被迫中断了杭州的读书生活，在颠沛流离中开始了他的讲学生涯。

二　讲学与著述

马一浮为避战乱，一退于桐庐，二迁至开化。后修书浙江大学校长竺可桢欲暂寄书籍，竺立即邀他任浙江大学教授，马遂以大师名义去已迁往江西泰和的浙大讲学。后浙大又迁宜山，马在浙大的讲演后以《泰和宜山会语》为题刊布，系统阐发了他的六艺论思想。宣讲横渠四句教，并邀人谱曲歌咏，"欲令此间学生歌之，以资振作。吾国固有特殊之文化，为世界任何民族所不及"（一，564），提领向上之民族精神。听讲的除文科学生外，还包括竺可桢在内的各系教授，如文学院院长梅迪生，教授张其均，理科教授苏步青等。浙大教授李絜非在《浙大西迁纪实》中回忆："粹然儒宗博学硕望的马一浮先生，自二十七年春，来浙大讲学，讲阐六艺要旨，义理名相，诲人反躬力行，拔本正源。马先生讲学时，本校教师亦莅听甚众，多执弟子礼，以质朴中正著闻。际兹颠沛动荡之中，得当代大师之启导，益有无形的升华。今马先生以公车之征，入蜀开讲。而其《泰和会语》、《宜山会语》所留遗于本校精神的影响，则永垂不朽。"①

这里的"公车之征，入蜀开讲"指的是 1939 年马一浮应国民党政府邀请入川创设复性书院一事。根据当时书院文化资料显示，

---

① 转引自马镜泉、赵士华《马一浮评传》，百花洲文艺出版社 1993 年版，第 78 页。

马在与弟子寿景伟和刘百闵等人的通信中表示希望创办古典书院从事讲学，以在民族战争中冀求一线文化学脉生机。经马镜泉先生推论，此消息由其弟子传至陈立夫处，又被后者告之蒋介石。蒋对马素有仰慕，于是启动程序，由教育部向行政院提出，院会通过，以行政院长孔祥熙名义向正在宜山浙大讲学的马一浮发出邀请电，恭请马讲学。

当时马一浮视之为自己教育理念的一次实践，因而亦极为重视和珍惜这次机会，亲撰《书院之名称旨趣及简要办法》。书院院事由主讲马一浮总摄。教学方面，拟设"四学"，请谢无量讲"玄学"，熊十力讲"义学"，肇安法师讲"禅学"，马一浮讲"理学"，后因不得其人，故先讲六经大义。主讲下设"特设讲座"、"讲友"、"都讲"等。马特聘熊十力任"特设讲座"，熊十力到任后，旋因书院性质和办学方针同马一浮发生冲突，即离开书院，其弟子牟宗三亦未任都讲；"讲友"，相当于大学的兼职教授，有赵熙、谢无量、叶左文、梁漱溟、钟钟山、张真如、黄离明，通信讲友龙松生，住院讲友贺昌群、沈敬仲，临时讲学的还有钱穆等，尽一时之选；"都讲"，有乌以风、张立民、刘公纯、王星贤等，皆马、熊门下之才俊之士。马对书院寄予很大的期望，认为借此可培养文化种子，待劫后余生，光大中华文化。

但因种种原因，从 1939 年 9 月 15 日至 1941 年 5 月 25 日，经一年八个月而告中止，重点由讲习转为刻书，直至抗战胜利。在此期间，马完成了他最重要的学术著作《复性书院讲录》，以及由学生编辑而成的记录师生问答的《尔雅台答问》、《尔雅台答问续编》、《尔雅台答问补编》等，并开始编刻自撰历年诗词，计有《蠲戏斋诗前集》、《避寇集》、《蠲戏斋诗编年集》、《芳杜词剩》等。

三　隐居西湖

抗日战争胜利后，伴随着书院的东迁和改制为智林图书馆，马回到阔别已久的杭州。自 1950 年起，他就一直居住在花港蒋庄。党和政府给予马一浮先生以崇高的礼遇。1953 年任浙江省文史馆馆长，1954 年任政协全国委员会特邀委员，毛泽东、周恩来、陈毅等党和国家领导人亲自宴请并款待，经常安排他外出避暑或避寒，拨专款作为马的生活保障，并遵照周总理的指示，不以俗务相扰，让他在杭州家中（花港蒋庄）安心著书立说，颐养天年。为此，马一浮特将收藏的外文典籍及智林图书馆藏书一万七千八百七十七册和三百五十七件书法作品全部献给国家，以为谢意。在此期间，马也创作了大量热爱新中国、反映社会主义建设的诗篇。

　　1966 年，马一浮和广大知识分子一样，难逃"文化大革命"的厄运，被冠以"反动学术权威"，赶出蒋庄，一生收藏之书籍古玩、信函手稿、碑帖字画等被查抄没收或当众焚毁。马一浮被迫移居安吉路 23 号，当得知李叔同弟子潘天寿等遭美术学院红卫兵战斗队挂牌批斗的情形后，叹息道："斯文扫地，斯文扫地！"从此不再开口。

　　1967 年春，马一浮胃部大出血，被送入浙江医院抢救、治疗，终因年老体衰，于 6 月 2 日与世长辞，享年八十五岁。但病重时仍情绪乐观豁达，留下绝笔诗《拟告别亲友》一首，充分表现了一代儒宗的气度和境界。

> 乘化吾安适，虚空任所之。
> 形神随聚散，视听总希夷。
> 沤灭全归海，花开正满枝。
> 临崖挥手罢，落日下崦嵫。（三，758）

　　马一浮虽被称为"隐士儒宗"，却以不求闻达的出世态度，表现出自强不息、厚德载物的入世精神。从他的一生可以看出，他的治学和讲学始终与时代的脉搏相呼应，无论是青年的欧美畅游，还是壮岁的攘夷讲学，以及晚景的隐逸恬适，都贯穿着他对祖国命运和民族文化的无比关切和深深眷恋。在为民族寻出路、替文化立纲维的致思中，他系统地提出了自己关于儒学、关于文化的哲学见解。

第三节　马一浮的文化哲学

文化在英语中称为 culture，源于拉丁语 cultura，最初指耕作、栽培，后来又赋予了对人的教育、培养的含义。可见，文化概念包含两层基本含义：一是人的本质力量的对象化，即人化；二是客体的主体化，即化人。一方面，人是文化的创造者，正是在人类的社会实践活动中，文化才得以产生、发展和丰富；另一方面，人也是文化的创造物，绵延的文化传统确立了人的存在方式、思维特点、价值取向和生活内容。在这个意义上，人和文化呈现出互动的关系，可以说人是现实的文化，文化是历史的人。同时，无论是文化还是人，从哲学上看，都具有各自的价值内涵，体现为文化价值和人生价值。因为价值并非脱离于文化与人而存在的，它是一个关系范畴，只能存在于文化与人的关系中并通过文化与人的互动而得以体现。

由此，文化哲学（cultural philosophy）作为对文化价值本质和一般文化原理的进行宏观考察和哲学反思的理论体系①，也就相应地具备了这三个理论维度，任何文化哲学话题的探讨都必须置于文

---

①　国内关于文化哲学的主要定义有：朱谦之："从事于各文化之综合的根本研究，而这就是所谓'文化哲学'了。"（朱谦之：《文化哲学》，商务印书馆 1990 年版，第 3 页。）吕希晨、周德丰："所谓'文化哲学'，就是从哲学的高度研究一般文化原理的综合思想体系。"（吕希晨主编：《中国现代文化哲学》，天津人民出版社 1993 年版，第 6 页。）刘进田："所谓文化哲学，就是从哲学视界出发，对文化作总体的根本的观念把握和建构。"（刘进田：《文化哲学导论》，法律出版社 1999 年版，第 1 页。）这些定义和本书定义的精神实质是一致的。

化—人—价值的坐标系中，才能获得全面的理解。文化哲学的基本
内容包括文化史观、文化本质、文化主体、文化价值、文化转型等
方面。

正如文化哲学在文化与人的关系中侧重于文化，人生哲学
（philosophy of life）则侧重于人，旨在揭示人生的本质、特点和发
展规律以及关于人生理想、人格类型、人生态度、人生价值等具体
内容的理论体系。文化哲学和人生哲学的主要理论方面是密切联
系、彼此统一的，共同关注着人的文化和文化的人。

由于文化与人都涉及价值层面，所以亦成为价值哲学的内在视
界。价值哲学（philosophy of value）是旨在研究作为一般价值的价
值本质、价值活动、价值判断、价值观念的基本价值问题的理论体
系。文化哲学、人生哲学和价值哲学是各自独立的理论体系。当
然，这三者又彼此渗透、相辅相成，借用佛教术语，它们是即一而
三、即三而一、一三相即。

所以本书认为不能就文化哲学谈文化哲学，而应从更广阔的视
野和更宽泛的尺度来理解发生在 20 世纪初的文化哲学思潮，尤其
是现代新儒家文化哲学的理论建树。洪晓楠先生曾就现代新儒家文
化哲学的性质和代表人物作了概括而精辟地论述："作为一个产生
于 20 世纪 20 年代的思想文化派别，现代新儒家试图通过发动一场
儒家复兴运动来使我们民族摆脱近代以来所遭遇的文化危机。他们
以弘扬儒学为己任，以融会中西、实现儒家思想的现代转型为宗
旨，以儒家的内圣之学为主导，表现出强烈的民族意识、历史意
识、道德意识、宗教意识和文化反思意识。在这一文化哲学的纲领
下，以梁漱溟开其端，熊十力、马一浮、冯友兰、贺麟承其绪，包
括方东美、张君劢、钱穆等人在内，形成了现代新儒家学派的文化
哲学体系和阵营。"①

---

① 洪晓楠：《文化哲学思潮简论》，上海三联书店 2000 年版，第 25 页。

一　马一浮文化哲学的定位

马一浮对传统文化尤其是儒家文化在近现代所遭遇的困境和危机有着深切的体会和感喟，他看到西学凭借物质上的先进和优越已经征服了中国，固有的儒家价值系统受到否定和解构，指出社会危机的总根源不在于政治危机而在于文化危机，"今天下生民之忧，固不在国之易政而在士之灭学也"（二，197）。他对民族文化的前途和命运抱有深刻的忧患意识，担心在欧风美雨的洗汰下中土固有学术会如印度大乘佛教一样落没沉亡。因此应捍卫儒家思想的基本价值理念，有力回应对传统文化的不公正的态度和批评。

马认为自新文化运动以来的价值批判并不能完全推翻传统文化的价值。例如新文化运动的主帅陈独秀撰文鼓吹反对旧道德，追求西方式的新道德观念，但在继母逝世时却极尽哀礼，马指出这种言行上的悖反恰恰说明了固有文化的价值所存，人心所具，是不能为激烈言行而推翻和抹煞的，而且从"新文化运动愈盛而夷狄之祸愈亟"的社会状况来看，他认为其对历史文化的正负面影响尚有待进一步评估。

对于科玄论战中以丁文江为代表的科学派所提出的"科学万能论"观点，马不以为然。他分析指出，科学源于西方人征服自然的观念，可追溯到培根"知识即权能"的命题，以自然为认识和征服的对象，不同于传统儒学视草木鸟兽犹己之身体发肤，根据时令变化从事农耕和狩猎活动，采取的是敬畏和尊重自然的态度。马承认科学具有巨大的物质创造能力，而且早年游历欧美日时已有切身的感性认知，但他亦意识到："科学极旨，谓能尽物之性，而不知尽己之性。"（二，762）科学自有其内在的体系建构和逻辑论证，只因建立在心物为二的哲学基础上，未能将尽物与尽己统一起来，陷于一偏一曲之知。实际上科学本身并无过咎，关键在于人的把握和施用，如何赋予科学以人文意蕴和价值向度。马进一步用一战和二战的历史事实证明了科学技术的迅猛发展为全人类带来的并不只是福祉，而更有灾殃。"今用以杀人，则成大恶，恶在用之不当耳。"（三，971）

　　关于疑古思潮所发动的历史批判，马首先厘清"疑古"的观念渊源。章实斋在《文史通义》中提出"六经皆史"的看法，章太炎、胡适等都认同此种看法。所以章太炎提倡读经的实质是以经为史，将义理性命之学转变为历史考据之学，在马一浮看来，可谓"流毒天下，误尽苍生"（三，978）。更难以接受的是，从章太炎到疑古学派，变本加厉，不仅质疑古代社会中人物与史实的真实性，而且认为现存的历史已非原貌，而是经过历代的解释活动而层累地造成的，导致对六经文本所支撑涵盖的儒家价值系统的全面解构。马指责"顾颉刚之考据孟姜女，进而为《古史辩》，则既小且诞"（三，972），疑古思潮对儒家文化的历史批判既不客观又不公正。实际上，近代历史观念往往存在着"疑古"和"信古"两个极端："疑古者近于诬罔，信古者又过于拘泥。"（三，1178）马站在释古立场上，指出疑古思潮属于前者，怀疑过甚，"以诬词为创见，以侮圣为奇功"（三，525），以致"疑其所可信"；同时顽固复古者对历史记载不加拣择，全面相信，以致"信其所可疑"，都是缺乏判断尺度和抉择标准的妄见。最佳的历史识见应以自心义理作为衡准，所谓"疑"是疑其与理相悖，所谓"信"是信其与理相应。因而"疑"与"信"是同一实质的不同表现，关键在于如何在义理判断活动过程中统合二者，而不是割裂它们。对于出土文物的历史价值，他也主张从义理加以判断，认为应追究其内在的深厚社会内涵和人文意蕴，而"彼以唯物学者之经济眼光，及宗教家之迷信观念解释古器者，何足以知此"（三，1198）。

　　基于现代新儒家的基本立场，马一浮还对西化派和唯物史观派的某些观点作了回应。他认为梁启超和胡适提倡的西化路线，逐步使人陷于功利之途，传统文化的精华遭致毁弃："三十年前出一梁启超，驱人于俗，十余年来继出一胡适之，驱人于偷，国以是为政，学校以是为教，拾人之土苴以为宝，靡然成风，不待今日之被侵略，吾圣智之法已荡然无存矣。"（二，878）这种来自于文化上的入侵，在马看来远甚于军事侵略，其对民族文化的伤害不仅是全面的而且是致命的，所以西化派的文化主张是行不通的。而以唯物史观为指导运用阶级分析方法所作的历史文化研究亦未惬马之意。从材料看，马认为若将群经下降为古代社会史料，据此判断上古历史图景，是对群经的贬低；从方法看，他反对"以今人侵伐掠夺之心理"的阶级观点和阶级斗争方法重新描述殷周之际的社会变化，指出这种对古事的妄测，只会导致是非判断标准的淆乱，既是对古人的诬罔，又是对自家心性义理的戕害。

在作了上述的分析厘正后，马首先就"文化"的字源学意义进行别有深意的探讨。他认为与英文"culture"一词相当的汉字应为"艺"，本义为种植，引申为教育、培养，进一步他还将"艺"与六经联系起来，认为《诗》、《书》、《礼》、《乐》、《易》、《春秋》可以合称为"六艺"，这种经过高度抽象化了的价值原则，代表了古今中外的一切学术部类和文化现象。

其次，关于文化的内在依据，他从心性论角度作出了回答，指出"道之显者谓之文"（一，506）。六艺兼具内在性和普遍性，是人人自性本具之理，六艺之彰显便成为人类的精神创造活动及其成果，即文化；反过来说，凡人类文化莫不是道之所寓，包蕴着人类的心灵智能创造。

再次，他十分重视文化的人伦意蕴，以之为文化的根本属性，从社会人伦的重重关系中加以落实和贞定："事物参错交互，相对而成，如君臣、父子、兄弟、夫妇、朋友、谓之文。为人君止于仁，为人臣止于敬，为人子止于孝，为人父止于慈，与国人交止于信。君臣有义，夫妇有别，长幼有序，朋友有信。又父慈、子孝、兄爱、弟敬，各止其当止，谓之化。"（三，1173）以"三纲五常"

的封建道德规范来诠解文化似乎是难以接受的，甚至与平等、自由等背道而驰。而若作同情地了解，马以心性本同作为人类平等的本质依据，在此基础上，以最重要的五对伦理关系突出文化的人伦意蕴，更趋向于强调个体所担荷的社会责任和道德义务，使文化成为人与兽的根本区别。他还以感应说"化"，认为天地之间有感必有应，凡有动皆为感，感则有应，所应复为感，感复有应，"如是而不已之感应道理便是化"（三，957）。可见，"文化"在此处的含义就是人伦关系在感应活动过程中的社会化，使人性、人伦趋于至善、清明的义理境界，体现了文化所具有的移风易俗、敦睦教化的社会功能和道德要旨。

复次，马还认为人类文化的制度建构是一个重要的方面，在中土文化中就表现为礼乐制度传统。在这个意义上，马肯定"文化即是礼乐"（三，957），因为礼乐通过制度化的建构融入了诸多的文化因素，发挥着调整和规范各种社会关系的重要文化功能。礼乐可以从形式和内容两方面加以规定：从形式上说，行事总通过一定的形式和内容两方面获得体现，其方式便是礼，做得恰当、适宜，便是乐；从内容上说，"行之顺理者谓之礼，言之足以感人者谓之乐"（三，957）。

最后，马还就中西文明差异作了简略比较。文明一词源于西方，译自日本，国人习而不察，实际上未了解文明之真正内涵。他辨析"文就人伦言，明就心理说。人伦有序谓之文，心中不昧谓之明"（三，1172）。因此文明是基于心性觉解的秩序人伦关系的呈现。与文明相对立的是草昧，指人伦失序，自心昏迷。他指出"西方正是一部草昧史"（三，1172），西方文化发源于希腊，考希腊人有两种人最多，一为武士，善斗；二为商贾，尚利，所以希腊风俗是喜争斗，尚游乐。这只能是草昧，不能称为文明，时人津津乐道的近代文明亦是表面繁华，内部却充满了上下凌夷、争斗劫夺、无所不为。因此还是应回到儒家文化所昭示的六艺之道上来。

　　但是在目前马一浮的研究中，普遍存在着一种研究范式，即将其六艺论作为学术文化观，将其义理名相论作为哲学思想的基本内容[①]，这样做有其研究上的便利，但无形中割裂了二者的关系，忽视了马思想体系的整体性和有机性，并进而影响到对马一浮思想丰富内涵的解读与认知，同时反映出研究者尚未对马一浮哲学性质的定位有一明了的认识，仍然停留于某种模式化的研究思路。

　　实际上，关于马一浮的哲学定位在很早就有人注意到并揭示出来。贺麟先生在 20 世纪 40 年代发表的《五十年来的中国哲学》中认为："马先生平沉浸潜玩于中国文化的宝藏中，他用力所在，及比较有系统的思想，乃是关于文化哲学的思想"[②]，"他的文化哲学的要旨是说，一切文化，皆自心性中流出，甚至广义讲来，天地内万事万物，皆自心性中流出。只要人心不死，则人类的文化即不会灭绝。这种文化观，使得他对于人类文化，特别民族文化有了坚强信心。当然这是很有高远识见，能代表中国正统思想的文化观。要说明如何万事万物，如何全部文化，皆自心性中流出，自然需要很高深困难的唯心哲学作基础"[③]。第一次将马的思想体系定位为文化哲学，强调了以心性为根基从而凸显了六艺之道的本然与永恒。唐君毅先生在《哲学概论》中亦认为："近人马一浮先生，则有《六艺论》之著，亦意在以六艺之文化与其精神，通天人之故。此亦中国文化哲学之流。"[④] 另有台湾学者林安梧先生亦悉心体察，在马思想脉络中寻绎出类似的答案："至于马一浮由心性论而展开的六艺论乃是一套文化哲学，这套文化哲学颇能显示马一浮对人

　　① 参见滕复《默然不说声如雷——马一浮新儒学论著辑要》编序，中国广播出版社 1995 年版；郑大华：《马一浮》，载王寿南主编《中国历代思想家》（二十一），台北商务印书馆 1999 年版；滕复《马一浮思想研究》，中华书局 2001 年版。

　　② 贺麟：《五十年来的中国哲学》，辽宁教育出版社 1989 年版，第 16 页。

　　③ 同上书，第 17 页。

　　④ 唐君毅：《哲学概论》，台北学生书局 1982 年版，第 161 页。

类、时代的用心。"① 楼宇烈先生也指出："马一浮的《论语大义》
和《孝经大义》二书，提纲挈领，条理清晰。若能读此二书，则
对于他'六艺论'的文化哲学之要旨，也就大致可以把握了。"②

综上，基于现代新儒家的共同文化立场和马一浮的自身理论建
构，在近现代中西文化冲突的思想史背景下，本书将马的思想体系
理解和把握为整体贯通的文化哲学创造，认为从此维度深入到马的
思想腹地和精神内核，可能更接近于马的思想原貌。

二　马一浮文化哲学的特征

关于马一浮的最大争执大概就是其学派归属了。研究者们从宋
明理学中的理学与心学的传统对峙来探寻马一浮的思想趋归，形成
了三种观点：

一种认为马一浮以陆王为归宿，属于新心学，持此观点的有徐
复观、刘又铭、滕复等。如徐复观先生认为："（马）学问归宿，
则近阳明而不近朱子。"③ 又如滕复先生认为："他一方面包容和调
和程朱与陆王，另一方面又在思想的实质上倾向于陆王。陆王心学
所代表的传统的内省道德哲学，构成了马浮哲学的基本框架。"④
此种观点着眼于马文化哲学心性论依据，将"心兼理气、统性情"
理解为马对陆王心学的移铸与改造，视之为近代心学传统的发展。

第二种观点认为马一浮以程朱为归宿，属于新理学，持此观点

---

① 林安梧：《马一浮心性论的义理结构》，载毕养赛、马镜泉主编《马一浮学术研究》，杭州师院马一浮研究所，1995 年，第 79 页。

② 楼宇烈：《理学大师马一浮》，载毕养赛主编，吕正之、马镜泉副主编《中国当代理学大师马一浮》，上海人民出版社 1992 年版，第 30 页。

③ 徐复观：《如何读马浮先生的书——代序》，载《尔雅台答问》，台北：广文书局 1963 年版，第 3 页。

④ 滕复：《马浮的儒学思想初探》，载《现代新儒家研究论集》（二）中国社会科学出版社 1991 年版，第 182 页。

的有戴君仁、宋志明、林安梧等。如马亲炙弟子戴君仁先生尊马为现代朱子，宋志明先生从马继承程朱重视经典、读书务博的治学传统及复性书院以主敬穷理为宗旨的学规断定："他应当属于'新程朱'型的'新儒家'学者。"① 林安梧先生认为："马氏学乃是程朱学调适而上遂的发展，通过马氏学来看朱子学，将可使朱子学有一较圆满的系统。"② 此种观点认为马秉持了程朱的学术路线，并且以理学为立场修正了某些心学观点（如改"心即理"为"心具理"），从而成为通往朱子学的一个现代诠释。学者们对马究竟是新程朱，还是新陆王，莫衷一是，归属的歧义性显示了马思想的复杂性，恰恰说明也许不能或不必认定马是古代某一传统学派在现代的简单复归。

　　实际上，还有第三种观点认为，由于马一浮从容于程朱陆王以及儒释道之间，并不特别发扬某一派，而是作会通的处理，持此看法的有贺麟、杨儒宾、马镜泉等。贺麟先生认为："马先生兼有中国正统儒者所应具备之诗教、礼教、理学三种学养，可谓为代表传统中国文化的仅存的硕果。其格物穷理，解释经典，讲学立教，一本程朱，而其返本心性，怵习复性则接近陆、王之守约。他尤其能卓有识度，灼见大义，圆融会通，了无滞碍。"③ 又言："他以极深睿的识度于儒释和朱陆间灼然见其贯通一致。"④ 杨儒宾先生则注意到如果说马属于某一学派，可能并不符合马的思想实际，不仅因为他从未强调自己的学派归属，而且他也坚决反对各守封疆，局而不通，溺于门户之见："马浮很少在朱王学派的论辩中表明立场，如果说有的话，他通常不会认为这种争辩是实质的，或是不可调和

---

① 宋志明：《现代新儒家研究》，中国人民大学出版社 1991 年版，第 19 页。
② 林安梧：《马一浮心性论的义理结构》，载毕养赛、马镜泉主编《马一浮学术研究》，杭州师院马一浮研究所，1995 年，第 67 页。
③ 贺麟：《五十年来的中国哲学》，辽宁教育出版社 1989 年版，第 16 页。
④ 同上书，第 18 页。

的。……他的宗派意识相当薄弱。因此，我们很难给他归类，但学界中多有人认为马浮近朱而远王，笔者对此种看法持保留态度。"①

马一浮读书浩博，现代人罕有其匹，因此他并不专主一家，而是处处强调要异而知其类，睽而观其通。贺麟先生所提示的"圆融"正是隐藏在以佛证儒、以儒融佛背后的马一浮文化哲学的根本精神，他以六经系统融摄四书系统，而又留意宋明理学家的思维成果，并且表现出会通中西文化的努力和趋向，说明与其认为马一浮是宋明理学在 20 世纪中国的代言人，不如说他是中国文化在世界文化面前的代言人。

所以我们认为圆融是马一浮文化哲学的基本特征，它包括以下几重意蕴：

（一）作为一种思维方式

应当肯定，圆融思维实际上构成了马文化哲学的基本思维手段，其中判教集中体现了圆融思维方式，它具有相反相成、相即相入的逻辑特征和圆满具足、融通无碍的互补性格，体现为整体性、统一性、秩序性、价值性、目的性等思维原则，马吸取其思维经验，运用、实施于中西文化的比较融通。

（二）作为一种人生境界

人生的最高境界是自由的境界，在孔曰从心所欲，在庄曰逍遥游，在《诗》曰鸢飞鱼跃，在释曰拈花微笑，事事无碍。冯友兰谓之天地境界，唐君毅谓之天德流行，马一浮则视之为圆融境界。由六艺之道，行六艺之教，证成六艺之人，这便是最高的人格理想类型，这便是最高的自由生命境界，洒落通达，自在无碍。

（三）作为一种价值蕴含

圆融是多重价值的聚合与收摄，它并不专主某一价值而排斥其

---

① 杨儒宾：《马浮"六艺统于一心"思想析论》，载《马一浮学术研究》，杭州师院马一浮研究所，1995 年，第 64 页。

他价值，更不视价值冲突为不可避免。圆融不仅允许多重价值的彼此共存，而且肯定各价值系统的独立意义，由此圆融本身而成为最高价值的展示与象征。

三　马一浮文化哲学的内在理路

文化哲学作为对文化本质的哲学反思，体现为在特殊性中把握一般性，具体性中寻绎抽象性，现实性中突出反思性的思维特点。马一浮从纷繁复杂、丰富多元的文化现象中抽象出六艺，作为全人类普遍的文化价值原则，恰恰具备了文化哲学这一思维本性。其特点是相对于文化的物质基础，更强调文化的精神层域；相对于文化的外部殊相，更强调文化的心性一致；相对于文化的学理思辨，更强调文化的生命呈现。他站在中国文化转型的历史关节点上，发挥具有普遍价值的儒学意蕴，张望理想的文化形态。

他的文化哲学的理论建构既依傍传统思想资源，又具有独特的理论视角，在其哲学文本的表象下隐藏着其特有的逻辑构成，突出了以判教为起点，以范畴为工具，以心性为依据，以六艺为核心，以证人为目标的深层结构，表征着其主要理论组成部分及诸范畴系统的逻辑关联，从而展布为从判教论、名相论、心性论、六艺论乃至证人论的马一浮文化哲学的总体进路。

判教论旨在说明马一浮文化哲学的建构方法和思维手段。在马一浮看来，判教是在风云诡谲、文化跌宕的时代环境下的价值抉择。因此判教在其文化哲学中就突出为体系建构的方法诠解，其核心是文化价值的判断与衡准。马在研究儒佛二家判教理论的基础上，本着"异而知其类，睽而观其通"的圆融宗旨，发展出现代新儒家的判教理论体系。判教论还表明了马一浮的文化史观，对以三教为主体的传统文化展开富有时代意义的判教，通过判今古、判朱陆、判汉宋、判三教，乃至于判中西文化，在新的历史文化参照系中，重新定位和厘清固有文化的思想秩序和价值内蕴，从殊相中寻找共相，将六艺确立为传统文化的纲维和中西文化统摄的前提。通过其判教活动过程，马建构起自身的文化哲学体系，在整体逻辑结构中渗透着深刻、鲜明的判教思维方式的影响。

名相论阐述了马一浮文化哲学在范畴层面的价值转换和义理融通，主要解决范畴的可通约性和价值的对应性问题，在纷繁的语词密林中寻求文化共性，通过秩序文化条理获得范畴归致。马首先从义理与名相的关系入手，指出其作为能指的名相在儒、释、道等思想体系中都各有殊异，但其作为所指的义理都是一致的，因此就为传统哲学中的名相圆融提供了理论前提；其次，马从本体论、认识论、修养论对理气、知能、止观等范畴作了细致的分析和清理，对历史上存在的理学与心学、儒家与佛教的分歧和对峙进行了疏通和批导。

心性论是马一浮文化哲学的理论基础，它关系到六艺论的合法性依据和价值根源判断，占据十分重要的地位，主要解决心性价值及其实现的问题，为文化主体进行全面的心性贞定。当然，作为宋明理学中心话题的心性无疑具有相当大的敏感度：一方面它充满了理学与心学的紧张，另一方面亦有被时人目为空谈心性的诟病。马以《大乘起信论》的"一心二门"作为基本框架，超越性地提出"心兼理气、统性情"的命题，并从心外无物，本体与功夫角度作了阐述，表面看似乎是接受了心学的立场，实际上马是对理学和心学都作了修正和调整，建构起六艺价值系统，从而进一步提出了其文化哲学最主要观点。

六艺论是马一浮文化哲学的逻辑展开，表明了马对文化本质及其现象的总的看法，主要解决文化价值及其实现的问题，体现了文化价值的时代重构。他以"六艺统摄一切学术"为总命题，分别论述了六艺统诸子，六艺统四部，六艺统摄西来学术等，他认为人心是六艺之价值源泉，因此只要人心一日不灭，六艺之道则炳然长存，作为西方价值的真、善、美亦可被六艺价值系统所摄。实际上原本作为六经的《诗》、《书》、《礼》、《乐》、《易》、《春秋》已经溢漾出具体历史文本内容范围，由迹至本，成为具有越超性的价值原则。他认为六艺散在《论语》总在《孝经》，故在复性书院的讲经活动已经变为对传统文化中六艺之道的阐扬，包含着对中华民族的深刻文化忧患和对人类文化走向的终极思想关切，所以又转向对人的追寻。

证人论是马一浮文化哲学在人生、人格层面的贯彻，主要解决人生价值及其实现的问题，是文化精神的生命流溢。简言之，是证什么人、如何证、证什么的问题。马指出由六艺之道，行六艺之教，最终是为了证成六艺之人，也即是对六艺的心性证验和生命自觉。所以他首先区分人格类型，以君子、圣贤作为完美人格的典范；其次以六艺为主要内容来进行培育、涵养，复性书院的学规可视为其人格教育思想的纲领。但毫无疑问，所有外部的环境条件都不是决定性因素，关键在于读书践履从而发现和证验自性本具之理，充实和推进人格的完善，成为当时如火如荼的抗日战争和文化建设运动中的中坚。

值得注意的是，马一浮的文化哲学以六艺为核心观念，其内在理路都是围绕着这个核心观念而展开的。判教论据六艺判教，体现了以儒学价值为本位的文化史观；名相论将繁杂的范畴归致于六艺义理，是同一所指的不同能指；心性论旨在揭示六艺乃人人自性本具之理，六艺论建构了中西文化中具有普遍意义的价值系统；证人论则重视对六艺之人的教育和塑造，所以"六艺"在马一浮那里已消褪了经典文本的意味，而成为人类文化理想的象征，普遍文化价值的范型，完满人格类型的楷模。

马一浮的文化哲学体现了一条清晰的线索，即由作为建构方法的判教论到范畴层面的名相论，再到作为理论基础的心性论和逻辑展开的六艺论，最后归结为人格层面的证人论，这个线索既反映了马文化哲学的逻辑进程，又体现了其文化哲学的整体逻辑构成。本书将按照此一进路和构成分别给予讨论和说明。

第一章 判 教 论

　　判教是中国佛教特有的概念，有着十分悠久的历史传统和判释积淀，但它一直被置于佛教的诠释话语系统中，成为佛教为确立自身地位、肯定宗经价值而采取的一种评判方式。作为弱势文化地位的思维手段和评判尺度，判教在近现代的复兴并非偶然。文化哲学意义上的判教是近现代文化危机逐渐加深下的必然产物，其判教对象、判教主体、判教手段和判教目的都发生了极大的改变，融入了丰富的时代内涵，实现了理论层次的跃升。

　　历史意义上的判教和文化哲学意义上的判教的差别在于：就判教对象言，前者往往局限于佛教内部的各宗派，最宽泛的也只是宗教意义上的儒释道三教判释，后者则力图就中印西等诸文化系统作总的判释；就判教主体言，前者主要是持守本宗立场、宣扬宗经精神的佛教内部某一思想派别，后者则主要是以民族文化为本位，以民族文化价值为宗趣的思想文化派别；就判教手段言，前者往往以权实、小大、偏圆、浅深、方便究竟等为基本手段，后者则吸收宋明理学的思维成果和西方现代哲学理论加以引申，如梁漱溟的理智、直觉、现量，熊十力的性智、量智，牟宗三的离、盈，方东美的契理、尚能、妙性等；就判教目的言，前者意在突出本宗的义理最优越、最圆满，是最高智慧的体现，其他诸教虽有助于接引、悟发，其本根究极处却在本宗，所以共为佛说，而暗含拒斥的意味，后者则旨在强调本位文化价值，重构思想秩序，以期获得多元文化的交流与融合。

　　判教作为马一浮文化哲学的逻辑起点，具有十分重要的意义。

本章先从判教观念的历史嬗变谈起，析解现代新儒家对判教的贯彻与发挥，以说明作为文化哲学意义上的判教是如何可能的。

第一节　判教与现代新儒家

判教，亦称教相判释，指在保证佛教统一性的前提下，判别佛教各类经典及各宗派学说、教理所显示佛说圆满程度，确定其在佛教思想体系中的性质、地位和价值，并以本门、本派、本宗的宗经为佛教发展的最高阶段。

它具有两个特点：一是各派的学说、教理、宗经都被统摄在佛教思想的总体架构下，只是因为佛在不同时间、地点，根据不同根机的受众，从缘起教，临机施设，故而产生差异。但不管差异有多大，仍然皆为佛说，具有各自独立的价值和意义，不是彼此矛盾的，而是互为补充的，这就保证了佛教思想体系的统一性和完整性；二是以本宗的理论为参照标准，对各宗派作系统的判别，明序统，定高下，辨权实，分小大，别偏圆，断浅深，从而确立己说为最崇高、最圆满、最优越的教理。

判教方法在中国佛教中的广泛运用，主要是由两个历史条件所决定的：一是文化交流的现实需要。在三藏经典被大规模传译入中国后，经文互有出入，疏释各见仁智，义理纷执异同，对于大乘与小乘，空宗与有宗，学者和僧侣难以判别优劣高下，莫衷一是，但在中国文化语境下，为了缓解与中土传统文化的紧张，同时也出于传播、阐扬统一性佛教的便利，所以在佛说的整体框架内分疏、排列、归置众说，而有判教之必要；二是印度佛教中的判教渊源①。

---

① 严格说来，判教是中国佛教特有的概念，印度佛教中的判教传统乃是我们依照中国佛教之判教特点加以反溯、追认的认识结果，二者在内涵和外延上都有较大差别，所以本书仅从思想渊源上着眼，考察它对中国判教的启示性意义。

大小乘之分，空有宗之别即是简单的分判。印度佛教经典中包含有丰富的判教思想，《法华经》判大小二乘，开权显实；《楞伽经》分顿、渐二教；《涅槃经》则把佛教喻为从牛乳、酪、酥、熟酥到醍醐等五味（五时）的发展过程；《解深密经》也判佛教为有、空、中三时，《大智度论》分"显露"和"秘密"两种，等等，这些都对中国僧人的判教观和判教实践产生了重大影响，故有判教之可能。

中国佛教的判教早在南北朝时期就已出现，有南三北七之说。南地诸家多侧重佛说法的形式，根据历时性加以排列，辅之以教理的层阶；北地诸师多侧重佛说法的内容，根据教理的层阶性加以融贯，辅之以时间的序列。

判教至隋唐时期始大备，而且成为创宗立派的重要手段。天台宗集"南三北七"之大成，据《法华经》为宗经，判佛教为五时八教，五时是指佛说法经历了五个时段，各以经命名，依次是《华严》时、《阿含》时、《方等》时、《般若》时、《法华》《涅槃》时。而五时又依"仪"和"法"的标准，判为化仪四教和化法四教。"仪"譬如药方，是佛教化众生的方式，据此判为顿、渐、秘密、不定四教；"法"譬如药味，是佛说法起教的内容，据此判为藏、通、别、圆四教，合称"五时八教"。

法相唯识宗据《解深密经》判三时教，依次为初时、第二时、第三时。初时是"有教"，指四《阿含经》等的小乘教；第二时是"空教"，指《般若经》类的大乘空宗；第三时是"中道教"，指《华严经》、《解深密经》等，奉非有非无的中道之理为最高教法。

华严宗以《华严经》为宗经，判五教十宗。按佛教理论发展的时间顺序，分为五教，即小乘教、大乘始教、大乘终教、大乘顿教和一乘圆教。按照佛说的不同义理特点，分为十宗，即我法俱有宗、法有我无宗、法无去来宗、现通假实宗、俗妄真实宗、诸法但名宗、一切皆空宗、真德不空宗、相想俱绝宗和圆明具德宗。

　　尽管以上各家判教都具有中土传统文化的背景和影响，但他们从未尝试判别佛教文化和其他文化系统的关系，视野仅仅局限于释典之内。直至华严五祖宗密，方开始将本土儒家、道家道教与佛教合在一起判教。他把各种思想判摄为三个部分，六个层次：第一部分为迷执之教，即儒道；第二部分为偏浅之教，不了义教，包括人天教、小乘教、大乘法相教和大乘破相教；第三部分为直显真源教，了义教，具体指以荷泽禅解释的华严宗。由此构成六个层次：儒道、人天教、小乘教、大乘法相教、大乘破相教和一乘显性教。董群先生对宗密的判教作了深入的研究，他认为宗密大大推进了中国判教理论的发展，"从而使其判教不仅是传统的佛教史观，也是更广泛的文化观，或者说是中印思想史观，因此可以说，宗密的判教达到了中国判教理论的最高阶段，包罗的范围最广，融合的特色最明"①。

　　因此，判教之于佛教中国化的进程以及中国化佛教的产生和发展无疑具有十分重要的作用，在某种意义上甚至可以说，没有判教的思维方式和建构手段，就不可能产生隋唐佛学的繁荣和兴盛。正如方立天先生所指出的："从理论创新和文化批判的视角来审视，中国佛教的判教乃是各宗派组织自家学说的理论建构方法，是佛教中国化的学术创建方式。中国佛教学者的判教活动，是对佛教理论思维的反思，是文化批判意识的张扬。判教具有的文化批判功能，体现了中国佛教学者对佛教文化的自觉与自决。由于佛教内部存在文化价值观念的差异与理论思维水平的高下，以及判教活动涉及了对各类佛教经典的世界观、人生观和价值观的整体评价，因此，中国佛教各宗派判教的成果客观上也反映了佛教义理史观与价值观的

---

　　①　董群：《融合的佛教——圭峰宗密的佛学思想研究》，宗教文化出版社 2000 年版，第 51 页。

历史演变。"①

　　当历史的指针转向 20 世纪上半叶的时候，世界已经大变，不复昔日的宁静田园。面对欧风美雨的强势文化，现代新儒家们以承续民族慧命和圣贤血脉为崇高使命，希望从传统中获得可以凭借的思想资源，平衡中国文化业已倾斜的价值架构和精神世界。故而，他们极为重视佛教的判教方法，认为由此而形成的文化史观对三教合一的历史趋势起到了巨大的推动作用，因此积极展开了对判教的研究，并以此为指导进行中西文化的判教活动。

　　现代新儒家的开创者梁漱溟认为，"五四"时期的中西文化论争只是简单地就文化表象加以论列，诸如李大钊所谓东洋文明主"静"、西洋文明主"动"的说法，仅为一种平列的开始，应该存在一种因果相属的讲明和一个更深彻更明醒的说法，这就是文化的贯串统率的共同源泉。因此，他在其名著《东西文化及其哲学》中以"意欲"为中心，判别出三种不同的人生态度，展开为三种不同价值取向的文化形态。西方文化意欲向前，运用理智，着眼于外界物质；中国文化意欲持中，运用直觉，着眼于内在生命；印度文化意欲向后，运用感知，着眼于无生本体。梁认为世界文化的发展呈现为这三种文化形态的次第性演变，而最近的未来将是中国文化的复兴。可见，他继承了佛家的判教传统，以"意欲"为共同标准，肯定三种文化形态的独特价值，并将其统一为历时性的发展过程，强调它们都是世界文化体系不可或缺的重要组成部分，并且标示东方文化为最高（梁认为相对西方文化的追逐外物，儒佛都讲求彻达心源，可以互补共济，因此儒佛是相通的，价值上是相当的）。

　　熊十力颇质疑于梁的判教，指出梁并不真正懂得西方文化。因为西方文化渊源于二希，即希腊文化的理智和希伯来文化的感情，

① 　方立天：《天台判教论》序，巴蜀书社 2005 年版，第 1—2 页。

二者都不识心体，不彻心源，故既理智又不理智（感情不从心体流露即为妄情）。于是熊归宗《周易》，以"本心"（性智）为标准，析异观通，舍短融长，展开了对中西文化的判教。以三教言，儒释道之学的根极处在识见本性，但"道家顾返于虚无，佛氏乃趣于寂灭，其为道虽不同，要皆游心于现实世界之外，极逞空想。此二氏之病"①。以中西言，"性智"乃"本心"之异名，不待外求，是"本心"在实证境界的觉悟，而"量智"是"性"之显发，极辨物析理、思察推征之能事。据此，他认为西方文化专尚思辨，一任量智，但因其并非性智显发之量智，故逐物而不返；中华学术体证性智，长于修养而短于思辨，而且他认为东西文化应当互补融合，是性智和量智的圆融统一。本于儒家而判的结论是游乎西洋，清思明辨，游乎印度佛法，荡一切执，最终返归儒家，默与道契。

科玄论战中玄学派的主将之一张君劢钦服于佛教具有较高的思辨性和严密的体系性。他指出，如果没有佛教传入中国，根本就不会产生新儒学，"儒家和佛家接触以后，便在更思辨、更系统与更形而上的基础上加以改造了"②。他参照释门判教宗旨，拟定在建立一国文化时所不可缺少的三种态度：（一）宇宙各种现象囊括无遗；（二）各异之学说应公平论断；（三）不忘本国历史与其所遗留的制度之真实义。所以对于科学、道德、宗教三者关系的正确态度是：有科学，同时不能无道德无宗教；不可因科学而排斥道德与宗教，亦不可因道德、宗教而排斥科学。更进而言之，主革新者，不可抹杀传统，同时亦可因传统而阻碍进步。张的这些观点明显吸收了判教的思维原则，表现了对传统判教学说的继承和发展，注意从文化体系的全局统筹考虑，而身为玄学阵营的主将，他又不能不

① 熊十力：《明心篇》，载《熊十力全集》第七卷，第 223—224 页。
② 张君劢：《新儒家思想史》，中国人民大学出版社 2006 年版，第 89 页。

体现和坚持儒家文化的价值指向。

　　唐君毅指出："天台宗之为一中国佛学之大成，一表现于其判教，一表现于其言止观。华严宗之为中国佛学之大成，亦一表现于其判教，一表现于其言法界观。"①并且自认为："吾乃有会于中国佛家之判教之论，于佛经一一说为最胜之义，而似相异相反之言，莫不可会而通之，以见其义之未尝相碍。"②本着此种融会贯通的精神，他考察了佛教中国化的历史进程，指出华严宗标志着印度佛教的"法性"为主导向中国化佛教的"心性"为主导的转换，这就极大地丰富了传统心性学说的内容。以此心性为依据，按照不同的心灵活动，他创造性地提出了"心灵九境"的宏大判教体系：前三境为万物散殊境、依类成位境、功能序运境，属于客观境界；中三境为感觉互摄境、观照凌虚境、道德实践境，属于主观境界；后三境为归向一神境、我法二空境、天德流行境，属于超主客观境界。九境次第升进，展现心灵自我超越渐趋圆满的过程，其中后三境分别代表了基督教、佛教和儒教，在他看来，此一判教架构涵摄中、印、西三大文化系统，而以儒家文化之"天德流行"为最高境界。

　　同样，牟宗三透过佛教史的角度切入。他指出："中国吸收佛教，其中义理纷然，判教即是一大学问，能判之而彰显圆教之何所是即是一知识。"③又言："吾人以为若不通过天台之判教，我们很难把握吸收佛教之发展中各义理系统之差异而又相关联之关节。"④由此，他认为智𫖮、荆溪、知礼等古德是不可多得的大哲学家，对于中国传统文化的影响是十分深远的。在借鉴、吸收佛门判教经验

---

　　① 唐君毅：《中国哲学原论·原道篇》卷三，台北新亚研究所，1977 年，第 272 页。
　　② 见《唐君毅先生纪念集·唐君毅先生的心路历程》，转引自方克立、李锦全主编《现代新儒学研究论集》（二），中国社会科学出版社 1991 年版，第 254 页。
　　③ 牟宗三：《圆善论》序，台北学生书局 1985 年版。
　　④ 牟宗三：《佛性与般若》序，台北学生书局 1984 年版。

的基础上，直透孔孟所开辟的本源，以之为评判的标准。他承认："吾以此智慧（佛教之判教——引注）为准，先疏通向、郭之注庄而确立道家之圆教，次疏通儒学之发展至王学之四有四无，由之再回归于明道一本与胡五峰之同体异用，而确立儒家之圆教。圆教的确立，用于圆善，则圆善之圆满而真实的解决即可得矣，此则不同于康德之解答而有进于康德者。"[1] 因为康德受基督教哲学的局限，将圆善之解决归于上帝信仰，显示了其道德哲学的不彻底性。所以就中西言，西方文化（以基督教为代表）是离教，中国文化能够消除主客、能所的对立，故为圆盈之教；具体就三教言，佛、道为偏盈，儒家正是至圣圆满的正盈之教。

而具有诗人哲学家之气质的方东美则认为："佛学家以各种方法处理这些复杂而又冲突矛盾的资料……到了隋唐时代，才有三个学派对于这个问题的处理比较合理：一是天台宗的判教方法，二是法相唯识宗的判教方法，三是华严宗的判教方法。"[2] 他尤其欣赏华严宗体系的旁通统贯性，所以特别标示华严宗为隋唐佛学代表，赞扬"其主要理论系统极能显扬中国人在哲学智慧上所发挥之广大和谐性"[3]，显然这也包括了富有圆融特质的华严判教理论。进而，他指出在华严经的宗教境界里，包蕴着一个对现实世界的极大愿望，即这个世界不仅仅是一个低层的物质结构，它已经把所有的物质结构都提升到生命存在的层面，从而彰显神妙智用。所以他便以"生命"为人类社会的核心，认为一切文化、学术、伦理，以及社会制度的思潮都集中于此。生命是突飞猛进的历程，生命每前进一步，学术思想亦跟进一步，决不落后。"生命是思想的根身，

① 牟宗三：《圆善论》序，台北学生书局 1985 年版。
② 方东美：《中国大乘佛学》，台北黎明文化事业公司 1984 年版，第 211 页。
③ 方东美：《生生之德》，引自方克立、李锦全主编《现代新儒家学案》（下），中国社会科学出版社 1995 年版，第 1049 页。

思想是生命的符号。在人类历史上，生命与思想常相眷恋，须臾不离。"① 据此，方东美判中国四大思想传统：儒家、道家、佛学、新儒家，都存在着一个共同的预设，就是积极肯定生命的价值，认为哲学的智慧是从伟大精神人格中流露出来的。儒家侧重于文化创造的历时性把握，因而是"时际人"（Time-man）；道家逍遥于诗意审美的自由空间，因而是"太空人"（Space-man）；小乘佛学看到轮回的无常，大乘佛学追求涅槃的永恒，大小乘融合而铸成佛家真正的精神，因而是"交替忘怀的时空人"（Space-time man with an alternative sense of forgetting）；宋明理学主张宇宙和生命的配合，体验天人合一的境界，因而是"兼综的时空人"（Concurrent space-time man）。判诸中西文化，方认为希腊人以实智照理，起如实慧，演为契理文化，要在援理证真；欧洲人以方便应机，生方便慧，演为尚能文化，要在驰情入幻；中国人以妙性知化，成平等慧，演为妙性文化，要在挈幻归真。通过上述的分析、比较，他肯定中国文化的精髓在于允持厥中，保全大和，故能尽生灵之本性，合内外之圣道，赞天地之化育，参天地之神工，充分完成道德自我的最高境界。方充满信心地预言，在中国文化"广大和谐"的基本原则指导下，"当创造性超越破坏性时，和谐也同时盖过了纷争，那时所存的，乃是根据高贵人性而完成生命理想的精神大凯旋"②。

　　如上简要回顾了释门判教对现代新儒家的启示与影响，是为了说明现代新儒家在构建他们的人文精神世界和道德价值系统时，对于佛教的思想资源，尤其是判教传统所资甚弘，所益甚深。龚鹏程先生在《普门学报》创刊号上撰文说明了现代新儒家与佛教佛学

　　① 方东美：《科学哲学与人生》，引自方克立、李锦全主编：《现代新儒家学案》（下），中国社会科学出版社 1995 年版，第 961—962 页。
　　② 方东美：《中国人生哲学》之《中国人的人生观》，台北黎明文化事业股份有限公司 1991 年版，第 106 页。

有很深的渊源①。而且他认为过去的一般论者只注意到这一群体采用西方哲学之观念、术语、架构以及解析方法来讲中国哲学这个特点，却忽略了他们与佛学具有内在的更具亲缘性的密切联系。客观地说，关于佛学与现代新儒家关系的研究正在走向深入和细化。而马一浮对文化哲学意义上的判教的研究和运用则颇具特色，尤其值得整理、发掘。

第二节　马一浮的判教观

在现代新儒家中，马一浮的判教观立足儒家，旁涉佛道，考察古今，规模闳大，建构起严整、鲜明的儒家判教理论体系。

一　判教

（一）条理：判教的核心

马一浮博引往圣旧说以申之，如"孟子曰：'始条理者，智之事也；终条理者，圣之事也。'朱子谓'智是知得彻，圣是行得彻。知以理言，行以事言。理事不二，知行合一，圣智同符，始终一贯，在得其条理而已。'"（一，150）所以判教的核心在于条理，使上下井然，内外有序。更重要的是，马分析了由条理而生发出的四个层面上的关系范畴，揭示了条理贯通的判教深层结构：条理有始有终，条理之始终表现为功夫之浅深、证验之先后，是谓功夫论层面；始条理为智之事，终条理为圣之事，朱熹注云"智者，知之所及；圣者，德之所就"，智、圣表达了两种不同的人格理想类型，具有不同的人生价值内涵，二者既以条理之始、终为界限，又伴随着条理的自始而终，人格理想类型也表现为自智而圣，是谓人格论层面；智主知，是认识分明，圣主行，是实践彻底，知、行是

①　龚鹏程：《人间佛教与生活儒学》，载《普门学报》2001 年第 1 期。

智、圣各擅胜场的认识优势，知行合一是最佳的认识要素组合，是谓认识论层面；知是认识逻辑，属于理，行是认识活动，属于事，通过理事范畴从而揭示了知行关系的本体存在，是谓本体论层面。根据"理事无碍"的传统佛教哲学观点，理事本来无二，不可分割，水波交彻，相即相入，反推上去，自然是"知行合一，圣智同符，始终一贯"，最终归结到条理。说明马一浮始终以条理为判教的核心和主干。

（二）统类：判教的目的

统类是条理之粲然，判教之目的。马首先就"统类"的字义学意义作了辨析。"统"，《说文》谓之"纪也"，纪是别丝，俗称丝头，理丝者必引其端称为纪，而总合众丝之端则称为统，故引申为本始之称，又兼赅摄义。至于"类"则有两层意义：一是相似义，如"万物睽而其事类也"；二是分别义，如"君子以类族辨物"。而就具体意义而论，统是指一理之所赅摄而言，类是就事物之种类而言。马进而将统类与佛教的"六相说"作了对诠互释，指出统是总相，类是别相，"总不离别，别不离总，举总以该别，由别以见总，知总别之不异者，乃可与言条理矣"（一，150）。总别相即反映了"统类一也"的辩证关系。由此"内外本末，小大精粗，统之有宗，会之有元，备而不遗，通而不睽，交参互入，并摄兼收，错列则行布分明，汇合则圆融无碍"（一，150）。错列是别，是类，是目；汇合是总，是统，是纲，其内在的核心是条理，外在表现和最终目的则是统类。

马进一步阐述了判教对于展现出对象内在的条理、秩序，实现其统类的重要作用："今言判教者，就此条理之粲然者而思绎之，综合之，其统类自现，非有假于安排造作，实为吾心自然之分理，万物同具之根源。"（一，151）此处统类不出于安排造作具有两方面的含义：一方面，它不是主观意识的臆造猜测，而是思维活动的逻辑呈观，出于"吾心自然之分理"；另一方面，它具有对象本身的客观依据，是"万物同具"的事实存在。这样，通过对逻辑和事实关系的把握、思绎和综合，统类得以实现，条理得以粲然，价值得以确证。因此，判教实质上是寻求逻辑与事实之间的价值一致的活动①。

（三）六艺之道：判教的依据

佛家判教以佛经为依据，儒家判教自然不能脱离儒学经典。马一浮从浩如烟海的古籍中提炼出六艺之道作为儒家判教的基本依据和根本尺度。他认为"六艺之道，条理粲然"（一，151），展示了逻辑与事实的价值一致，"圣人之知行在是；天下之事理尽是；万物之聚散，一心之体用，悉具于是"（一，151）。从逻辑方面说，六艺之道是"自心义理之大全"；从事实方面说，它又是"事物当然之极则"，故合而观之，人心一日不毁，世界一日不灭，六艺之道便炳然长存，价值永在。

判教应有其判定的内在依据和基本标准，儒家判教理论如何可能的合法性关键即在此。马自设答问，驳疑析理："或曰：天台据《法华》判四教，慈恩依《深密》、《楞伽》判三时教，贤首本《华严》判五教，然则判教之名，实始于佛氏之义学，儒家亦有之乎？答曰：实有之，且先于义学矣，后儒习而不察耳。"（一，151）

此一答问意在指出两个判断：一是肯定儒佛皆有判教，而且基本相同，有关涉，有联系；二是否认判教始于佛教，认为儒佛各成独立之判教系统，并且儒先于佛，只是后儒习焉不察而有此误解。确立第一个判断并无实质性意义，因为尽管佛教始创判教之名，儒

---

① 如王仲尧认为："判教是中国佛教基本特征之一，它实际上是中国佛教发展过程中，南北朝各学派、隋唐各宗派普遍采用的一种认识和批判的思想结构，也可以说，它是支撑整个中国佛教教理思想的内在的价值评价体系。"（王仲尧：《隋唐佛教判教思想研究》，巴蜀书社 2000 年版，第 1 页。）

家亦有判教之实，但仍未能摆脱儒家模仿佛教判教体系牵强附会的嫌疑，一如韩愈依照佛教"法统"虚构儒家思想文化传承谱系——"道统"的情状。这样第二个判断便成为论证的重点，即儒家判教早于佛教判教，虽无其名，已有其实。下文将就其儒佛之辨另作剖析。

马认为《诗》、《书》、《礼》、《乐》、《易》、《春秋》六经不仅是基本的儒家文献，负载着大量的具体性知识，而且代表着囊括全部人类知识的六大知识部类，进而透显了人类精神生活的超越性价值原则，体现了中国的根本文化精神。所以他接着阐述了儒家判教的发展原委，在儒佛的辨析中抬高儒家判教的理论地位。

（四）同人于野：判教的态度

"同人于野"出自《周易》"同人"卦，下离上乾，象征和同于人。同人于野以原野为"同人"之所，昭示与人和同必须处于广阔无私、光明磊落的境界。与其相反的是"同人于宗"，指在宗族内部和同，畛域自封而为偏狭之象，被视为吝道。马认为判教应当提倡的态度是"同人于野"，以宽广的胸襟、高远的识见、恢弘的气度对传统文化乃至于中西文化有一整体、全面、客观的考量与评价，去其私见，除其封执，不以一家一说为鹄的。

他指出现实情况往往是"学术之有门户，政事之有党争，国际之有侵伐，爱恶相攻，喜怒为用，皆是'同人于宗'，致吝之道"（一，100—101）。在为浙江大学所拟校歌中有"尚亨于野，无吝于宗"之语。马亦正是按照这个态度切实地为中国文化树立一个体系，替学者备办一副头脑，而开展具体的判教活动的。

（五）知类观通：判教的原则

"异而知其类，睽而观其通"被马确立为基本的判教原则。在他看来，观念的睽乖、争鸣都属于正常的学术活动和文化现象。透视其原因，既有理解的仁智，又有语言的隔碍，关键是不能简单地停留于差分，而在于明其要旨，观其会通。他指出，时人津津乐道的专家之学是得之于别而失之于通，只能为一器一官之事，而未抉学问性命之幽微。若能从六艺义理入手，即可洞悉其普遍性的文化意蕴和价值内涵。"既知统类，则不害差分，致曲通方，各就其列，随顺世闻，语言亦复何碍？故百家众说，不妨各有科题，但当观其会通，不可是丹非素，执此议彼。苟能舍短取长，何莫非道？万派朝宗，同归海若，容光必照，所以贞明。小智自私，乃存畛域，自智者观之，等同一味，岂有以异乎哉？"（一，60）

（六）儒佛之辨：判教之大略

1. 判教之旨

儒佛之辨的关键在于从时间上论证儒早于佛，而因为"判教"是佛教的专有术语，不可能争夺"判教"一词的发明权，所以马超越概念层面，直接寻找义理根据。他的论证逻辑是，既然儒家是据六艺判教，那么如果有关于六艺的记载，则必然是判教的旨趣所在。所以他以散见于《论语》、《孟子》等儒家经典文献中关于六艺的言论说明六艺判教已于孔、孟处初见端倪，从而将儒家判教上推到先秦时期，直接孔孟，标示宗旨。

显然，马的这种论证是比较牵强的。其一，六艺和判教不构成充分必要条件，对六艺的举证并不必然地推出存在判教的结论；其二，判教概念是中古的观念形态，马依此对照先秦的某些相似言论，给予追溯和确认，是一种非历史主义的认识。马在随后的论证中继续贯彻了这个思路。

2. 判教之目

《礼记·王制》以《诗》、《书》、《礼》、《乐》为四教之目；《史记·孔子世家》明确孔子之门增益、扩展四教而为六艺，是六艺之目；赵岐《孟子序》说孟子精通五经，故有五经之目。马通过考察六艺之目的沿革，认为教、艺、经虽然名称不同但指谓相同，"以常道言，则谓之经；以立教言，则谓之艺；以显道言，则谓之文；以竹帛言，则谓之书"（一，127），并皆为判教之目。

3. 判教之大略

在马看来，据六艺判教，以庄、荀为最约，《经解》为最精。如《荀子·儒效》曰："《诗》言是其志也，《书》言是其事也，《礼》言是其行也，《乐》言是其和也，《春秋》言是其微也。"《庄子·天下》曰："《诗》以通志，《书》以道事，《礼》以通行，《乐》以道和，《易》以道阴阳，《春秋》以道名分。其数散于天下而设于中国者，百家之学，时或称而道之。"通过这样的对比引证，马指出庄子与荀子所言相同，说明判教在先秦已为一普遍性事实存在，"言百家道之，则知治六艺者，不独儒家为然"。（一，152）而且还认为《庄子·天下》中所称的"判天地之美，析万物之理，察古人之全"中所下之"判"字意义尤为分晓，已将判教真谛实质豁然揭起。

《礼记·经解》引孔子曰："入其国，其教可知也。其为人也，温柔敦厚，《诗》教也；疏通知远，《书》教也；广博易良，《乐》教也；洁净精微，《易》教也；恭俭庄敬，《礼》教也；属辞比事，《春秋》教也。故《诗》之失，愚；《书》之失，诬；《乐》之失，奢；《易》之失，贼；《礼》之失，烦；《春秋》之失，乱。其为人也，温柔敦厚而不愚，则深于《诗》者也；疏通知远而不诬，则深于《书》者也；广博易良而不奢，则深于《乐》者也；洁净精微而不贼，则深于《易》者也；恭俭庄敬而不烦，则深于《礼》者也；属辞比事而不乱，则深于《春秋》者也。"马对此段文字最为推许，赞叹其透彻精辟，三层推进，环环相扣，既判其人，又判其法，既判其得，亦判其失，"人法双彰，得失并举，显然是判教的实证据"（一，153），达到了判教的真境界。《汉书·艺文志》详论九家，以为皆是六艺的支脉与流裔，因而推广开去，以此教人，指明宗途，"譬如筑室，先立一架构，譬如作画，先画一轮廓，差别相自不可坏。似须先教伊识个大体，然后再与分疏，庶几处处不失理一分殊之旨"（一，529）。

所以，马一浮以六艺判教实际上糅合了《周易》"殊途同归"和宋儒"理一分殊"的思想，并进行了创造性综合，体现为立体的贯通而非平面的铺列，获得了巨大的历史感背景和沉甸的思想史含量。从而六艺统摄一切学术，举一全该，万物悉备，"六艺之教，通天地、亘古今而莫能外也；六艺之人，无圣凡，无贤否而莫能出也。散为万事，合为一理，此判教之大略也"（一，154）。

这样，从判教之旨到判教之目，再到判教之大略，马爬梳整理出儒家判教传统的发展线索和理论构成，从发生学的角度肯定了儒家判教在时间上要早于佛教，论证了自己的判断。

4. 判教之殊胜

儒佛判教系统各自成立，在马看来已然成立，但二者关系到底如何，却仍未解决，所以他进一步辨析儒佛判教的根本区别。马指出佛教判教的目的在于整合他派，抬高本宗，因此必然出现小乘与大乘、偏教与圆教、权说与实说、方便说与究竟说等剖判，并以后者自居，而儒家判教迥异于此，"六艺之教则绝于偏小，唯是圆大，无假权乘，唯一实理，通别始终，等无有二，但有得失而无差分"（一，154）。马期望在对佛教判教的批评中确立儒家判教的优势地位，自认为显示了"儒者教相之殊胜"（一，154），但毫无疑问，对儒佛判教方法优劣的评判，恰恰体现了判教在更高层面上的具体运用。

当然，马在辨析儒、佛歧异时，亦毫不讳言自己正是在对佛教判教的借鉴、吸收中才深化和明确了对儒家判教的认识，坚定了六艺之教的信念。他在1938年致叶左文的信中坦承："浮今以六艺判群籍，实受义学影响，同于彼之判教，先儒之所未言。然寻究经传遗文，实有如是条理，非敢强为差排，私意造作。兄引朱子言，谓道有定体，教有成法。浮今所言，疑于变乱旧章。然判教实是义学家长处，世儒治经实不及其缜密。今虽用其判教之法，所言义理未敢悖于六艺。先儒复起，未必遂加恶绝。"（二，442）马肯定六艺判教发先儒之所未发，具有独创性的意义。

剋实而言，马运用天台判教风规，寻绎条理粲然之六艺，肯定了儒家判教的合法性与优越性。

二　判教与分科

在马一浮看来，判教与分科是两种截然相反的思维方式，对它们之间关系的剖析和料简，有助于对儒家判教理论的深入认识。

马认为分科之说源于对《论语》"从我在陈"章的误解，指出该章举孔门十人有德行、言语、政事、文学诸目，是专就诸子才质特长而言的，并非明确说孔门设此四科以教人。他还进一步说明，该十人都是身通六艺的大儒，不可能于六艺之外别设四科。其中，"德行、文学乃总相之名，言语、政事特别相之目。总为六艺，别则《诗》、《书》，岂谓各不相通而独名一事哉！"（一，154）马以六艺涵盖四科，从而否定了分科之说，因为若有分科，便成偏小，非平正通达的六艺之道了。

庄子中肯剀切地揭撕了分科的谬失。如《庄子·天下》中"天下多得一察焉以自好"，"天下之人各为其所欲焉以自为方"，"道术将为天下裂"等，反映了分科之祸害道术、毒流天下的严重后果，所以庄子才称之为"不该不遍"，"往而不反"，"不见天地之纯，古人之大体"。马进一步发挥庄子的观点，视分科为判教的对立面，如果说判教是统之有宗，会之有元，备而不遗，通而不睽，那么分科便是"得其一支而遗其全体，守其一曲而昧乎大方，血脉不通，触类成滞，畛域自限，封执随生"（一，150）。马指出，分科是一器一官之事，故为局而不通；判教则是知本之事，故为通而不局。

马还相应批评了今人割裂哲学与科学的关系，视哲学为"桃庙之主"的看法，称之为有类而无统，表现于著作撰述上便流为不良的风气，强调这恰恰与分科的认识误区有关。如他指出"历来讲学术源流者，多是作哲学史，注论各家思想而不及其见处"（三，958），所以要辨其涂虑，明其归致。涂虑不明，就会枝蔓笼统；归致不明，容易忘失本源。马与学生谈话忆及民国初年写《诸子会归序》时，深悔但论儒、墨、道、法，而未料简得失，认为将来亦必须以判教方法分别论之，才是真实条理，如可视"道家出于《易》，《易》长于语变，老子深知之。法家出于《礼》，故荀卿言《礼》，一传而为李斯、韩非。道家之失，如庄子文字恣肆，其弊也奢；法家之失，其弊也俭。实则一为礼之失，一为乐之失"（三，958）。

三 实理与玄言

马一浮进一步认为对判教的认识还涉及实理与玄言的区别，必须明确儒家判教是判其实理，而非玄言。实理与玄言相对应，即真实义理的意思。古圣先贤垂语施教不同，但都是深造自得，洞览无余，践行纯熟后，从胸襟中自然流露出来的，因而都是实理。

马指出实理发之于言，也是真实朴素、自然平实的。他引证《周易·乾·文言》"修辞立其诚，所以居业也"一句，指出"诚"即是真实无妄之理，总言君子修治其言辞，与实理相应，"此理确立，然后日用之间不更走作也"（一，155）。"修"不是雕绘藻饰之浮辞，只有语言具有内在的条理和意义，才称之为修，也即能够如理而说，如量而说，悬河不为多，片语不为少，臻于"默然不说声如雷"的境界。

马还认为古德所言"但患自心不作佛，不愁佛不会说法"与《论语》所谓"有德者必有言"有异曲同工之妙，"德"者是得于心之实理，即是诚。《周易·系辞》每以德、业对举，业即是行。如果人心中不能得此实理，则其行为无论隐显，皆无是处，便是不诚无物。一旦"诚"得以确立，则其所言者莫非实理，言辞与实理相应，便成为诚谛之言，其言必然可以践行。而践行与实理相应，便又成为笃实之行。

他提示道："故学者当知修辞之要贵在立诚，而亦即是笃行之事，进德即在其中，言行相应，德业不二，始终只是此个实理。"（一，158）无论言行、德业皆是围绕实理而展开、扩散、浸染，而又无不反射辉映着自性之诚。

至于玄言，则发端于老，恣肆于庄。马认为真正的玄言应该与实理相符，但历史上的实际状况却是或者举本遗末，或者舍近求远，徒见大体而难以切近人事。至于玄学末流，醇疵互见，精粗杂陈，言辞玄远，务求高远竞夸，使人莫能持循、把握，日益暴露出其发展的流弊和局限。

马一浮通过《老子》与《论语》、《庄子》与《孟子》的文本比较对玄学与实理进行了厘清，判别了实理与玄言的高下与优劣。如老子"道，可道，非常道；名，可名，非常名"是玄言中最精粹之语，初学者听了有什么教益呢？只是使人茫无头绪罢了。相形之下，《论语》开篇便说"学而时习之，不亦说乎"，当下便可用力。再如《庄子》内篇七篇汪洋恣肆，漫无端涯，却不抵《孟子》开篇力陈义利之辨，直指人心，易于悟入，明确说明了玄言与实理的区别。

马一浮在此意义上指出，据六艺判教乃是实理，决非玄言，料简剖析，务在直下明宗，充分体现了他的儒学价值立场。

四　圣人一贯之学

六艺判教乃是先儒未发，后儒不察的圣人一贯之学，是明了儒学典籍统类的大事，有利于儒学在现代文化危机中易于接受和传布，拓展延续与更新的时代空间。换言之，儒典汗牛充栋，义理无穷，先儒所作的阐发虽然详备，但往往引而不发，初学者需要深味涵养，优柔自得，但在寻绎义理过程中，又容易忽略其主要处，而有遗珠之憾，如果不是用功勤奋持久，自己实下一番体验工夫，便难以体察其条贯和精神。

马担心"若只据先儒旧说搬出来诠释一回,恐学者领解力不能集中,意识散漫,无所抉择,难得有个入处"(一,25)。所以他要提出一个统类,其核心是坚持"理一分殊"的观点,力图以理事关系的理论架构从总体上进行概括和涵盖。在他看来,历代圣贤、经典对此皆有论列,可谓一目了然,切实明确。如《易传》佚文曰"得其一,万事毕",指出其中的一者,即是理。物有万千殊相,事有万千变化,而其理是一。又如孔子自谓"下学而上达",他解释说下学是学其事,上达是达其理。朱熹认为"理在事中,事不在理外"。这可以从两方面加以展开:一方面,一物之中皆具一理,就彼物中见得这个理,便是上达,马告诫两件只是一件,所以下学与上达不能打成两橛;另一方面,事物是有变易的,理则是没有迁流的,于事中见理,也就是于变易中见不易。此处要避免出现两种割裂理事关系的情况,一是"舍理而言事",这会造成滞于偏曲;二是"离事而言理",这会造成杳冥难知。所以必须把握"一理该贯万事,变易元是不易,始是圣人一贯之学"(一,25)。

综上所述,马一浮的判教观建立在对佛教判教系统的分析研究上,综合《周易》"一致而百虑,殊途而同归"以及理学"理一分殊"等思想资源,以条理为核心,以统类为目的,以同人于野为态度,以知类观通为原则,以六艺之道为依据,从而彰显了儒家判教系统的深层结构。进一步,他还辨明了判教与分科、玄言与实理的关系,在真正意义上完成了自己文化哲学的逻辑起点和思维手段的阐释,为后来的文化判教活动准备了前提条件。

第三节　马一浮的文化判教

判因乱起,乱以判息。先秦时期,儒分为八,墨离为三,已经

出现了"道术将为天下裂"的情况。至汉代佛教东传之后，文化
现象更加淆乱，演变为儒佛之争、释老之争的争鸣与论战。

马一浮认为近现代西学东渐，使这种文化分裂斗争现象愈演愈
烈，于今为甚："儒者排二氏为异端，佛氏亦判儒家为人天乘，
老、庄为自然外道，老佛互诋，则如顾欢《夷夏论》，甄鸾《笑道
论》之类；乃至佛氏亦有大小乘异执、宗教分途，道家亦有南北
异派：其实与佛、老子之道皆无涉也。儒家既分汉、宋，又分朱、
陆，至于近时，则又成东方文化与西方文化之争、玄学与科学之
争、唯心与唯物之争，万派千差，莫可究诘，皆局而不通之过
也。"（一，132）在这段文字中，马可谓将此种历史上的思想文化
之"乱"展示得淋漓尽致，并进行了深入的反思。

我们必须看到，"乱"实际上是文化发展演进过程中必然出现
的一种现象。对前说有所增益、侧重、发挥和明晰，得以充分地丰
富和实现潜在的思想意蕴，是文化创新能力的表现，而且学派之间
的正常思想交流和学术争鸣，也有助于文化的整体提升与社会的全
面进步。但思想文化中的"乱"往往有其他因素的影响，背离了
其发展规律和合理限度，因此成为不正常的状态，反而扰乱和破坏
了思想文化的自身发展进程。马认为这会造成三个方面的不良后
果，即杂、烦、固。"既见为多歧，必失之杂；言为多端，必失之
烦；意主攻难，必失之固。"（一，132）所以要竭力避免出现上述
情况，就应当以判治乱。

马一浮依据六艺判教对中国传统文化以及中西文化的未来走向
进行全面的清理，从其论述看，大致表现为三个层面的判教：一是
判儒家文化，二是判儒、释、道三教，三是判中西文化。总体上构
成了马的文化判教活动。

一　判儒家文化

儒家文化是中国传统文化的重要组成部分，以六经为经典文

献，在历代的注解阐扬活动中获得逐步丰富和发展，成为封建社会王朝治国安邦的官方意识形态，直至现代仍然发挥着其深远的影响。但先秦时儒便一分为八，后世传承不同，歧异丛生，攻讦不断。马列举其主要方面，分别予以判之。

（一）判今古

孔子删订、编纂上古文献后，由于秦始皇焚书坑儒，这些文献便被埋藏保存，西汉王朝建立后，依靠记忆口诵而默写成书的便成为今文经。汉武末，于孔子故宅壁中发现古文字书写的文献，被称为古文经。这样就形成了今文学派和古文学派，而各有尊奉。到东汉末期，郑玄于马融之后，遍注群经，开始并用今古文。清代学者皮锡瑞在《经学历史》中总结说：“郑君博学多师，今古文道通为一，见当时两家相攻击，意欲参合其学，自成一家之言，虽以古学为宗，亦兼采今学以附益其义。”①迄至清末，以康有为为代表，今文经学开始复兴，与章炳麟为代表的古文经学并立相较，各守封疆，马皆视之为局而不通。

马认为今古文之分源于经学家之间的解释差异，由此引起的争论纯属门户之见，专己守残，已演变为与经术无关的事情。他强调以义理作为判断根据，不应放大甚至夸大今古文的差别，并用事实证明，今文出于口授，古文出于壁中，偶有异文，无关宏旨，《周礼》既非刘歆所能伪造，《古文尚书》亦非梅赜所假托，即便是辑纂而成，也应有文本依据，只要以义断之，便截然分晓：“故必以经为主，而后今古文之见可泯也。”（一，511）究其根源，今文多为博士之学，古文多为经师之学，其末流出现了许多务于攻伐、失在专锢的现象。

马充分肯定今古文各有擅胜，所以当观其会通，而不可偏执。对于郑玄今古文并用，尽管有人疑其坏乱家法，但他认为郑实通博

---

① 皮锡瑞：《经学历史》，中华书局1959年版，第149页。

可宗。而相比之下，清代经学家今古文各立门户，多以胜心私见出之，著述虽多，却往往乖于义理。"总之，六经皆因事显义，治经当以义为主，求其当于义而已，不必硁硁于今古文之别。"（一，512）

（二）判汉宋

汉儒治经，多偏重章句注释和名物训诂。经籍由于历史的原因而产生编简残缺、纪年失序、文句窜乱、概念模糊等阅读障碍，因此汉学强调的训诂、考据方法是重要的基本工作。但汉学末流由于过分追求经文的真实，而忽视了对义理的把握，形成了繁缛细琐的不良学风。《汉书·艺文志》便严词批评道："后世经传既已乖离，博学者又不思多闻阙疑之义，而务碎义逃难，便辞巧说，破坏形体；说五字之文，至于二三万言，后进弥以驰逐，故幼童而守一艺，白首而后能言，安其所习，毁所不见，终以自蔽。此学者之大患也。"① 唐儒治经，上承汉师，依汉注作疏。《五经正义》便确立"疏不破注"的解经原则，这样就严重桎梏、束缚了思想的发展。所以治学方法至宋代为之一变，宋儒改造汉唐"传注"结构，大胆地疑经、破经，既舍传求经，又疑经改经，实现了偏重训诂的汉学向强调义理的宋学的范式转换。但宋学发展到后期，尤其是王学末流，走上了另一极端，转变为"束书不观，游谈无根"的空疏学风。所以清儒重新标榜汉学，重视训诂考据，形成乾嘉朴学的学术时期。

马认为汉学与宋学代表着两种不同的治学方法，片面地强调汉宋的歧异也就割裂了二者的内在统一性，对于推进学术研究的深入以及研究范式的转换是不利的。他指出"汉儒非不言义理，宋儒非不言训诂"（三，969），只是侧重不同而已，其目的都在于阐发六经义理，以此判之，歧议自灭。

---

① 班固：《汉书·艺文志》，中华书局1962年版，第1723页。

（三）判朱陆

朱熹着重格物穷理，陆九渊主张发明本心，此种分别扩大开来，朱、陆之争又代表了程朱学派与陆王学派的理论路向的不同，表现为宋明时期理学和心学两大哲学思潮的鼓荡交锋，具有重要的思想史意义。黄宗羲指出："（朱、陆）二先生同植纲常，同扶名教，同宗孔孟。即使意见终于不合，亦不过仁者见仁，知者见知。所谓'学焉而得其性之所近'。原无有背于圣人，矧夫晚年又志同道合乎！"[①]

马一浮指出欲辨朱陆异同，要从其源流处加以考察。二程的门人中以杨龟山为最笃实，以谢上蔡为最高明。龟山之学一传罗豫章，再传李延平，教人先涵养而后察识；上蔡之学一传胡安国，再传胡五峰，三传张南轩，教人先察识而后涵养。朱熹先后受教请益于李、张，故主张涵养与察识并重，但须从涵养中察识，着重涵养。陆象山仍然秉承上蔡之意，主张先察识而后涵养，着重察识。

马认为把握涵养与察识的关系，才是提领朱、陆异同悬案的主线和关键。他指出，事实上，朱、陆并非各执一端，如象山、阳明虽教人重察识，其涵养工夫亦极深。例如象山门下杨慈湖，一生行履，朱熹誉之为"斋明俨恪"。但察识不能一悟便了，悟后也应有涵养功夫以收摄保任，然后察识方能精纯。如果一味察识而不涵养，那么物欲夹杂，废书不观，便认人物为天理，流为狂禅了。对于涵养之弊，朱熹认识得也很清楚，如他称许象山门人能立得起，自己门下则多执言语、泥文字，这便揭出了朱学末流的病痛。然而，"后儒不知源流，又不明古人机用，妄生同异，只是瞎汉赃诬古人，自己全不曾用力，安能知古人造诣邪？"（一，542）

所以在深入了解朱陆异同后，便知晓"先儒临机施设，各有抑扬，皆是对治时人病痛，不可执药成病。程、朱、陆、王，并皆

---

① 黄宗羲：《宋元学案·象山学案》卷五十八，中华书局1986年版，第1887页。

见性，并为百世之师，不当取此舍彼"（一，512）。他又说："程、朱、陆、王岂有二道，见性是同，垂语稍别，乃为人悉檀建化边事。"（一，542）"为人悉檀"是佛教说法的一种方式，指传法时由于对象根机和具体环境的不同，因材施教各有侧重而生差异。马据此强调的是，程朱陆王对心性的体认是毫无二致的，区别只在于义理表述和垂教语言上，倡导从整体和大局上全面把握各派的思想实质。

如上，马一浮本着"异而知其类，睽而观其通"的判教原则，抛弃门户宗派之见，充分吸收宋明理学的思维成果，博采众长，参以己意，在今古、汉宋、朱陆的判教基础上，对儒家文化作了全面的义理重构和价值整合。

二　判儒释道三教

唐代以后，儒、释、道三教并立，虽各有攻伐，而渐成合一之势，共同组成中国传统文化的主流，深刻影响着中华民族深层文化心理结构。马一浮就是在这样的历史背景下展开儒、释、道的判教活动的，但他判三教与判儒家文化又是不一样的。简言之，对于判儒家文化，他以儒家为宗，其判教是为了化解内部派别思想冲突，破除理论对峙壁垒，抽绎出六艺之道作为价值取向，使儒家由时间性的历史绵延置换为空间性的思想实存；而判三教是试图在西方文化处于强势地位的情况下，以儒家六艺之道统摄佛、道二家，重新凝聚、整合中国传统文化，展现其内在的思想条理和文化秩序，这就必然涉及如何定位三教，贯通一体，而又凸显六艺之道的重要问题，因此他的判教呈现出以往不曾有的新特点。

首先，他批评了以前的诸家判教活动，认为他们以拒斥的心态来判教，必然不肯深入地了解各派思想，否定其价值存在，自然只会俘获自己的对立面。"前贤以异端屏释，古德以外道判儒，遂若体物有遗，广大不备，其犹考之未尽密耶。"（二，502）所以要穷究力索，溯本探源，才不致于造成妄断雌黄，遗其大体的问题。马更以出世入世具体说明之。例如佛教说法有了义和不了义，但儒家所批评攻伐的，往往是其不了义教。而出世在佛教也只是权教说法，其用意在于破人执著。如《坛经》三十六对，对执有者则说空，及至执著空无，又为之说有，总非究竟了义。唯至究竟了义，只有一真法界，无世间可出，无世间可入，空即是有，有即是空。世人恐惧空无寂灭，因此多以此斥责佛教，其实空无寂灭并不可怕，如孔子所谓"寂然不动"，张载所谓"殁吾宁也"，显示儒家亦有此境界。故所谓出世入世，都只是一种计较罢了。马简截明快地指出："佛出世亦是入世，儒入世亦是出世。今人以出世、入世判佛、儒，未当。"（三，1132）

其次，马一浮以心性论为衡准，使三教之判确立了牢固的基石。他认为："教相多门，各有分齐，语其宗极，唯是一心。"（一，526）根据心性论，他把佛教分为破相、显性二宗。破相宗以破相为主，破相所以显性；显性宗以显性为主，性显自能破相。先是依性说相，后要会相归性，破中有显，显中有破，所以破显不二，性相亦不二。诸如佛家权始偏小各教，因破除当时外道需要而临机施设，全属破相一宗，至于圆教、顿教，抉示根源，直显真如法界，才是显性宗。据此，马又判老子是破相宗，孔子是显性宗。老子主静以制动，尚有个机心，与儒家主静之旨悬殊，言辞亦非尽善，如"圣人无私，所以成其私"，"将欲取之，必先予之"之类，到后来就流为法家，重视权谋，崇尚机诈，皆由此辗转而来。孔子则唯显性而不破相，相当于佛教的圆教，但儒家直显实理，言语简要，不像佛老以破相为能事，立言繁博，典籍浩瀚。因此不离视听言动，不出日用伦常，皆是道之流行发用，不必破相，而诸相又都是性体之显现发露。如此，马以心性为本，"法界一如，心源无二，推其宗极，岂不冥符"（二，502），从本、迹二门判别三教，由迹而知本，会相以归性，使儒家处于文化体系中的至尊地位。

再次，马一浮提出"儒佛互摄"论以提供六艺之道的合法性与合理性的证明，并以六艺之道统贯中国传统文化，使之不致于在西方文化的冲击下动摇甚或崩溃。马认为"儒佛互摄"的前提是同本异迹，如果是异本同迹，则互摄之说便不能成立。按照马的话来说就是："故存迹以明非即，举本以明非离，则不失于二，不违于一。是以儒佛得并成也。"（二，502）上文已证其心性本同，马还进一步在二家互摄中论证六艺之道的精义。他以佛氏五教（小乘教、大乘始教、终教、顿教、圆教）与儒家六艺（诗、书、礼、乐、易、春秋）一一比勘，如礼、乐以人道合天地之道，犹如一心开二门，可以终、顿教准之。《易》以天地之道昌人道，犹如一法界总收一切法，可以圆教准之。就具体表述而言，以《华严经》为例，"行布"相当"礼主别异"，"圆融"相当"乐主和同"，"文殊表智"相当"惟深也，故能通天下之志"，"普贤表行"相当"惟几也，故能成天下之务"。马在理论风格上体现的这种"儒佛互摄"已成为学者的共识，如郑大华先生就指出："（马）采取的是以儒融佛，又以佛证儒的进路，这并且构成了他学术方法上的一大特点。"①

三　判中西文化

今之中西，乃古之华夷。因此，马一浮先考究华夷之辨，他继承前人以文化区分华夷的观点，并将此标准具体化为六艺之道。《礼记》认为："中国戎夷，五方之民，皆有性也，不可推移。……五方之民，语言不通，嗜欲不同。"② 主要从语言和生活习惯加以判分民族，因此，"裔不谋夏，夷不乱华"，"非我族类，其心必

---

① 郑大华：《马一浮》，载王寿南主编《中国历代思想家》（二十一），台北商务印书馆1999年版，第239页。

② 李学勤主编：《礼记正义》，北京大学出版社1999年版，第398—399页。

异"，夷夏关系充满了内在的紧张和不可调和的矛盾。但随着民族交流的扩大和融合的加深，更主要的从文化礼义的层面来理解夷夏关系，如孔颖达在《五经正义》中指出："中国有礼义之大，故称夏；有服章之美，故谓之华。"陆九渊认为："圣人贵中国，贱夷狄，非私中国也。中国得天地中和之气，因礼义之所在。贵中国者，非贵中国也，贵礼义也。"[①] 从而将中国从地理概念转换为道德概念，等同于礼义之道。对此，钱穆先生总结道："在古代观念上，四夷与诸夏实在另有一个分别的标准，这个标准，不是'血缘'而是'文化'。所谓'诸侯用夷礼则夷之，夷狄进于中国则中国之'，此即是以文化为'华'、'夷'分别之明证。"[②]

在此基础上，马一浮亦指出中国与夷狄的根本区别，不在于地域和种族上的差异，而在于是否具备六艺之道。具备六艺之道，则为中国；无之，则为夷狄。反过来说，中国行不仁无义之道，则沦为夷狄；夷狄立重德尚礼之制，则成为中国。面对西方优异的物质文明的挑战，马更将华夷之辨提纯为义利之辨，指出中国尚义，夷狄尚利。如果中国悖义尚利，则地虽中国，人犹夷狄；如果外国人能尚义去利，则地虽荒蛮，亦可谓中国。究本探源，这是中西先哲立教不同所导致的。西方学者以满足欲望为人生的最高境界，故贪求物质享受乃至于争夺残杀；中土圣贤教人以行仁由义为人生的最高境界，故不重视物质欲求。而六艺之道是人人自然本具，圣凡所同的，所以只要能返求诸己，个个圆满，无亏无欠，用不着厮杀争夺。可见，财富积聚，物质昌明、生产发达并不是文明的全部内容，如果孜孜以餍利欲，反受其害，今日中国的病痛正在于此。马指出，近世朝野上下，各色人等，沉溺功利，不知义理，是自甘沦

---

① 陆九渊：《大学春秋讲义》，载《陆九渊集》卷二十三，中华书局1980年版，第277页。

② 钱穆：《中国文化史导论》修订本，商务印书馆1994年版，第41页。

为夷狄，缺乏至大至刚之气，又怎能不被夷狄所侵略、欺凌呢？

从文化的源流看，西方文化从希腊演变而来，其学无不以分析为能事，故是二体之学。中士圣贤，道理只是一贯，体用一源，显微无间，故是一体之学。以权实判，中国以权说显真教，西文则以权说为实体。

可见，马判中西文化，实以六艺之道为主轴和依据，重义轻利，重精神文明轻物质文明，重中国文化轻外国文化，但这又不是国家主义或民族主义。因为国家主义或民族主义是独尊某一国家或民族，而在马的眼中，中国是一个道德概念，华夷是可以互变的，中国也可能由于道德水准的降低而成为夷狄。至于六艺之道，本是心性本具，西方有圣人出，说出来也是这个六艺之道，只是立言不同罢了。

总之，据六艺之道判教，中国文化及其与西方文化的关系便可廓然而清，纷争由此而息，中国文化得以新的面貌呈现于世界，否则，"何堪更存汉宋今古之争，立朱陆门户之见，辨夷夏之优劣，持禅教之异同，陷身不拔之渊，转增进罔之过耶？"（二，35）

四　文化意蕴

判教作为一种衡准、评判佛教内部不同思想派别差异、冲突的理论体系，曾经产生过重大的历史作用，尤其是隋唐时期，判教已成为中国特色的佛教创宗立派的重要手段，形成了较为严整、严密的判教理论体系。马一浮在新的历史条件下，面对着西方强势文化的冲击，在认真研究佛教的基础上，不仅勾勒出儒家判教这一历史线索，而且综合儒佛二家建构起自己的判教理论以回答中西文化的时代主题，可以视为是自华严五祖宗密以来判教理论的重大发展。

在逐次对儒家文化、儒释道三教和中西文化所作的判教活动过程中，马进一步丰富和完善了关于判教的阐释和论证，并通过判教的彻底贯彻，形成马的文化哲学体系，重点阐发了以诗、书、礼、乐、易、春秋为核心的六艺之学，统摄一切学术文化，有助于确立民族文化自信，发掘传统思想价值。

马一浮将判教观建立在心性论的基础上，实际上是展开了文化深层结构的理论维度。他指出六艺统摄于一心，是人人心中本具之理，是一心之全体大用，只要天地一日不毁，人心一日不灭，六艺之道便炳然长存，从根本上以心性价值的同一性涵摄文化价值的差异性，从而使文化与文明的冲突可以在心性层面上获得化解和沟通，在现代的文明理论中可谓独树一帜，体现了中国传统文化的根本精神。贺麟就曾誉之为："当然这是很有高远识见，能代表中国传统思想的文化观。"①

判教作为马一浮文化哲学建构的逻辑起点，首先要解决的是范畴问题。范畴是哲学体系的最基本概念，任何一种哲学思想都是围绕着若干基本范畴推导和构造起来的。这样，文化哲学意义上的判教为实现其文化判教的目的，必须就不同文化系统的基本范畴的价值融通作出回答，才能将判教引向深入，使马一浮文化哲学获得有力的范畴基点。因此，马从判教论转进为名相论的考察。

---

① 贺麟：《五十年来的中国哲学》，辽宁教育出版社 1989 年版，第 17 页。

第二章 名 相 论

马一浮一贯重视范畴在哲学中的地位和作用，所以他采用六艺判教的基本方法，从范畴层面着手清理中国传统文化中主要的概念的关系，摆脱宋明以来的语词混乱局面，澄明其意义，辨析其归致，从而真正形成符合六艺之道的范畴层次、结构和秩序。马在《泰和会语》和《宜山会语》中直接讨论"义理名相"凡八种，论及本体论、认识论、修养论等方面，表明了他对此问题的高度重视。在名相辨析之前，马先对义理与名相的关系做了细致地分析和界定。

第一节 义理与名相

义理与名相，马又称之为实理与玄言。在作判教的理论阐释时，他着重分析实理与玄言之区别，这里则聚焦于义理与名相的联系。先看马对此的论述：

> 今欲治六艺，以义理为主。义理本人心所同具，然非有悟证，不能显现。悟证不是一时可能，根器有利钝，用力有深浅。但知向内体究，不可一向专恃闻见，久久必可得之。体究如何下手？先要入思惟。体是反之自身之谓，究是穷尽其所以然之称。亦云体认，认即审谛之意。或言察识，或言体会，并同。所以引入思惟，则赖名言。名言是能诠，义理是所诠。诠

表之用，在明其状，故曰名相。

　　魏晋间人好谈老庄，时称为善名理，其实即是谈名相。因为所谈之理只是理之相，若理之本体，即性，是要自证的，非言说可到。程子云："才说性时，便已不是性了。"可以说出来的，也只是名相。故佛氏每以性、相对举，先是依性说相，后要会相归性，这是对的。要学者引入思惟，不能离名相。（一，38）

　　这两段文字表明了马关于义理名相之间关系的基本看法，可以从中抽绎出以下几重意义：

　　第一，所诠与能诠。名相是佛教术语，耳所闻，谓之名；目所见，谓之相，相当于现代哲学中的"范畴"。义理是名相所表征的事物的本质，名相则是义理的反映和描述，故义理是所诠，名相是能诠。六艺是义理之学，名相应当准确、完整地传达六艺之道的实质内涵。但名言诠表不易恰如其分，马以中国佛教翻译史为例加以说明。"真如"之译称确当，而"阿赖耶识"、"涅槃"等名词则不能不用音译，"禅"也是音译，鸠摩罗什译作"思惟修"，历经四百年，玄奘始用《大学》文句译作"静虑"。再以《易》为例，西人以 change 译之，又如何能传达其变易、不易、简易之蕴藉无尽的内涵呢？马指出："理是所诠，名是能诠。不假名言，则真理不能显现；执著名言，则醍醐反成毒药。"（三，1054）

　　第二，体与用。义理是名相之体，名相是义理之用。就从体起用言，义理决定了名相的内涵和外延，义理是第一性，名相是第二性，义理派生名相；就摄用归体言，名相最终要落实于义理，归致于六艺；就即体即用言，义理与名相密切联系，彼此贯通证摄。如果凝滞不明，名相未能妥立安排，恰当表达，即是本体有所遮蔽。体用本来一源，显微自然无间。若能深悉义理真谛，由体以发用，则言语不假安排而无不妥帖。同样，名相的析解程度，也决定了抉发心性幽微之浅深。

第三，性与相。马指出魏晋时代所谈名理，即是谈名相。因为所谓之"理"，仍然是理之相，是理的表征，而非本质。理之本质是性，具有真实无妄的心性内容。马比喻说，就像一个人，名是这个人的名字，相即是相貌。譬如其人之相片，在不识此人之前，举其名字，看他相片，可得其仿佛。等到亲见其人，相片便用不着，因为人的状态是活生生的，绝非一个或多个相片所能穷尽。而且人毕竟不是名字，不可把名字当做人。识得此人，便不必一定要记住他的名字。庄子曰："得言忘象，得意忘言。"《易》传曰："书不尽言，言不尽意。"老子曰："道，可道，非常道；名，可名，非常名。"表示的是同一个意思。名字和相片皆是人的相貌表征。一旦亲见本人，不但他的状貌一望而知，并且其气质性情都全明了，那时候言语亦成为认知障碍。正是在这个意义上，才如二程所言，说性时不是性，悟性时才是性，可以说出来的，决非义理，只是名相。马赞扬佛教分疏性相的理论，认为这正确地反映了义理与名相的关系。

第四，本与末。义理是本，名相是末，只能举本以赅末，而不能舍本以逐末。执著玄言，难免"举本而遗末，舍近而求远，非不绰见大体而不能切近人事，至其末流，则失之弥远"（一，157）。马批评近代学风，往往重视分析名相，而不知道反求本原，只见分殊而不见理一，见别异而不见和同，所以多为偏曲之见，正是没有看到义理与名相的本末关系。对马而言，以六艺之道为本，才可以统摄万殊之末。

第五，内与外。义理是人人心中所同具之理，识得名相，还需要引归自己，向内体究，时时勘验。马常言，说取一尺，不如行取一寸，宇宙间万物皆吾性分内事，所以不必泥文字、执言语，分殊太过，以至于徇物忘己，反而成为过患病痛，只要能于日用生活中真实行履，自然身心交涉，内外贯通。"义理之学，须自己向内体

究方有人处，若只从文义上寻求，即是全盘讲究明了，还是不相干。"（三，1132）

第六，悟证与思维。根据以上所述，义理内具于人心，并非言说便可达致，所以不能专恃闻见，尚须自证自悟。同时悟证非朝夕可就，需要长期的反身体究，而体究要先入思维，思维又依赖名言。因为诠表之用，在于揭明义理之相状，二者具有内在的密切联系。无有筌蹄，焉得鱼兔；不知能诠，焉及所诠。而且名相不经思维，无从证悟，终究还是名相，与自家了无相干。马提示说："会得者，名相即是禅；不会者，禅亦是名相，筑在肚皮里，总成过患。"（一，514）所以，悟证与思维同样反映了义理与名相的关系。

义理与名相的关系实际上是哲学基本问题在中国文化传统中的具体体现。我们知道，存在与思维这一哲学基本问题在中西文化中的表现形式是不同的。西方按照主客二分的思路，强调存在与思维的外在统一，即以客观外部世界为认识对象，甚至主体意识、感性直观等亦成外化为客体，这样，主体的对象化、认识的知识化成为西方哲学的根本特点；中国传统文化则主张天人合一，强调存在与思维的内在统一，客观世界由于主体意识的把握和投射被赋予了灵明的意义，内化为主体存在的一部分，对象的主体化、认识的生命化成为本土哲学的根本特点。所以滕复先生认为："西方哲学在认识含有'纯粹本质'的自性（康德接近这一点，胡塞尔实现这一点）时，仍然是从知识论的角度出发，将其客体化、对象化的。其结果，是将生命的自觉转化为生命的认知，并是以认知为直接的目的。在中国哲学则不同，以儒家为例，恰恰相反，是将生命的认知当做生命的自觉，是以生命的自觉为直接的目标的。……认知的目的在于'识取自性'，显现心中之理。"① 马在义理与名相的关系上坚持义理决定名相，同时又认为义理是自心本具之理，仍然是

---

① 滕复：《马一浮思想研究》，中华书局 2001 年版，第 227 页。

采取了对象主体化的路向，通过真实践履、体证自性的内在超越，以心性本同消弭语言概念的矛盾。

马一浮以六艺之道为义理，认为全部人类生活皆其演变和体现，发先儒之所未发，但传统文化中名相纷杂、玄言竞起、莫衷一是，所以马通过厘清义理与名相的关系来解决这一逻辑矛盾。马指出，自古圣人见性是同，然从缘起教、临机施舍，故垂语有别，但最重要的不在于辨歧异，而在于观会通，这样才可透过纷繁的名相彻见心源。出于这种考虑，他对梁寒操在自著《三民探讨》中采取以智仁勇配真善美，以及以心物不二说理想与现实不违的做法给予高度评价，指出"大著极有精采，中山先生建国之道，如此阐发，益能深入人心矣"（二，726）。他还进一步从世界历史的高度作了精辟概括："大凡世界哲人，无论古今，其言足以感人者，必有其独到之处。但其所用诠表之名言，各因其所习，不能无异，是在有以观其会通。"（二，726—727）正是在这种"观其会通"的圆融精神指引下，马"取六艺中名相关于义理最要而为学者致知所当先务者，举要言之，便可逐渐体会，庶几有入"（一，38），开始了对具体名相的疏解与会释。

第二节　理　　气

理气是宋明理学的主要范畴之一，关于理气关系的探讨贯穿着理学发展的始终，并根据不同的立场，形成了理本论和气本论两大思想流派。理本论以程朱为代表，气本论以张载、罗钦顺、王廷相、王夫之为代表。作为理学的实际创立者，程颢和程颐将"理"确立为最高的本体范畴和宇宙万物的根源，而万物又是气所化生形成，理与气的关系是"所以然"与"其然"的关系，有形之气被无形的"所以然"之理决定。必有"所以然"，方能有"其然"，"所以然"是本，即事物之所以成为事物者，同时又是事物的当然之则，因此二程实际上提出了"理先气后"的看法。朱熹把理气描述为世界的两个层次，即形而上之道和形而下之器。"天地之间，有理有气。理也者，形而上之道也，生物之本也；气也者，形而下之器也，生物之具也。"① 宇宙间的一切现象都说明：才有此理，便有此气；才有此气，便有此理。理气是相对待、相依存的关系，无理则无气，无气则无理。事实上理气不离，本无先后，但是从逻辑关系上，朱肯定了"理先气后"，他自设答问道："然理形而上者，气形而下者。自形而上下言，岂无先后！"②

而气本论则以"气"为最高本体范畴，不是"理先气后"，而是"理在气中"。张载认为，盈天地之间的万物皆是气的具体存在形式，气聚则有形，气散则无形，而理是"不得已而然"的必然性，体现为气的运动变化的规律。明代哲学家罗钦顺继承张载的看法，肯定气是宇宙的真正本原，理只是气之所以然，故理气为一，"理只是气之理，当于气之转折处观之"③。罗反对认气为理，王廷相则正面提出"以理为气"的观点："气，物之原也；理，气之具也；器，气之成也。"④ 所以气是万物的本原，理不过是气所具有的属性而已。气为理之本，理乃气之载，理气本无先后，而且理还会随着气的变化而变化。王夫之全面总结了理气关系，提出了气为本体，理为功能、规律的理气一元论，强调"理即是气之理，气当得如此便是理，理不先而气不后"，理在气中，"气外更无虚托

① 朱熹：《黄道夫》，载《朱熹集》卷五十八，四川教育出版社 1996 年版，第 2947 页。

② 朱熹：载《朱子语类》卷一，中华书局 1986 年版，第 3 页。

③ 罗钦顺：《困知记续》卷上，载《困知记》，中华书局 1990 年版，第 68 页。

④ 王廷相：《慎言·道体篇》，载《王廷相集》（三），中华书局 1989 年版，第 751 页。

孤立之理"①，彻底否定了理本论和理先气后说。

马一浮对于理本论和气本论的历史纠纷，本着"异而知其类，睽而观其通"的思想，以六艺之道准之，凭借义理的契合性消弭名相的差异性，力图就理气关系作出更具融通性的说明。

他认为《易》是六艺之原，孔子特作《十翼》以阐释其广大精微，因此《易》是一切义理的出发点，也是一切义理的宗归处。易有三义：一为变易，二为不易，三为简易。马指出，这"三易"全面把握了理气关系，气是变易，理是不易，而全气是理，全理是气则为简易。马承认先儒释三易时未尝如此说，这是他据六艺而来的发明。他进而分析："只明变易，易堕断见；只明不易，易堕常见。须知变易元是不易，不易即在变易，双离断常二见，名为正见，此即简易也。"（一，38）在此基础上，他对气本论和理本论都作出了批评，气本论是"只明变易"，理本论是"只明不易"，因而双双堕入思想误区。所谓"断见"是指只看到气化流行、万物发育的现象层面，所谓"常见"是指只看到恒久不动、虚静长存的本体层面，都是对理气关系的片面理解。正确的做法是"双离断常二见"，在新的高度上全面审视与调和理本论和气本论。在马一浮看来，"变易元是不易"即气从乎理或理主宰气，"不易即在变易"指理在气中，非是外在，"全气是理，全理是气，即是简易"是理气合一或理气一元。

继而，马引证《易传》指出理、气范畴皆为孔子最早使用，如"易简而天下之理得矣，天下之理得而成位乎其中矣"，"圣人之作《易》也，将以顺性命之理"等为用理字之始；"精气为物游魂为变"，"同声相应，同气相求"，其中"魂""声"皆是气，为用气字之始。而《易传》中被经常引用的"形而上者谓之道，形

---

① 王夫之：《读四书大全说》卷十之《孟子·告子上》，载《船山全书》第六册，岳麓书社 1991 年版，第 1052 页。

而下者谓之器"也是指理气,因为道是理之常在者,器是气之凝成者。

他接着用《乾凿度》"太易者,未见气也;太初者,气之始也;太素者,质之始也;太始者,形之始也"说明气的发动流行,认为有形必有质,有质必有气,有气必有理。而"太易"之未见气,即是理,和程子所谓的"冲漠无朕"是一致的。理气未分时,可以说是纯乎理,但不是说没有气,只是隐而未见。所以程子说"万象森然已具"即是指此状态。理本来是寂然的,及动而后见气,故曰"气之始"。气是如何开始的呢?答曰:始于动,动后而能见气。这种运动是由细至渐粗,由微而至著,这样由气而质,由质而形。称之为"形而上",是指从粗推到至细,从可见者以推至不可见者,逐节推上去,便知气未见时纯是理,气见而理即行乎其中。马引用邵雍的话来说:"流行是气,主宰是理。不善会者,每以理气为二,元不知动静无端,阴阳无始,理气同时而具,本无先后,因言说乃有先后。"所以本来体用一源,就其流行之用而言谓之气,就其所以为流行之体而言谓之理。用显而体微,言说有先后,但实际上是不可区分的。从"形而下"的角度看,是从上逐节推下去,如《易传》曰:"有天地然后有万物,有万物然后有男女","物生而后有象,象而后有滋,滋而后有数","见乃谓之数,形乃谓之器","天尊地卑,乾坤定矣。卑高以陈,贵贱位矣。动静有常,刚柔断矣。方以类聚,物以群分,吉凶生矣。在天成象,在地成形,变化见矣"。这样就构成了宇宙万物的发展环节,理即包蕴于其中。马深刻地阐明了理气之间的"形而上"和"形而下"的双向互动进路,一举打破理本论和气本论各持一端的格局,基本解决了理本还是气本、理先还是气先的历史悬疑。

他指出类似的论述在《易传》中还有许多,如"天地设位,而《易》行乎其中矣"。其中的"天地设位"、"乾坤成列"都是气见以后之事,而《易》"行乎其中"、"位乎其中"则是理。理气关系不可分割，须臾不离，"乾坤毁，则无以见《易》"，是离气则无以见理；"《易》不可见，则乾坤或几乎息矣"，是无此理，则气亦不存。太极—两仪—四象—八卦的宇宙化生模式反映了生命力的旺盛，也体现了生之理是无穷无尽的。在太极未形以前，是"冲漠无朕"的状态，可谓潜移默运、隐而不彰；在太极既形之后，是"万象森然"的状态，可谓理在气中，鸢飞鱼跃，大化流行。马指出："此理不堕声色，不落数量，然是实有，不是虚无，但可冥符默证，难以显说。"（一，40）

当然，这里存在着论述上的矛盾：前面已言气始于动，便是有始，此处为何又言动静无端、阴阳无始？马认为这是不同的言说方式导致的问题，实际并不矛盾。因为若是按"形而下"的路径推出，是从体起用，故曰有始；若是按"形而上"的路径推出，便是摄用归体，故曰无始。

居士曹月川就《朱子语类》中所谓太极不自会动静，乘阴阳之动静而动静的观点，便推论说："理之乘气，犹人之乘马，马之一出一入，而人亦与之一出一入。"（一，717）根据全气是理、全理是气之理气一元论，马反驳说如果这样的话，则人为死人，不配为万物之灵长；理为死理，不足称万象之本原，并引用黄宗羲的话加以佐证：

> 以理驭气，仍为二之，气必待驭于理，则气为死物。抑知理气之名由人而造，自其浮沉升降而言，则谓之气；自其浮沉升降不失其则而言，则谓之理。盖一物而两名，非两物而一体也。（一，717）
>
> 盈天地间皆气也，气之所以流行而不息者则理也。（一，336）
>
> 而理之行乎气中者，不能无消息、盈虚、屈伸、往复、升降、浮沉、聚散、阖辟、动静、幽显而成相对之象，唯尽性者

能一之。故形而上之谓道，此理也；形而下之谓器，亦此理也。于气中见理，则全气皆理也；于器中见道，则离道无器也。（一，337）

可见，马虽然也用形上和形下、道与器来表述理气，却表现出与朱熹截然不同的立场。朱熹是理气为二，区分形上和形下层次，马则主张理气一元，不拘形上和形下层次，都贯穿着理气运动的始终。据此，马系统总结了历史上对理气的种种歧见，力陈其危害："老氏推其以本无，释氏拨之以幻有。方术小数溺滞于偏曲，凡愚殊俗迷执于断常。于是竞趋于战胜攻取之途，相倍相贼，而万物皆失其理矣。"（一，337）

最能反映马一浮对理气根本看法的是下面这段话：

> 有、无相齐，体、用不二，根本上并无先后之分，惟说出则有个先后。如老子"有生于无"，岂是先"无"后"有"，以"无"为父，以"有"为子耶？后人不明一体圆融之义，心中自起分别，以为无在有先，有在无后，非老氏之本旨。理气之说亦然，理为气之体，理即在气中，气为理之用，气不能离体，故曰理、气只是一事。（三，1142）

因此，马镜泉先生认为马一浮对理气问题的探讨，虽继承了宋明理学的解释，但又与张载、朱熹的理解不同。他指出："张载以气为本体，马一浮则以理为本体；朱熹是理气为二，马一浮则是理气为一。总之，在理气问题上，马一浮提出了以理为本体的理气一元论。"[1]确实点到了问题之所在，但如此表述似乎又过于简单，

---

[1] 马镜泉：《马一浮理学思想浅析》，载毕养赛、马镜泉主编《马一浮学术研究》，杭州师院马一浮研究所，1995年，第15页。

仿佛马仅是平面地取舍辍合张、朱的观点，于理气之争中强立一说而已。这与马所秉持的"知类观通"、消除门户之见的宗旨是相悖的。通过对马思维层次的考察，我们发现，理本论与气本论是被置于常见与断见层次上的。根据佛教的观点，正见是修无漏正行，见谛分明，建立在双离"断常"的基础上，因此马所持有的正见实际上也超越了断常，超越了气本论与理本论的思维层次，同时也超越了张、朱，超越了理本还是气本的争论。因此，马虽是理气一元，却不是以理为本。

面对理气的历史纠葛，马一浮采取直接从《易传》文本处寻求解释资源的策略，这样就绕过了理本论与气本论的尖锐对立，体现为思维方式的重大飞跃，从历史的高度上总结了理气问题，初步实现了理气的名相圆融。

第三节　知　　　能

知能是人禀受天地之气以生而具的资质。关于知能，人们往往追溯到孟子的那句耳熟能详并在后世产生了巨大影响的名言："人之所不学而能者，其良能也；所不虑而知者，其良知也。"（《孟子·尽心上》）马指出，其实知、能都本自孔子的《易传》。《孟子》谓之良，在《易传》称为易简。良是就其理之本然而言的，易简是就其理气合一而言的。二者的表述方式是不同的，一为单提，一为全提。孔子用全提法，即体用、本末、隐显、内外，举一全赅，圆满周遍，更无渗漏。以佛教术语准之，全性在修，全修在性。孟子用单提直指，不由思学，故不善会者便容易执性废修。对于理气、知能、性修等范畴的关系，在马看来，是密切联系在一起的："性以理言，修以气言。知本乎性，能主乎修。性唯是理，修即行事，故知行合一，即性修不二，亦即理事双融，亦即全理是气，全气是理也。"（一，41）

"知行合一"是明代哲学家王阳明的著名命题，它的提出具有深厚的思想史的背景。基于心学立场，他认为程朱理学割裂了知行关系，如程颐的"须是知了方行得"，朱熹的"论先后，知为先"等论述，无端制造了知与行的对立，由此产生了重知轻行，"徒悬空口耳讲学"的学风，因而他特别强调知与行的内在统一。从过程看，"知是行的主意，行是知的功夫。知是行之始，行是知之成"①，这就辩证地把握了知行关系。但他的心学立场使他夸大了知与行的统一性，进而否认知与行的差异性，把实践活动的"行"混同于主观意识的"知"，如"我今说个知行合一，正要人晓得一念发动处，便即是行了"②，乃至于"行"被无所不包的"知"掩盖、吞没了，最终以知为行，合行于知，"行之明觉精察处便是知，知之真切笃实处便是行"③。

马一浮继承了王阳明的"知行合一"的命题，但作了新的改造和发挥。他提出要防止出现"执性废修"，显然是对王学"以知代行"理论缺陷的重大纠正。而且，他将知能重新定义，划清了各自的界限，指出："知是本于理性所现起之观照，自觉自证境界，亦名为见地。能是随其才质发见于事为之著者，属行履边事，亦名为行。"（一，42）所以，知能是知行的异名，行是就其施于事而言，能是就其才质而言。具体来说，"知"应求"真知"，仅仅停留于天赋的道德知识和道德能力是不够的，来自于见闻也不亲切，不亲切便不是真知。实际上，马的"真知"是继承了张载的"德见之知"的观点。张载提出："见闻之知，乃物交而知，非德

---

① 王守仁：《传习录上》，载《王阳明全集》，上海古籍出版社1992年版，第4页。

② 王守仁：《传习录下》，载《王阳明全集》，上海古籍出版社1992年版，第96页。

③ 王守仁：《答友人问》，载《王阳明全集》，上海古籍出版社1992年版，第208页。

性所知；德性所知，不萌于见闻。"① 视"德性之知"为靠自我反
思、自见本性而得的先验的道德知识，"见闻之知"为依赖耳目感
知而得的经验知识，具有不同的认识来源和不同的认识功能。马所
谓"知"是本自理性的自我观照和证悟，而且只有自己证悟的才
亲切，方是真知，方能持久。实际就是德性之知。他所说的"能"
或"行"也并非物质生产和社会实践，而是传统哲学中道德践履
的意思，他以《易传》"易从则有功"说明，"能"若是矫揉造
作，随人模仿，无功用可言，必是自己卓然有立，与理相应，不随
人转，方有功用。

因此，马一浮的"知能合一"或"知行合一"的认识论与王
阳明"知行合一"思想的精神实质是一样的，都属于道德修养理
论。只不过马在更大程度上和范围内运用知能范畴去实现其文化哲
学建构的价值融通。一方面，表现为他以知能统摄了以往的理论成
果；另一方面，又通过佛学的性修诠释知能，在从性起修、全修在
性、性修不二的逻辑进路中促进儒佛的名相圆融。

一　从性起修

他认为从性起修的例证莫过于圣人之学，圣人无非是尽其知能
之人而已。而欲尽其知能，必须先明了其知能。在儒学经典中，说
"知"莫大于《易传》，由幽明、死生、鬼神、昼夜之道、变化之
道、穷神知化、知微知彰、知柔知刚等皆可以明圣人所知是何事。
说"能"莫大于《中庸》，尽其性、尽人之性、尽物之性，乃至赞
天地之化育，立天下之大本，由此可见圣人所能何等事。从性起
修，既明其知能，便要尽其知能："圣人所知如此其至，今我何为
不知？必如圣人之知，而后可谓尽其知。圣人所能如此其大，今我
何为不能？必如圣人之能，而后可谓尽其能。"（一，43）

---

①　张载：《正蒙·大心》，载《张载集》，中华书局1978年版，第24页。

二 全修在性

全修在性的例证是学问之道，如"博学、审问、慎思、明辨、笃行，弗能弗措，弗知弗措，弗得弗措，弗明弗措，弗笃弗措"，"人一能之，己百之；人十能之，己千之"（一，43引），皆是尽知尽能的途径、方式。通过尽其知能，便可日臻于盛德大业的本体境界。马指出如果有人诋毁心性为空谈，视义理为无用，拘守于闻见之知，自喜于偏狭之见，是不足以尽于知的；如果有人小有所成，便自矜功业，也是不足以尽于能的。全修在性，贵在日新之精神，富有之追求，方能成就盛德大业。

马特拈出视听言动作为四门功课，以理气言，此理行乎气中，无乎不在，人禀是气而能视听言动，也就是秉是理以为视听言动之则。遵循此理便是仁，违背此理便是不仁。全修在性，即是践形，也就是"于气中见得理，与变易中见得不易，与现象中见得本体"（一，72）。

三 性修不二

"性修不二"是佛教术语，马认为它可与"理气合一"互相引发，所以引之作为知能关系的概括。前文已表《易传》是将理气合一成为易简的："易简而天下之理得矣。夫乾确然，示人易矣。夫坤隤然，示人简矣"，"天下之动，贞夫一者也"，全理是气，全气是理，达到"贞夫一"，这就是易简的真实意蕴。所以也就是孔子的全提语境，"性以理言，修以气言，知本乎性，能主乎修。性唯是理，修即行事"（一，41）。从性起修，举理成事，全修在性，即事是理，最终达到理事双融，性修不二，知行合一。"'始条理者，智之事'，明伦察物尽知也。'终条理者，圣之事'，践形尽性尽能也。"（一，42）

马一浮关于知能（知行）的分析，是建立在对理学与心学、儒学与佛学范畴比较的基础上的，以知能范畴统合了传统文化的认识理论。正如以体用说理气，根据从体起用—摄用归体—体用不二的架构来框范和统一理气学说，马同样以性修诠知能，按照从性起修—全修在性—性修不二的逻辑线索贯通知行理论，其共同特点是依据佛教的思维方式解决宋明理学中的紧张和纠葛，其后果是使儒学进一步佛学化了，其实质是通过范畴判教来获得传统思想文化秩序的重建，其目的是为与西学范畴的对应和融通创造条件。下面，马一浮更以佛学名相提领儒学范畴，并由此展开道德修养理论层面的阐发。

第四节　止　　观

马一浮依据天台教义，运用止观学说统摄、注解宋明理学的道德涵养理论，由此展示了以佛解儒、以儒融佛的阐释风格，并开辟了传统修养理论研究的新路径。

止观，又称定慧，是印度佛教的重要修行方法。佛教东传后，至南北朝时期，在修行方法上曾出现南义北禅的局面。南方佛教重观、重义理、重智慧，时僧多以畅说义理为时尚，多高谈大语，竞相夸罩，北方佛教则重止、重禅定、重实修，反对讲经，反对空谈。

天台三祖慧思以禅为主，在"一切皆从禅出"的基础上，又倡以定发慧、定慧双举。他设寓言定慧之关系："禅智方便般若母，巧慧方便以为父，禅智般若无著慧，和合共生如来子。"视禅定智慧为共生如来之父母，这种定慧双举的宗风使南义北禅初步融通。

天台智者大师肯定止观是治无明糠、显法性米的主要方法，提倡止观并重、定慧双举，二者不可偏废：

　　　　若夫泥洹之法，入乃多途。论其急要，不出止观二法。所以然者：止乃伏结之初门，观是断惑之正要；止则爱养心识之善资，观则策发神解之妙术；止是禅定之胜因，观是智慧之由籍。若人成就定慧二法，斯乃自利利人法皆具足。……当知此之二法，如车之双轮，鸟之两翼，若偏修习，即堕邪倒。……以此推之，止观岂非泥洹大果之要门，行人修行之胜路，众德圆满之指归，无上极果之正体也。[①]

智顗强调止观是达到涅槃境界的两大法门。止的作用是制伏烦恼，保持和提高心识的修养，观的作用是断惑除妄，引生悟解，而且只有止观兼修才可达到最佳修行效果。智顗继承前说又有所突破，其理论上的创新表现为三止观说。

马认为理学的修养理论与天台宗的止观学说具有精神实质的一致性，因而以彼明此，"虽彼法所明事相与儒者不同，而其功夫涂辙理无有二"，"实有可以互相助发之处"（一，82）。

一 止与涵养

止的梵音为奢摩他，意为"止寂"、"禅定"、"寂静"，即止息散心，专注一境。马指出涵养须用敬，而主敬即是止，所以理学的"涵养"与佛学的"止"是贯通的。

马发挥孟子"苟得其养，无物不长"的观点，举例说草木没有雨露浇灌便会逐渐枯槁，所以涵养即是培养其生命力，有含容深广的意思。人的虚明不昧的本体和草木一样，也是需要涵养的："治病者先祛外感客邪，乃可培养元气，先以收摄，继以充养，则其冲和广沛之象可徐复也。"（一，108）

涵养须用敬，"以率气言，谓之主敬；以不迁言，谓之居敬；

① 智顗：《修习止观坐禅法要》，载《中国佛教思想资料选编》（第二卷，第一册），中华书局1983年版，第85页。

以守之有恒言，谓之持敬。"（一，108）所以学者要以"毋不敬"作为万事根本。理事双融，从容中道，自然虚融恬静，触处无碍。圣人行其所无事，莫不从容之道，皆是居敬之功。而常人妄心攀缘，起灭不停，散乱骄慢，又皆是不敬之过。心之所之谓之志，所以敬必要持志率气，心主于义理而不走作，气自收敛，精神摄聚则照用自出，自然宽舒流畅，毫无拘迫之意。从功夫言，是主一无适；从效验看，是虚静和乐；从力用言，是常惺惺法。主敬的目的在于收拾放心，摄归自性，涵养智照，从而使义理昭著，这和佛教中的"止"的作用是一致的。

马还指出用敬也是圣人之学的关键所在：

> 须知知觉、运动、见闻皆气也。其所以为知觉、运动、见闻者，理也。理行乎气中，岂离知觉、见闻而别有理？但常人之知觉、见闻全是气之作用，理隐而不行耳。……须知圣贤之学乃是全气是理，全理即气，不能离理而言气，亦不能离气而言理。所以顺是理而率是气者，工夫唯在一"敬"字上，甚为简要。（一，525）

二　观与致知

观，又名慧，梵音毗婆舍那，以照了为义，是在"止"的基础上所生发的智慧。马认为理学中的"致知"即是佛教的"观"。

致知须先明何谓"知"。上文已经说明，张载提出了"德性之知"和"闻见之知"的区别。马主张致知是要求"真知"，而"闻见之知"有浅深、小大、邪正的不同，俱非"真知"，只有"德性之知"方是"真知"。用马的话来说就是"知是知此理，唯是自觉自证境界，拈似人不得，如人饮水，冷暖自知。一切名言诠表，只是勉强描模一个体段，到得此理显现之时，始名为知"。

那么，如何进行"致知"呢？马认为"穷理为致知之要"。而

"穷理"和"格物"名异而实同。马回顾了先儒关于《大学》"格物"一词作出的不同解释，指出他们各明一义，异执纷然，实际是"心外无物，事外无理，即物而穷其理者，即此自心之物而穷其本具之理也。此理周遍充塞，无乎不在，不可执有内外"（一，111）。既然"致知"在"穷理"，也就是"致知"在"格物"，那么，为何不用"格物"而言"穷理"？马有他更深的考虑。以"格物"论，从来学者都被一个"物"字妨碍束缚，错认物是外因，进而认理为外。所以为避免上述歧解，便不用"格物"而言"穷理"，以说明"心外无物，事外无理，事虽万殊，不离一心。一心贯万事，即一心具众理。即事即理，即理即心。心外无理，亦即心外无事。理事双融，一心所摄，然后知散之则为万殊，约之则为一理"（一，111）。穷是究极义，穷极此理，周匝圆满，更无欠缺，更无渗漏，不滞于一偏一曲，方是穷理。

因为穷理是究极心中本具之理，那么其功夫入手处，马认为"只能依他古来已证之人所说一一反之，自心子细体究，随事察识，不等闲放过"（一，112）。他以读书为例，说明阅读经典需要简择，运用思维，不可匆匆涉猎，泛泛寻求，关键在于字字句句要引归自己，反之身心。穷理亦应如此，等到豁然贯通，表里明澈，不留余惑，直驱入无所疑之地，方是致知。

他批评时人动辄以某种事物为研究对象，好言解决问题，探求真理，尽管劳神费力，却不知宇宙内事，即吾人性分内事，反将宇宙人生为外物，于是方向错误、方法错误，只会徒增困扰。"自其研究之对象言之，则己亦外也。彼此相消，无主可得，而每矜为创获，岂非虚妄之中更增虚妄？以是为穷理，只是增长习气，以是为致知，只是用智自私；非此所谓穷理致知也。"（一，114）

由上可见，佛教的"观"与理学的"致知"确有相契之处。观是观法性洞然，致知是致其本心良知，二者皆须运用思维，放出智慧，向内体究，而且各以"止"与"涵养"为其前提。

三　止观双运

涵养与致知是两种不同的认识途径和方法。从历史上看，陆王主"尊德性"，强调涵养的作用，特点是认识的豁显与飞跃，故是"顿教"的方法；程朱主"道问学"，特点是明认识的次第顺序，故是"渐教"的方法。马一浮在此处引用的"顿教"与"渐教"是佛教修行理论中的重要概念，前者是指上根之人不须持久地修行，便可当下悟解真谛，显露真如本体，立地成佛；后者指凡众必要经历长期地修习实践，循序渐进，方能登堂入室，终得果位。从中国佛教发展史来看，各派曾就顿、渐作为成佛途径的合理性与优先性展开过热烈的讨论，人们甚至以此作为南北禅宗的分判。马认为程朱陆王见性是同，只是理论阐释上各有特色，涵养与致知如同顿与渐一样都是不可或缺的，具有互相依存、融通互补的关系。

就《易·文言》"君子敬以直内，义以方外，敬义立而德不孤"而言，就比较恰当地表达了涵养与致知、止与观的关系。他疏释道："主敬集义，涵养致知，直内方外，亦如车之两轮，鸟之双翼，用则有二，体唯是一。"（一，82）至于"敬义立而德不孤"更是说明二者的相伴相随，互为因借，决不能陷入只翼单轮各自为用的分离状态。

所以主敬与集义、涵养与致知是一体二用的关系，就涵养主敬而言，是教人悟取自性，反身而诚，尤其是"上根之人，一闻千悟，拨着便转，触着便行，直下承当，何等骏快，岂待多言？但上根难遇，中根最多"（一，80）。此类人往往容易为习气所缠缚拘迫，马将习气称作自心之夷狄，互相熏染，辗转增上，计执益深，以至于自性汨没，若无一番致知穷理的工夫不能显现，"习气廓落，自性元无欠少，除得一分习气，便显得一分自性"（一，80）。

这样，止观双运即是定慧兼修，非止不能得定，非观不能发慧。但同时，马又指出，无无止之观，无无定之慧，若其有之，必非正观，必为狂慧。致知穷理的目的在于识取自性，还存在"保任长养"的问题，以免又被习气缠缚，所以止与定在此阶段又重于观与慧。

因为致知穷理必要先以涵养为始基。唯敬可以胜私，唯敬可以息妄，而私欲尽则天理昭著，妄心息则真心显现，于是"天下之至赜者始可得而理也，天下之至动者始可得而正也"（一，84）。所以涵养主敬是成始成终之事，而且"敬实双该止、观二法，由此可知。盖心体本寂而常照，以动乱故昧；惟敬则动乱止息而复其本然之明"（一，84）。

以佛教的止观范畴疏解儒家文本，并非是马的独秘，例如熊十力就曾指出子曰"默而识之"，"默"即是止，"识"即是观。但从马的致思看，他不满足于字句的注释，而是要通过止观范畴打通历史上各有封执的诸种关于人生修养的理论观点；从马的努力看，其工作不仅仅是回归元典、求助文本依据之事，而是以西方文化为背景下的民族文化重构和哲学转型进程的一部分。由此，马的名相圆融也就超越了简单的范畴转换层次，而被赋予了浓厚的文化哲学意蕴。而且，他所展示的不仅是理气、知能、止观范畴体现的儒佛互摄的方式，在《老子注》中他还突出了以佛解老的论证风格，使我们进而体察马从容于传统三教文化中的游刃有余和挥洒自如。

第五节 《老子注》中的名相圆融

我们知道在马一浮的治学经历中有过长达十年的佛学阶段，这不仅使他成为著名的居士，而且享有"北汤（用彤）南马"的美誉，为佛教界和学术界所共同尊崇。由于他深谙三教文化，了解儒者论述往往有"不加分析，不如佛氏加以推勘，易于明了"（一，91）的毛病。所以他积极调动佛学思想资源，重新整合和弘扬传统文化，这使他的主要论著体现出浓厚的以佛证儒、以释解老的阐释特色和论证风格。本节以马一浮早期《老子注》为依据，通过个案研究，力图从中考察其以释解老、圆融名相的独特视角和融通路径。

1920 年，马一浮在病中翻检《老子》，感觉"以老子义印合般若、方等，于禅则与洞山相近，触言玄会，亦似通途寥廓，无有塞碍"（一，769），而且他认为尽管老子的本旨未必尽能以佛说证之，但"理既冥符，言象可略"（一，769）。这样他通过对《老子》的佛学化的阐释，不仅为其会通三教，提出六艺论作了思维准备和方法尝试，而且在老学研究方面进行了颇有价值的探索。

一 本体论：实相与大道

"道"是老子思想体系中的最高哲学范畴，具有本原、规律、准则等多方面的内涵。它既是万物的本原，又是宇宙创生的发动者，又是自然运动的根本规律和人事社会的价值依据。对《老子》的注解连篇累牍，但历来对"道"的理解却聚讼不清，众说纷纭。马一浮认为从般若实相论的角度可以对"道"作全面的透视。大乘般若学说的基本理论是"缘起性空"，认为世间万事万物皆是因缘和合而生，故而无法决定自身，即"无自性"或"性空"。通过"般若"这种特殊的佛教智慧，悟解诸法性空幻有，显示清净实相，得大自在，求大解脱。马一浮以此从三个层面上对"道"作了重新诠解，将其呈现为三个相互联系、彼此贯通的命题。

（一）实相无相

此句出于灵山大会，世尊拈花示众，众皆默然，唯有迦叶尊者破颜微笑，故世尊曰："吾有正法眼藏，涅槃妙心，实相无相，微妙法门，不立文字，教外别传，付嘱摩诃迦叶。"[1] 马一浮认为

---

① 普济：《五灯会元》（上），中华书局1984年版，第10页。

《老子》第十四章讲的即是"实相无相"。该章以"夷"、"希"、"微"来描述"道"具有"视之不见"、"听之不闻"、"抟之不得"等不为耳目感官所认知的特性，其深藏潜密可谓"迎之不见其首，随之不见其后"。"道"是"实相"，而实相本空，"离见闻觉触之境，非是意言分别之所能诠"（一，782），既然实相"已离心意识法，故'归于无物'"（一，782），但这实相虽是无相，却非绝对的"空豁断无"，所以又称作"无状之状，无物之象"，它"遍界不藏，通身无影"（一，782），无法认识，不可寻觅。如以有无、一异、俱不俱言之，皆是妄言，一切俱非，因为"此深密之相，绝诸名邈"（一，782），不落言诠。

（二）无相示相

马一浮在注解第二十一章"孔德之容，惟道是从"时，认为"孔者，通也。德者，得也。已得无碍，故曰孔德"（一，791）。而"容之为言相也"（一，791），是道的发动与呈现，是"道生一，一生二，二生三，三生万物"中的"一"、"二"、"三"和"万物"。因此"道"于"无相示相，迹应万殊"（一，791）。这样，"道"由潜态变为显态，由深密之相转现假有之相，"任运遍知，无乎不在，举足下足，莫非道场，咳唾掉臂，皆为佛性"（一，791）。相从"道"生，非真相，而是幻有之假相。我们既不能说它是定有，又不能说它是定无，如同镜中烛、水中月、谷中声，皆是待缘而起，随感而形，所以"道之为物，惟恍惟惚"。马一浮由此对"道"的"恍惚"状态进行了反复申述，"虽曰恍惚，中非无象，无象之象，象即无象也；虽曰恍惚，中非无物，无物之物，物而非物也"（一，791）。有象有物，而又似有若无；无象无物，而又无中生有。

（三）诸法实相

针对"道，可道，非常道"的命题，马一浮将前两个方面结合起来，形成了"诸法即实相"的释义："诸法实相，缘生无性；

以缘生，故可道；无性，故非常道。"（一，769）显然，因为世间诸法是因缘和合而生，所以以其缘生，故可以言说；以其无自性，故非永恒之道。对于"道"，"语其相则唯恍唯惚，语其性则唯窈唯冥"（一，791）。恍惚者，假有之相，犹若可见；窈冥者，超言绝象，视听不形。就像水中之盐味，色里之胶青，相即相入，混成不二。马一浮又以"如来藏"证之，"恍惚应空如来藏，有象有物应不空如来藏，窈冥真精应空不空如来藏"（一，791）。

这样，马一浮从性空、假有、中道三个层次诠解了"道"的概念，提出"道"存在着从"实相本无相"、"无相而示相"到"诸法即实相"的矛盾发展过程，既有性空的绝对真实，又有假有的虚幻不实，更有统摄二者的不二中道。而且，在每个层面中，性空、假有、中道又是互涵互摄，交相运用，共同构建了"道"的思想体系。

二　认识论：三谛与有无

"有"、"无"是《老子》中最重要的一对关系范畴，它统贯老子哲学整体，既是本体论问题，又是认识论问题。马一浮着重于"有""无"的认识论方面的阐发，认为佛教的三谛说可以准确地说明"有""无"及其互动关系。在具体的认识活动过程中，一心可以从空、假、中三个方面去观察，获得的是关于认识对象的空、假、中的三种实相，即是三谛。《中论》中的《观四谛品》曰："因缘所生法，我说即是空，亦是为假名，亦是中道义。"因为一切事物、现象皆由因缘和合而生，是刹那变化、流动不居的，那么就没有永恒的实体，而成其"空"；一切事物、现象虽空，却又显现千般幻相，万种差别，而成其"假"；实则假、空是从两方面看，假不离空，而假亦即空。不著于空，不执于假，不待造作，法尔自然，所以又成其"中"。这样，马以空诠"无"，以假说"有"，以中道义证"有无相生"。

（一）空—无

空是本无，故无生无灭，无作无证，无成无坏。《老子》第七章所谓"天长地久"、"以其不自生者"，"犹言虚空不可烂坏，以非所作性故"（一，775）。因为说其有生，即是有灭，不生就不会有灭。所以就不灭的意义来看，可以称之为长生，这是从否定的方面反证不生的意义，故长生即是无生。同样可知虚空"不住诸相，故物作而不辞。法本不生，今亦无灭，故生而不有。知一切法如幻，无有可作，亦无可得，故为而不恃。但于无功用中示有修证，毕竟无证，亦无证者，故功成而弗居"（一，771）。通过这样迭次累进的论证，不仅彰显了"道"的本无状态，而且为"道"的"无为"特性提供了认识论依据。

（二）假—有

马一浮拈出"刍狗"二字以喻此，他说："刍狗者，缚刍为狗，制之自人，非真狗也。以喻万物皆由幻作，实无自性。"（一，774）因为刍狗是依他不依自，没有自性，便是幻有。世间万物，类同刍狗，皆是真如随缘而现生灭诸法。第六章"玄牝之门，是谓天地根"正是对诸法随缘而生的说明，"渊为物宗因谓玄，生出万法名曰牝"（一，775），"三界虚伪，唯心所作，本来无有，世界众生但依阿赖耶识变起"（一，775）。如能彻照幻有，了相无妄，当体便是妙明真心。

（三）空假不二，有无俱离

"有"、"无"是我们通过空、假而获得的关于"道"的认识的两个相状。"常无者，会极之深谈；常有者，随流之幻用。色不异空，故常无，真空不碍幻有，故言妙；空不异色，故常有，幻有不碍真空，故言徼。妙即空观，徼即假观"（一，770）。此处马一浮引用《般若心经》中"色空不异"的思想，深入论证了"有""无"的互涵互动的关系。他还在对第十一章的注释中以刀刃为喻，认为刀具之刃可以称作刃，而只有施之于割物时，才可以称为用。刀自身不能发用割物，但因为内在地具有利的性质，所以人能够施运之，使之转利成用。用不属于刀，也不属于人，又不离刀、人。"故利则不无，用则不有。以缘生故有，有即幻有，非是定常；以无性故空，空乃本无，非是灭取也。"（一，779—780）他以"中观"视之，则"有无相生"翻现"中道义"："既悟色空不二，斯有无俱离，即是中道第一义谛不可思议境，名之为玄。玄之又玄，转益超越。诸圣皆由此圆现证入法界，具足一切种智，故曰众妙之门。"（一，770）

三　修行论：止观与虚静

"虚静"是"道"的一个重要特性，也是"道"在人生层面的呈现与落实，并由此发展出"见素抱朴"、"少私寡欲"为主要内容的修行理论。《老子》第十二章阐述了修行的理由："五色令人目盲，五音令人耳聋，五味令人口爽。驰骋畋猎，令人心发狂；难得之货，令人行妨。是以圣人为腹不为目，故去彼取此。""去"与"取"的过程便是修行证道的功夫。佛教于方外求法，出世寻真，必须断惑证智，转染成净，同样形成了比较完备的修行学说。马一浮采用佛教的"止观"融通《老子》的"虚静"，指出既然大千世界，缘生无性，而凡众往往住于妄相，终成自碍，妄取精进、功德、尊胜诸相，蓄闻成过，起心造作，不知"执有身心自相，皆为幻垢"（一，777），故有修证之必要与可能。

"止观"是佛教的两种修行方法。"止"是止息散心，专注一境。"观"是观想智慧之义。止观并修则自利利人。

（一）　止—静

马一浮以止解静，因静发止。在注释第十五章"安以久动之徐生"时，指出"无有静相，将何名止？"（一，783）将静作为"止"的根本属性。静是与动相比较而言的。"根尘本不相入，但以识性流逸，似外境现，循诸有为，自取惑乱。若悟缘心非有，诸尘顿空"（一，780），所谓"圣人为腹不为目"，是因为动静的差别，"目者常动，缘物成见，以喻黏妄发知；腹者常静，贮食能消，以喻脱黏内伏"（一，780）。动既然是攀援妄见的祸因，必然要以静驭动，所以马一浮又对《老子》"静为躁君"作了新解："盖无作之谓静，有为之谓躁"（一，799），"躁犹动也"（一，798）。事物的运动，因无自性，故不能自运，必须有待于静，就像水之运行于地面的情形一样。而水遇到坎坝就停止，动也因静而止息，所以动之由斯，息之由斯，"制动之枢者，静也"（一，798）。而这恰恰就是止息散心，专注一境的境界体验。

（二）观—虚

"观"是寂而常照，法性本空。但有情众生大多谈空滞有，颠倒迷执，"情识所树，菶葧益深，直须抉而去之，乃可廓然无碍"（一，787—788）。而要达到此目的，修行主体必须心若虚空，马一浮指出第十五章"不欲盈"者即是"虚空相，证此道者，其心恒如虚空"（一，783）。这样便可以"绝影像于机先"（一，789），"泯忧喜于即物"（一，789），"譬虚空之无倚，故儴儴若无归"（一，789）。如果其心不虚，不能观想智慧，破尽无明，则爱憎滋起，多诸巧见，终不能至圆觉境界。

（三）止观并修，致虚守静

《老子》第十六章提出"致虚极，守静笃"，是将二者并列看待，认为它们都是修行证道的重要途径。马一浮也明确指出该章"显示学者正修行路"，其中"'致虚'是三摩钵提妙观，'守静'是奢摩他妙止"（一，783），而"极"是究竟的意义，"笃"言其淳深的程度，都是对"致虚"与"守静"的强调，依此二条修行宗途，"由久积二行故，不见一法生灭，了知法法当体涅槃，不取幻化及诸静境，便超诸碍，是谓于作观复，即是圆证禅那妙行"（一，783）。

这样，马一浮以止解静、以观释虚，以止观双运明确了虚静的辩证关系，就佛老的修行理论层面的融通作了较全面的阐释。

四　辩证论：圆融与和同

圆融是中国佛教独特的辩证关系范畴，它不仅在历史上促进了中国化的佛教宗派的形成，而且也创造性地提出了一系列富有圆融统一精神的思辨理论，如天台宗的一心三观、三千互具、三谛圆融，华严宗的四法界、六相说、十玄门等。马一浮认为佛教的"圆融"与《老子》的"和同"具有共同的精神实质，可以互诠互释。

在对第四章的注释中，"挫锐解纷"被理解为总别关系，锐是别相，纷为总相。总别是六相说中的一对关系范畴，其理论要点是"以总成别"、"以别成总"、"总别相即"，"若不相即，总在别外，故非总也；别在总外，故非别也"①。华严宗认为整体不能脱离部分，部分不能脱离整体，从整体和部分的彼此纽结、相互联系中得出了部分即整体的结论。因此"一微空，故众微空；众微空，故一微空"（一，773）。而"和光同尘"是指本影不碍，"和同"是不坏不杂，圆融具德。离世间即无佛土，佛土即是世间。故"一切声自是佛声，一切色即是佛色。毛中现刹，尘中现身。一入一切，一切入一。如帝网珠，其光交参，重重无尽"（一，773）。马一浮还以"混成"说明之。"混"是"一入一切，一切入一"（一，796），彼此融通互摄；"成"是"一切不坏一，一不坏一切"（一，796），相即而不相碍。同样，第二十五章"域中有四大"之所以言四大而不言三大，是即三而一，即一而三。"道"弥天盖地，和同天人。"天地人即道，道即天地人，非离道有天地人，亦非离天地人别有道。一大遍于三大，故举一即三；三大同摄一大，故在三恒一。"（一，797）佛教把融摄一切万物称为"法

①　法藏：《华严一乘教义分齐章》，载《中国佛教思想资料选编》第二卷第二册，中华书局1983年版，第198页。

界"。华严宗以"法界缘起"说明世间诸法由"法界"或"如来藏自性清净心"生起，互为因果，相容互摄，彼中有此，此中有彼，彼即是此，此即是彼，相即相入，圆融无碍，并进一步剖析出事法界、理法界、事理无碍法界、事事无碍法界以概括一切事物及其相资相待、重重无尽的关系。马一浮认为佛之"法界"即《老子》之"自然"："自佛言之，总一法界；自老子言之，总一自然。"（一，797）并且纠正"目老子计自然为因，能生万物"的旧说，揭橥"老子所言自然，即同法界缘起不思议境"（一，794）。"法界"之所以可以对释"自然"，是因为它们都反映了宇宙万物间的交参混成的圆融关系："自然者，自无所自，然无所然，不生不灭，不常不断，不一不异，不来不去，非有为非无为，非非有为非非无为，超过一切言思境界。"（一，793—794）这样便为成佛证道提供了宇宙论依据，诸法实相，本无差别，"人外无道，道外无人。心外无法，法外无心。心即是佛，佛即是心。悟则为佛，迷则众生。在佛为道，在心为德，在众生为失。心、佛、众生，三无差别。道者道此，德者德此，失者失此"（一，794）。

　　以上就完成了对《老子注》的文本考察，但我们也注意到，"以佛解老"的注释方法自佛教东传之初就已产生。译经大师们通过"格义"方法借用大量老庄道家的术语来附会、阐扬佛经的意蕴，以期在中国传统文化的语境中促进佛教的传播。所以洪修平先生认为佛教中国化的重要的一条途径就是其思辨哲学的老庄玄学化①。在中国化的佛教宗派形成后，"以佛解老"往往成为佛教僧众在佛道冲突、争讦中捍卫话语解释权，力图证明佛教的合法性和优越地位的一种斗争策略，因此"以佛解老"究其实质不过是"以老证佛"而已②。马一浮的"以佛解老"与此迥然不同。他以

　　①　洪修平：《禅宗思想的形成和发展》，江苏古籍出版社1992年版，第5页。

　　②　熊铁基等：《中国老学史》，福建人民出版社1995年版，第439—440页。

六艺之理为天下之道，赅摄一切学术，而佛道无非是六艺之理或偏或小的反映，这样"以佛解老"就不是为了判别佛道的高下，而在于肯定佛道内在精神实质的契合一致，从而证成六艺之理。

就本章名相论所及，横摄本体论、认识论、修养论、辩证论，统贯儒释道，规模不可谓不广，气度不可谓不大。总体来看，马的名相论有以下几个特点：

首先，马极为重视传统范畴的清理与发掘。在现代新儒家中，绝大多数人都热衷于引进或生造出新范畴以建构哲学体系，如梁漱溟的"意欲"，熊十力的"性智"、"量智"以及由空时、有无、数量、同异、因果等五对范畴构成的范畴表，富有新鲜的时代气息。在某些人眼中，因为马极少创造新范畴，故而视为泥古守旧的"冬烘"先生。例如郑家栋认为："在传统哲学特别是儒学方面，马先生具有淳厚的学养，三四十年代被视为硕学鸿儒，名高一时。但由于他拘守传统的概念系统和学术规范，其思想缺乏时代气息，显得创新不足，对中国现代哲学、文化的发展也谈不上实质性的影响。"① 郑家栋确实指出了马一浮系用传统范畴的治学特点，但问题在于，我们能否据此判定他缺乏思想创新？本书认为对马一浮的评价不能脱离其思考的时代背景，即在中西文化激烈碰撞的情形下，如何重构儒家文化的价值系统。马的基本看法是：从历史的长时段看，今日中西之分又如古代的南北之别，殊途必然走向同归。这样，当务之急就不是引进西学范畴加以牵强附会，生拉硬扯，而是在整合传统文化的基础上促进中西文化价值系统的深度融合，以成就明日之整全的世界文化。以此观之，马的思想并不保守，实际上，这恰恰反映了他不趋时、不从众的成熟学术心态和强烈文化自信。他认为传统文化中的范畴自有条理，有定规，如果贸然引进或

---

① 郑家栋：《断裂中的传统——信念与理性之间》，中国社会科学出版社 2001 年版，第 620 页。

生造新范畴，只会徒增淆乱。他曾经针对北京大学哲学系贺麟教授用朱熹理学名相对译黑格尔哲学范畴的做法，例如译 Absolute 为太极，Infinite 为无极[1]，批评道："分际不能相当。"（三，969）郑家栋也认同马一浮的看法，承认贺麟的"译法实问题甚大"。[2] 所以马一浮着力于从传统范畴本身穷本探源，进行意义清理和价值发掘，通过名相整合以促进文化整合，从而重建了传统文化的思想秩序，并进而赋予传统范畴以时代内容。

其次，马一浮通过关于义理和名相的分判为中西文化的互补融通埋下了伏笔。他认为："近人为学，重在分析名相，不知返求本源，只见分殊而不见理一，见别异而不见和同，故多为偏曲之见。须是从分殊中见理一，从变易中见不易。"（三，1180）在他看来，六艺即是理一、不易、和同与本源，因为六艺之理是人人自心本具，西方人亦不例外，其圣贤说出来的也是六艺，只是名言诠表稍有差别。所以，马一浮洞穿纷繁能指的文化表象而直达六艺本源的价值所指，为中西文化的圆融与转生提供了前提。

再次，马通过价值融合以建构范畴系统。范畴是哲学之网的纽结，有牵一发而动全身的作用。马在对范畴义理进行分析贯通的基础上，厘清了同一理论层次的范畴序列，并且，提纲目，明统类，用最主要范畴来表征同一序列范畴及其所代表的哲学观点。可贵的是，马一浮并未停留于理气、知能、止观等概念意义的辨析，而是超越对立层面，从文化学意义上理解和反思历史上的范畴纠葛，从而通过范畴的价值融合作为与西学展开对话和互动的平台，形成了具有民族特色的范畴系统，这是马一浮异于他人的重要理论贡献。

---

[1]　参见贺麟《朱熹与黑格尔太极说之比较》，载《黑格尔哲学讲演集》，上海人民出版社 1986 年版，第 630 页。

[2]　参见郑家栋《断裂中的传统——信念与理性之间》，中国社会科学出版社 2001 年版，第 505 页注 5。

　　最后，马关于名相的论述服务于六艺，也即服务于其文化哲学的建构需要。马明确地指出理气、知能、止观诸范畴是"六艺中名相关于义理最要而为学者致知所当先务者"（一，38）。一方面，诸范畴是心性论的最基本范畴，正是通过诸范畴的推导才构成了"心兼理气、统性情"的心性义理架构，为马文化哲学奠定坚实的理论基础；另一方面，诸范畴纵贯马文化哲学的各理论组成，成为提纲挈领的六艺之网的纽结。

　　尽管马一浮有忽视诸范畴在各自哲学背景下的独特含义而牵强配属之嫌，但可贵的是，马推陈出新，不拘门户、派别之见，力图通过确定主要范畴的含义和关系来统摄中国传统文化的整体，实现包括儒释道三家名相的贯通和圆融。这种胸怀和视野无疑是高远、超迈的。而且，以《易经》的三易思想重新解读和阐释理气、知能等名相，这就极大地扩展了哲学理论资源，也使名相的圆融具备了更深厚的历史感，这一切表明了马一浮在新的历史条件下推进了宋明理学的发展。

第三章 心 性 论

　　心性是宋明理学的核心命题，可以说堂庑广大、气象非凡的宋明理学的思想大厦正是围绕着心性范畴逐步生长和建筑起来的。宋明理学的心性学说融合了先秦儒家的先天人性论，汉唐儒家的性三品论，魏晋玄学的人性本体论以及隋唐佛学的心体用论，它以普遍、绝对、超越的道德法则作为人性的根本标志，赋予社会伦理以本体论的意义，将人的自我价值提升到宇宙本体的高度，体现了道德理性的自我实现与自我超越，从而使宋明理学成为传统心性学说的最高历史发展阶段。尽管理学内部各派都致力于道德形上学和心性本体论的构建，但由于对心、理、气、性、情等范畴有不同的理解和阐发，因而形成了各具特色的多元的心性理论，如张载的"心统性情"说，程朱区分"义理之性"与"气质之性"的性二元论，陆王主张"明心见性"、"心即理"的心性、心理一元论，以及王夫之、颜元、戴震"理在气中"的性气一元论等。

　　现代新儒家自称接续宋明理学的圣贤血脉，是儒学的第三期开展，所以同样将心性学说作为其思想体系的重要组成部分，给予极大的重视和研究，并且希望凭依心性之学向着世界文化昭示中华文化的独特魅力和优越精神。此观点在 1958 年元旦由唐君毅、牟宗三、徐复观和张君劢联袂发表的宣言中获得了淋漓尽致的表述，该宣言名为《为中国文化敬告世界人士宣言——我们对中国学术研究及中国文化与世界文化前途之共同认识》，其中他们突出了儒家内圣学在中国文化中的地位和作用，指出："此心性之学，正为中

国学术思想之核心，亦是中国思想中之所以有天人合德之说之真正
理由所在。"① 因此他们自觉地将心性之学作为现代新儒学不可撼
动的理论基石，援佛学或西学入儒，调动、整合时代思想资源，重
新改造、熔铸传统心性论，力图从"老根上发新芽"，从心性为主
的"内圣"开出科学、民主的"新外王"，通过主体的时代转换，
实现中西文化的融会贯通，促成传统文化的转型与创新。

　　现代新儒家的心性学说实际肇始于马一浮。他最早也是最坚决
地树立起心性论的旗帜，不仅视心性为传统文化的精髓，而且标举
作为心性本具之理的六艺，赅摄古今中外一切文化，成为引领新儒
学心性义理精神命脉的第一人。尽管他游历美洲，博览西籍，却不
像梁漱溟借助西学，运用柏格森的"生命绵延"和叔本华的"生
存意志"诠释心性，以"生命为体，生活为用"②；尽管他也往来
寺僧，出入释典，却不同熊十力袭取佛学，挪移唯识范畴规定心
性，以"性智为体，量智为用"。马一浮更愿意沿用传统范畴，而
不是热衷创造新名词，来阐述自己的心性理解。他的心性学说在心
兼理气、统性情的基本架构下获得进一步展开，亦使文化主体获得
了深层的贞定与豁显。

第一节　心兼理气

　　马一浮对陆王心学是赞赏的，他不仅袭用了诸多心学范畴和命
题，而且对陆王表示了由衷的礼赞。他途经香炉峰下的阳明洞，赋
诗曰："一语良知扶圣谛，三年静住得天和。土苴治世心传少，海

---

① 唐君毅、牟宗三、徐复观、张君劢：《中国文化与世界》，载《中国文化的危机
与展望——当代研究与趋势》，台湾时报文化出版公司1981年版，第120页。
② 马一浮曾表示"性命"一词语义精微，含蓄蕴藉，远胜"生命"，参见《马一
浮集》第三册，第955页。

第三章 心 性 论　　　　　　109

国求名谬种多。"（三，52）指出世人称赏王阳明的事功，日本人
更以"阳明学"自矜，反而遗失其心学精蕴。在题寄王心湛所著
《阳明学》时，他称："阳明乃古佛，岂与万象凋。于何证良知，
冥冥亦昭昭。"（三，106）当然，他对先儒圣贤气象的钦仰并不能
表示他对心学主张的全盘接受。实际上，他采取的是和会朱陆，取
长补短，兼容并蓄的理论路径。

　　他甚为不满后儒以心性为空谈，指出不明心性是儒学发展陷入
困境的根本症结所在。在马一浮看来，所谓生心害政，用智自私，
天下所以纷纷，胸中所以扰扰，皆缘于本体未彰。学者只是执著于
言语文字，终身不悟自家心性，此等俗儒连二乘都不如。而今人更
是高谈经济，好言专门知识，以此为用，只是工师之事。马一浮指
出体用不可分，性上既已分明，则用已具，自能通达致体。天下最
近者，莫近于自己身心，所以明心性是第一要务。

一　释"心"

　　"心"不仅是心学理论的核心范畴，而且也是马一浮圆融诸
家、揭示宗旨的义理基础，因此在其文化哲学体系中居于十分重要
的基础地位。既然宋明理学诸派各有异"心"，阐述论证皆未能达
成统贯、整合各方的初步共识。这样，马首先对"心"作了颇为
细致的多重规定，使其意义获得中西文化交流融会下的澄明。

　　（一）心之本然
　　根据蒙培元先生的研究，传统哲学指谓的"心"主要有三种
含义：一是道德之心，以孟子为代表，指人的情感心理升华而形成
的道德意识，是道德理性范畴；二是理智之心，以荀子为代表，指
认识事物的能力，是认知理性范畴；三是虚灵明觉之心，指虚而明
的本体状态或精神境界，是超理性的本体范畴[1]。总体上说，它是

---

① 蒙培元：《理学范畴系统》，人民出版社 1989 年版，第 195 页。

代表主体精神或主体意识的根本范畴。

心之本然是心在未发之前的原始本然状态。马一浮认为："虚静无欲方是心之本然。"（二，819）这种本然的状态是先天就具有的，至于散漫、怠惰、贪欲等都是后天习染的，使人的本性受到歪曲和异化，因此传统所有的人生修养理论皆是围绕如何回复心之本然而作出的努力和回答。但是"虚静无欲"并不是本然状态的全部内容，它只属于人生论层面。

接着马又指出心之本然的宇宙论维度："与天地万物一体，乃心之本然。"（一，646）这里最关键的倒不是天地万物一体所体现的宇宙网络的本质联系，而在于"与"所展示的主客体交融而形成的天人共生的意义传达。他针对学生提出的"圣人之用心，皆以天地万物为一体"命题，指出"用"和"以"字都不恰当，因为用心即是机心，非心之本然，"以"是使动用法，有主体强加于客体的意味，相形之下，"与"更能传达此种平等、舒缓、谐和的天人关系。所以"与天地万物一体"，即是主观意识对宇宙万物的直观把握和情感延伸，通过个体的人无限扩大，于未发中包蕴生命的跃动与冲创，是谓"心之本然"。

（二）心之体用

体用论是马一浮文化哲学的重要方法论。他改造传统体用学说形成独特的"体用相望"的观点，其要点是无论就哪个层次来说，事物都具有体用二重性，而且体用不二，紧密统一在事物自身中。但就层次之间来看，高层次往往涵摄低层次，形成层次之间的体用关系，体用重重无尽，层层推勘，逐步深入对事物本质的认识①。

---

①　如以六十四卦为其体，三百八十四爻互为其用；以六十四卦望八卦说，则八卦为其体，六十四卦为其用；以八卦望《乾》《坤》说，则《乾》《坤》为其体，六子为其用；以两仪、四象、八卦望太极说，则太极为其体，而两仪、四象、八卦为其用（一，433）。

他亦用之于对"心"的分析。熊十力撰《新唯识论》，至明心章时下笔甚难，乌以风将此情况告于马。马深有感触，其时，他从体用角度对心作了说明："视之不见，听之不闻，而为天地之本，此言其体也。天地间交互往来，动静辟阖，兽胎鸟孳，万物生长，莫非心之流行，此言其用也。所谓寂然不动，随感而应，兼体、用而言也。"（三，1143）

就心之体而言，"视之不见，听之不闻，而为天地之本"，超乎名言诠表，却又对宇宙万物具有本源性意义，这里"心之体"被表述为类似"道"的概念；就"心之用"而言，"天地间交互往来，动静辟阖，兽胎鸟孳，万物生长，莫非心之流行"，是心之已发，意识活动展开其认识世界、反映社会的精神历程，更多地被赋予了认识论的含义；兼体用而言，"寂然不动，随感而应"，显示了从体起用、摄用归体的心学思路。因为不能简单用"感应"理解"心"，如果这样还是落在"心之用"一边，必须以体用全赅的理论视域来透显心的真实本质。据此，他否定了西方心理学以知觉、作用等认识论特征或以刺激、反应等生物学特征对"心"的理解，认为这些都割裂了体用关系，反而是隐蔽了真"心"，无体之用，不成其用，"古人所谓无头的学问，正是无体之学"（三，1153）。

（三）心之动静

"体用"与"动静"虽有一致处，却是从不同方面对"心"所作的规定，动静侧重"心"的运动状态的把握，但这种运动并非它自身在动，而指其自然发用流行。马以邵雍"心如太极"的比喻提出，卦象的动静变化以及其拟征的宇宙万物的动静变化，都与心之动静联结在一起，毋宁说本质是一致的，"须知《易》之阴阳动静即吾心之阴阳动静"（三，1150）。按照心学逻辑，物非外物，而是心之所生，意识所投射、反映的表象。因此，观物即是观象，观象即是观心，天地万物之象即是一心之象，"道即汝道，物即汝物，动则汝动"（一，437）。既然一心之动静如此重大，牵连甚广，就不能妄动，从而理学提出了"主静"的修养理论。周敦颐在《太极图说》中正式提出"圣人定之以中正仁义而主静，立人极焉"，不仅把"主静"确立为心性修养的重要方法，而且视"无欲"为"静"的主要内涵，展示了回复心之本然的价值取向。周主张的"静"不是绝对静止，而是通过排除感官欲望、扫荡胜心逸情而臻至的高明精神境界和原初本然状态。这也就成为儒道两家的思想分别。马一浮指出，不同于儒家主静的倾向，老子主张以静制动，"以"字显示此心尚是机心，故后来转变为法家，重权谋、尚机诈，根子皆在此处。

（四）心之迷悟

先看马答学生张德钧问的一段话：

　　（张）问：先儒言为学应时时提撕此心。敢问是在醒时提撕邪？是在迷时提撕邪？若在醒时，何事提撕？若在迷时，何能提撕？又提撕此心者，非仍即此心邪？若仍即此心，则迷悟不同时，即不得能提。即所提若非此心，则有朱子所诃捉一个心来。照此，心之失将何以诣于极邪？

　　（马）迷悟总是一心，提撕即从迷向悟，不提撕即安于长迷。真悟不须提撕，唯在迷，故须提撕。操之则存，舍之则亡，正是学人吃紧用力处。若谓在迷时不解提撕，此迷之尤者。汝若闻言而省，即是自解提撕，岂有别捉一个心来之理？喻如人睡时，不假人唤，亦自会醒。睡时醒时，只是此人，岂有二邪？醒时逢缘遇境，自解照管自己，何谓不能提撕？若不解提撕，只是个睡著底人耳。（一，587－588）

这里主要讨论两个问题：其一，迷悟是否为二；其二，提撕本质如何。关于第一个问题，马指出"迷悟总是一心"，迷是此心迷，悟是此心悟，不是别有一个悟心来解放此迷心。同时它还意味着迷悟虽在一心，却不相杂并立，悟则圣，迷则凡，迷悟不二立，圣凡不同时，显然这深受《坛经》思想的影响。第二，既然迷悟不二立，就必然存在着迷悟之间的转化功夫，这就是提撕的实质。张德钧提问的"提撕主体"，马认为仍然是将迷悟打成两橛，未能理解"自解提撕"的内在能动精神，至于"醒时无须提撕"，恰恰是对醒的误解，醒并不对等于"悟"，也许更是"迷"。肇安法师曾言"世人以梦为幻，以觉为真，均是自己虚妄分别。实在梦固是幻，觉亦非真"，亦指出类似问题，马深表赞同（三，1137）。

马一浮进一步论证，心有迷悟，见之于事，便有治乱之相。心不悟则迷，事不治则乱，迷即是纣，悟即是文王，乱即是殷商末世，治即是周之盛德。总之，"为文为纣，为治为乱，皆一心之变也"（三，1170）。由此方知心之迷悟的根本所在。

（五）道心与人心

"道心人心"最早见于伪《尚书·大禹谟》："人心惟危，道心惟微，惟精惟一，允执厥中。"程颐第一个将"道心人心"转换为理学心性论的重要范畴，"道心"被解释为体道之心，是发而皆中节的道德本心；"人心"则是与"道心"相对立的包含自然本能、物质欲求等的感性意识。朱熹承认"人心"存在的合理性与必要性，主张"只是这一个心，知觉从耳目之欲上去，便是人心；知觉从义理上去，便是道心"①。以理性直觉和感性知觉分判二者，并强调统一于主体意识中，道心对人心起着主宰和节制的作用，"必使道心常为一身之主，而人心每听命焉"②。陆九渊混同道心人

---

① 朱熹：《尚书·大禹谟》，载《朱子语类》第五册，中华书局1986年版，第2009页。

② 朱熹：《中庸章句序》，载《朱子语类》第四册，中华书局1986年版，第1487页。

心，以人心规定仁，"仁，人心也，心之在人，是人之所以为人，而与禽兽草木异焉者也"①。确立了人心作为道德之心的地位。王阳明则以道心兼体用、未发已发，人心成为物欲之心，二者不能并立，"人心之得其正者即道心，道心之失其正者即人心：初非有二心也"②。

马基于圆融诸家的理论需要，以"心统性情、兼理气"为基本命题，认为道心人心仍是一心，只是所由来的根据不同，"出于性、理，谓之道心；发于情、气，谓之人心"（三，1166）。道心作为纯粹的道德本心是毋庸置疑的，而人心则易受到习染，陷入迷失。马还以具有佛学色彩的真心妄心诠解道心人心，认为二者具有等值的关系。真心不落生死，具有恒久不变的本体性质；妄心因缘境而生故有生灭，缘生心生，缘灭心灭。妄心息则真心显，人心灭而道心彰。

综上，马一浮吸收宋明理学家的思维成果，对"心"作出了较为全面的规定，从而为心性学说奠定坚实的基础。但这种吸收并非是全盘接受，而带有相当强烈的批判性和扬弃性，例如下面他对王阳明"心即理"的改造。

二 心具理

心与理的关系是宋明理学的基本哲学问题之一，它决定着理学体系的根本进路和价值指归，甚至心与理的分判导启了心学与理学两大思想传统。

在朱熹看来，人之所以为学，取决于心与理。心虽然主乎一身，但其本体之虚灵足以管乎天下之理；同时，理虽然散在万事，

---

① 陆九渊：《学问求放心》，载《陆九渊集》，中华书局1980年版，第373页。
② 王守仁：《传习录》上，载《王阳明全集》，上海古籍出版社1992年版，第7页。

但其发用之微妙实不外乎一人之心。这里，心与理呈现为包容与被
包容的关系。之所以如此，是因为先天禀性、环境熏习等影响造成
心中纯驳相杂，天理尚未和心同一。因此重要的是如何消解心中非
"理"因素，确定格物穷理、躬行践履的途径和方法。使纯然天理
充溢圆盈于人心，他更强调"性即理"①，"性是吾心之实理"，
"理所当然者便是性"②。使人性与天理、人道原则和天道原则，同
序共振，展开于心灵修养和道德完善之途。

　　与朱熹相颉颃的陆九渊继承孟子"本心"思想，发挥出"心
即理"的观点。他在《与曾宅之》书中说："盖心，一心也，理，
一理也，至当归一，精义无二，此心此理，实不容有二。"③ 表述
了心与理"归一无二"的关系，在《与李宰》书中，他又进一步
确立了"心即理"的肯定命题："人皆有是心，心皆具是理，心即
理也。"④ 陆极力阐明的这一命题无疑构成心学的思想纲领，具有
重要的理论价值，于程朱之外另辟一扇通往圣贤之门。但因是草
创，难免粗率。值得参究的是"人皆有是心，心皆具是理"的人、
心、理三个概念中，前一个环节外延上都大于后一个环节，是递缩
的关系，而下句却突下断语，"心即理也"，是同一等值的关系，
"心即理"与"心具理"的并存暴露出思维进程中的逻辑跳跃和理
论矛盾，显示陆学于草创之际的粗率痕迹。将心学推向理论高峰的
王阳明避免了陆九渊的误失，截口不提"心具理"："心即理也；
学者，学此心也；求者，求此心也。"⑤ 又说："心即理也。此心无

---

① 朱熹：《朱子语类》第四册，中华书局 1986 年版，第 1424 页。
② 同上书，第 1426 页。
③ 陆九渊：《与曾宅之》，载《陆九渊集》，中华书局 1980 年版，第 4—5 页。
④ 陆九渊：《与李宰》，载《陆九渊集》，中华书局 1980 年版，第 149 页。
⑤ 王守仁：《传习录》中之《答顾东桥书》，载《王阳明全集》，上海古籍出版社
1992 年版，第 51 页。

私欲之蔽，即是天理，不须外面添一分。"① 不仅以道德主体取代
道德对象，而且指出这道德主体是完满至善、不假外求，他还以
"心外无理"的强形式判断否定了客观外在之理的可能性，由此发
展出的"本体—功夫"为基本架构的良知学说。

马一浮综合理学与心学的看法，着重批评了王阳明的"心即
理"说。他指出王阳明此语说的太快、太容易，其流弊是误认人
欲为天理，准确的提法应为"心具理"。根据"心兼理气、统性
情"的总命题，马指出修养过程中存在全理是气和全气是理两个
阶段。全理是气不是指没有理，而是指理隐微不著，只有从全部气
的变化流行中才能把握理，理对应性，气对应情，全理是气即全性
是情，此时理内具于心。此处，马修正了朱熹的看法。朱亦主张
"心包万理，万理具于一心"②。但如水中明珠，是外具，而非内
具，终究心是心，理是理，打成两截。因情、气鼓荡，故须穷理尽
性，涵养扩充，在这一点上，马承认朱熹"性即理"对于道德践
履、慎独功夫更具有合理性。全气是理是指气的发用流行莫不中
节，莫不应理，顺其当然之则，此时性理昭盈，情气剿绝，至
"极高明而道中庸"境界，方能据王阳明呼之为"心即理"。

可见，马提出"心具理"是以理学与心学的双向扬弃为基础，
以"心兼理气、统性情"为背景，推进了心与理关系的深化。

三　心兼理气

名相论中已论述过理、气关系，侧重于宇宙论层面；本节则主
要从心性角度立论，强调心、理、气三者关系的调整和定位。心性
论层面的心、理、气关系远比宇宙论层面的理、气关系来得复杂。

---

① 王守仁：《传习录》上，载《王阳明全集》，上海古籍出版社 1992 年版，第 2
页。

② 朱熹：《论知行》，载《朱子语类》第一册，中华书局 1986 年版，第 155 页。

这不单是对象数量的增加，更由于心性微妙，各人证验稍有不同，便成歧异，所以马认为有必要弥合罅隙，确立宗旨。如果说这还是出于历史传统的考虑，那么马的另一动因则是缘于创立文化哲学的理论需求。"六艺统摄一切学术"的根基在于"六艺统于一心"，六艺原本即是自心本具之理，这样才能从逻辑上和本原上加以说明、论证中西文化的内在统一性。但马提出的"心兼理气"确乎是自己的创见，发前人所未发。

马一浮指出："用理气、道器字要分晓，有时随文不别，少体会便成笼侗。今举最浅显而易知者示一例。如耳目口体是器也；其能视听言动者，气也；所以为视听言动之则者，理也；视听言动皆应于理则道也。"（一，486）他以耳目口体等人之生理感官、躯体为"器"，而身体及感官的功能活动称为"气"，感官活动内在的法则、矩度则为"理"，感性活动过程皆能符合于理乃是"道"。此处强调的是作为感性活动的"气"与作为道德自觉的"理"，如何展开并统一于人的生命过程，使"道"得以彰显。当然，天地之理气与人身之理气有着不同的特点，他进一步对此作出阐述：

> 须知知觉见闻运动皆气也，其所以为知觉运动见闻者理也。理行乎气中，岂离知觉见闻而别有理？但常人之知觉见闻全是气之作用，理隐而不行耳。……知觉见闻仍只在气边，未有理在，须知圣贤之学乃全气是理，全理是气，不能离理而言气，亦不能离气而言理。所以顺是理而率此气者，工夫唯在一敬字上，甚为简要，不似诸外道之多所造作也。（一，525）

从本体论看，天地之气发育流行，无乎不在，出于自然，理行乎气中亦是始终一贯。从心性论看，理则有行或不行之别，当人的感知活动一味受本能欲望支配和制约，理虽然在气中，不离感性运动，但却"隐而不行"，未能体现出"全气是理"。只有以理率气，使感性活动服从于道德自觉，才能确保理的光辉昭著。"主宰是理，流行是气。能为万象主，不逐四时凋，正是理常行乎气中。"（二，469）此时，"一人之气，即是天地之气，充周普遍，略无亏阙"（三，1126）。

马就心、理、气关系继续指出：

> 心兼理气而言，性则纯是理。发者曰心，已发者曰气，所以发者曰性。性在气中，指已发言；气在性中，指未发言。心，兼已发未发而言也。（三，1143）

马以"心"为全部意识活动的整体，可分为理气两个方面。其中情（气）代表已发的一切感性活动，性（理）代表所以发的感性活动应当持循的内在道德准则，二者皆统一于意识主体——"心"。

马常常以"心兼理气、统性情"作为命题的表述方式。显然在他看来，理气与性情在心性论层面是等值的关系。所以，他明确地肯定："心统性情即该理气，理行乎气中，性行乎情中。但气有差忒，则理有时而不行；情有流失，则性隐而不现耳。故言心即理则情字没安放处。"（一，672—673）因为"心即理"从主体意识活动中排除了气，必然割裂了感性和理性的关系，造成情的流失，实际上这也是心学末流束书不观、游谈无根的理论原因。所以马以"心"兼"理气"就加强了对气的调控与涵养。他极为重视孟子所提出的"养气"和"集义"，指出气不养则容易暴躁，义不集便不能化其私小，通过一番涵养工夫，方知"理为气之体，理即在气中，气为理之用，气不能离体，故曰理、气只是一事"（三，1142）。

理作为被主体意识所自觉认同并当下遵循的道德原则总是通过转化为一套具有可操作性的制度节文而获得实现。在这个意义上，马指出理即是礼："视听言动，气也，形色也，用之发也。礼者，理也，天性也，体之充也。发用而不当则为非礼，违性亏体而其用不全；发用而当则为礼，顺性合体而其用始备。故谓视听言动皆礼，为践形之事也。以理率气，则此四者皆天理之流行，莫非仁也；徇物忘理，则此四者皆私欲之冲动，而为不仁矣。"（一，72—73）陈来先生对此的分析是："这里的以理率气不是指存有的状态，而是心性的工夫；不是指由人人本具的理自然地率导、主宰知觉运动，而是通过理性活动对于一定原则的认同来实现对感性活动的主导。"① 可见，马一浮更多地基于程朱理学而对陆王心学力图作出某种补救和纠正，再次表现了其哲学体系中圆融贯通的特色。

第二节　心统性情

一　释"性"

性与心密切相关。从字源学角度看，《说文解字》认为性"从心生声"，《北溪字义》认为性"从心从生"，显示出性生于心或具于心的内涵；从哲学角度看，性既表示人的自然本性和社会属性，又成为包含价值判断的哲学范畴。

（一）性即心之体

马一浮仍然是在"心兼理气、统性情"的逻辑架构下讨论心性关系的。他不仅肯定心包含性、情两个方面，还把性直接规定为心之本体，以开辟由内而外，自性至天的认知路线：性类似"良知"，"人人觉得有个不能自已，觉得非如此不可，不如此不行，此便是性"（三，1068），"性即心之体，知性方见心之本体，然后能尽其用。天命即此本体，故曰性外无天，知性即知天矣"（一，

---

① 陈来：《马一浮的理气体用论》，载毕养赛、马镜泉主编《马一浮学术研究》，杭州师院马一浮研究所，1995年，第6页。

667）。可以看出，他继承了王阳明的"心之本体即是性"[1] 的观点，但同时又扬弃了其"心即性"的主张，认为"心即性"和"心即理"一样有重本体轻功夫之嫌，令人无可持循，所以易之以"心统性情"。

"性"不仅是一个本体存在，而且是一个价值存在。当时报载美国教授亚力山大（Prof. Hartlay B. Alexander）在浙大所作演讲，认为中国需要机械文明，但机械文明并不构成人生的全部内容，中国人能追求真善美的生活，远远超过西方片面的人生观。结论是各民族各有其文化，应当互相了解尊重，而不必强求一律（三，1069）。马认为该教授的确指出了西方人生观的缺陷，但于中国文化终究隔膜，他所理解的所谓真善美之生活，既当做一件事物，向外求取，便无法获得，因为他不知真善美诸价值究竟落实于何处。"性，真、善、美兼具者也。"（三，1069）同样，今人以真理为最高价值，但全是向外寻求，马一浮指出如此求真是得不到的，即有所得，亦不真实。实际上，真理即是性，价值即存在于自身之中："中土圣贤所谓性，即今世所谓真理。此乃人人本具，最为切近简易，反身而求，当下即是。今之人驰心务外，正是舍本逐末、舍近求远，可谓枉费工夫。"（三，1152）然而性的本体存在和价值存在还有待作出进一步说明。

（二）性无终始

有学生问性从何产生，马一浮结合佛教缘起学说作了回答："有所从来，便有始，有始便有终，性无终始，非从缘生故也。"（三，1123）佛教认为一切事物皆由因缘和合而生，是真如的生起和显现。因而有生灭，有始终，并且缘起幻空，无有自性，遑论成为价值的根源。因此马将性排除在缘起的范围之外，更类似于具有

---

① 王守仁：《传习录》上，载《王阳明全集》，上海古籍出版社1992年版，第24页。

永恒存在和成佛依据等性质的真如本体。这种由佛性转化而来的人性，经过马一浮的诠释，显得神妙无端，难以揣测："此性不落迷悟，无有高下。故执悟者成迷，好高者见下，说禅者是俗，真见道者一切平常，不惊不怖。"（二，492）

从思维方式看，马主要接受了《大乘起信论》"一心二门"的观点，将情、气纳入生灭门，将性、理纳入真如门，使性、理获得与真如本体相同的永恒性质和价值内涵。这不仅构成了其心性论的主要理论层次，而且与熊十力的观点拉开了距离。据乌以风先生记载：他在阅读熊十力《尊闻录》时，对其中的"创性成能"之说发生了困惑，因此请教马一浮。马肯定了"成能"，却否定了"创性"。因为"性本现成，未尝亏欠，增减不得，又岂能创耶？"（三，1137）当性的本体存在获得合法性时，他将目光指向了人性中最重要的价值判断：性，是善还是恶？

（三）性之善恶

人性善恶之辩贯穿于儒学发展史的始终，孔子言"性相近，习相远"，首次区分了性、习，而未明确性之道德属性。孟子首揭性善论，认为"君子所性，仁义礼智根于心"（《孟子·尽心上》）。并以心性的连贯沟通为根据指出心善即性善。他肯定了人生而具有趋善的先天道德本性，通过扩充四端而使性善从潜存转化为现实。至于后天所产生的恶行，则是人不能"尽其才"，在外界因素的影响下，良知良能有所放失而未自作主宰，从而中断了善的外趋推展的进程。荀子在与告子的辩难中则提出"性恶论"，明确"人之性恶，其善者伪也"（《荀子·性恶》），认定人的自然本性是恶的，只是通过社会教育、风俗熏陶、环境影响而使心灵获得净化，培养起道德意识和善良品格。但二者都未能从理论上解决性之先天道德判断与后天道德现实的矛盾。所以汉唐出现了将性善论和性恶论加以综合而构造"性善恶混杂论"，代表有董仲舒的性三品说，韩愈的性情三品说，将人性简单区分为善、恶、可善可恶三种。这种解释仍然是不能令人满意的。

只有到北宋张载提出天地之性与气质之性的划分，以前者为人性先天至善的依据，以后者为现实人性可善可恶的根据，这个问题才获得了初步解决。"形而后有气质之性，善反之则天地之性存焉。故气质之性，君子有弗性者焉。"① 气质之性不是性，所以可通由道德修养和践履而变化气质，恢复本来至善的天地之性。

马一浮以张载的观点为基础，梳理了先秦各家的人性理论，他指出孔子的性是兼天地之性（又称义理之性）和气质之性而言；孟子单拈出天地之性，所以说性善，连气质都无有不善；荀子重人为，重学习，"蔽于修而不知性"（三，1191），只言气质之性，所以主性恶，强调人各有偏正，需要通过学习以完复其本然之性。因此，马指出首先必须仔细辨明区分天地之性和气质之性，例如陈淳曾喻天地之性如泉水，发端于山涧，水体清明，流经田野，则渗入泥沙，遂致混浊。如能下一番功夫，将泥沙滤净，复使水体清明，这即是古人所谓的变化气质。气质不善的，变化他使其为善；善的则扩充他，不致于流失。至于天地之性，本来至善，既无须变化，亦不能变化。"义理之性无有不善，气质之性有善有恶，善者为义理之显现，不善者为义理之障蔽。然义理之性虽有隐现，并无增减。"（三，1134）其次，马一浮更看重的是学者如何体会自己气质之性中的偏胜和缺失，使善的因素得以扩充，不善的因素得以矫正克服，在日常生活为人处世中履真实，得受用。

二　性与习

由于人的思想及行为（尤其是烦恼）经常生起，熏习于人心而表现出来的习惯、气分、习性、余习、残气等，称为习气，简称习。

---

① 张载：《正蒙·诚明》，载《张载集》，中华书局 1978 年版，第 23 页。

马沿着孔子"性"与"习"并立的思路进行拓展，认为"性无有不是处，习气则无有是处"（三，1051），因此一切修养功夫都是围绕复性怯习而展开的。而习是由外缘客感而蔽障心性清明的不良习惯等因素，如果个人为习气缠缚，则心性迷失；整个社会为习气所笼罩，则精神迷茫；若是文化亦为习气左右，则该种文化即有危机。

就个人修养层面看，马指出"人我之间，本无间隔，但习气差别万殊，浅深不同，卒难与除"（二，847），"性为人所同具，是公共之物；习为后天所起，则人各不同。又曰：性是真常，习是虚幻，真常不变，虚幻则随时可以变易。"（三，1150）只要存在丝毫习蔽，必然会执着一端，此时心便小了，天理不得流行，性情不能得其正。那么如何破除习气呢？马先拈出"以习破习，还去得尽否"作为话头，与诸友参究。多数人不能领会，有人答以净习去不净习。马一浮指出："以习去习，终去不尽，惟有见性，然后习除。"（三，1140）这里可以分疏出三层意思：其一，习是因外界环境的影响而生起的，任何来自外部的干预都无法根除旧习，反而可能生成新习，这就否定了从外在的方面解决心性问题的可能性；其二，从内在方面看，只有切己体究，实下修证，将自性本具六艺之理显发出来，才能彻底铲尽习气，当然在此过程中，读书讲论等可以发挥助缘的功用；其三，之所以见性即能破习，是因为马秉持"性习不二"的思想，认为习是变易，性是不易，从变易中见不易，一旦习气消尽，便全体是性，成就圣贤。马还以"拨灰见火"临机施设，说明人的性理为习气所埋没，好像炭火常埋没在炉灰里面，拨灰然后火出，破习然后性见。所以学者要具备破习功夫，方谈得上见性（三，1127）。

就社会现实观察，马指出社会上存在着浓重的耽于习而忽于性的风气，例如大都热衷于研究政治、法律等社会问题，却对自己的心性置而不论，不加过问，从而造成形上境界的缺失。从成因看，一方面，这和现行的教育体制是有密切关联的，学校已经成为习气的大窠臼，在其中教育培养的学生很难摆脱习气缠缚；另一方面，也存在着历史原因，先秦法家制定刑律，以为是天下之公意，其实是私意造作，在习气中创设拟制出来的，与人的本性往往背道而驰，所以不能持久，但不良影响却一直沿续至今。

就文化层面言，他认为深深陷入危机的不是东方文化，而是西方文化。西方文化不仅是片面的问题，而且更是本性的疏离，"东方文化是率性，西方文化是循习"（三，1150），成为马对东西文化的基本判断。据此，他认为梁漱溟在《东西文化及其哲学》中提出的中印西文化三路向说，只是安排形迹，非根本之谈。在各流派中，对于西方哲学中经验论和唯理论思潮，认为前者只说到习，后者只说到种子，二者对义理之性，皆未见到。

三　性与情

马一浮的心性论认为性和理是一致的，来源于共同的义理基础。"性理决定是同然的"（三，1126），之所以有名言诠表的不同，是因为它们所言说的角度差异，从人说是性，从天说是理，"仁是天理，亦是人性。人之性即天之理"（一，613）。古人只说性即理，天即理，其实也可以说性即天，实质是相通的。因为天在马看来并非指自然之天，而是义理之天，此天不离自心，天理即是自性所具之理，离性则无天，从而为进一步讨论性、情关系准备了条件。

首先，性、情为心之体用，此观点来自朱熹，朱认为"性是体，情是用。'心'字只一个字母，故'性'、'情'字皆从'心'"。[1] 性是从心的形而上的超越层面而言的，情是从心的形而下的作用层面而言的。作为普遍原则的性有待于情感活动而展现

---

① 朱熹：《朱子语类》第一册，中华书局1986年版，第91页。

出来。

> 性即心之体，情乃心之用。离体无用，故离性无情。情之
> 有不善者，乃是用上差忒也，若用处不差，当体即是性，何处
> 更觅一性？凡言说思辩皆用也，若无心，安有是？若无差忒，
> 安用学？将心觅心，转说转远。（一，572）

其次，性、情为心之动静。性是本体，所以寂然不动；情是性
之所发，故随感而应。"一心之中自有动静，静者性也，动者情
也。"① 气作为心的知觉运动，也即是情。"气顺性为善，气悖性则
为恶。"（三，1149）

就善恶言，作为性的发用在本原上应该是善的，而且以情之善
论证性之善，也是孟子以来的逻辑路线。但由于情须感于物而动，
那么必然通过气而获得实现，因此包含着不善的可能因素。"性为
纯理，无有不善，情杂气质，有善有不善。气顺性为善，气悖性则
为恶。"（三，1149）这样就从修养论的层面推展出两条路线：一
曰性其情，一曰情其性。他通过对程伊川《颜子所好何学论》的
解释作了具体发挥：性其情者，"情皆顺性，则摄用归体，全体起
用，全情是性，全气是理矣"（一，65）。确保情感活动发而皆中
节，喜怒哀乐无不是自心义理之发显，才谈得上如此境地，远甚于
喜怒不形于色之对情感的压迫和强制。马一浮先生的大姊病故，恸
哭哀极，每与人言，皆悲戚异常。熊十力认为马举动太过，未能免
俗，但马一浮与学生言及此事时，从"性其情"作了辩解，指出
人遭遇亲人殁丧而恸哭，是本性的自然流露，不涉及利害计较之
心。所谓的俗或不俗，过或不过，还都是情识上的事，源于分别计
较。庄子在妻子逝世时，鼓盆而歌示以达观，相比之下，颜渊死，

---

① 朱熹：《朱子语类》第七册，中华书局 1986 年版，第 2513 页。

孔子大恸，却不自知其恸，可见"庄生之不哭，乃是硬把持，孔子之恸，乃是性情之正"（三，1173）。陈独秀作为新文化运动的领袖，打倒旧道德，非忠非孝，轰动一时，但陈在继母逝世时，却尽哀尽礼，出于至诚。马对此评论道，是他本心天理发露了。可见陈独秀以前种种标新立异言论全是知见，本心未尝息灭。情其性者，"性既随情，则全真起妄，举体成迷，唯是以气用事，而天理有所不行矣"（一，66）。凡众大都随情，而不能率性，此种道德现状要求识取自性，从视听言动等入手，以礼规范节度，转迷成悟，全气是理，归于"性其情"的境界。

四　心统性情

孟子首言心与性关系，认为"尽其心者，知其性也；知其性，则知天矣"（《孟子·尽心上》），指出仁义礼智之性根于心，是人生来固有的天赋之性。董仲舒说"心有哀乐喜怒"，"心有计虑"。哀乐喜怒是情，计虑是知，心兼含情知，心有主宰情欲的能力。张载继承并发展了前人的思想，在哲学史上第一次以哲学命题的形式提出了"心统性情"的观点。"心统性情者也。有形则有体，有性则有情。发于性则见于情，发于情则见于色，以类而应也。"① 认为人心中既含有先天的天地之性即纯粹善性，又含有后天形成的气质之性，它发而为"喜怒哀惧爱恶欲"即七情六欲，因此有善有恶。心统性情，意味着性和情都囊括于一心之中。同时，人心不但包含性与情，而且具有统驭性与情的能力，即知觉的能力。"合性与知觉，有心之名"②。人心能够通过知觉的功能分辨善恶，从而存善去恶。朱熹对此倍加推崇，认为"性对情言，心对性情言。今如此是性，动处是情，主宰是心。横渠云'心统性情者也'，此

---

① 张载：《性理拾遗》，载《张载集》，中华书局 1978 年版，第 374 页。
② 张载：《正蒙·太和》，载《张载集》，中华书局 1978 年版，第 9 页。

语极佳"①。并从体用关系上加以发挥，强调心有体有用，心之体是性，心之用是情，性情皆由一心发出。这样，人心能够驾驭、主宰性与情，能够存心养性，以性统情，以理制欲。

马一浮在对张载"心统性情"命题继承的同时还伴随着对《大乘起信论》"一心二门"思想的吸收。《大乘起信论》的作者及时代尚有争议，但这并不妨碍其成为后世影响甚大的佛学经典，其理论总纲是"一心二门"：

> 依一心有二种门。云何为二？一者心真如门，二者心生灭门。是二种门皆各总摄一切法。此义云何？以是二门不相离故。心真如者即是一法界大总相法门体。所谓心性不生不灭。一切诸法唯依妄念而有差别，若离心念，则无一切境界之相。是故一切法从本已来，离言说相，离名字相，离心缘相，毕竟平等，无有变异，不可破坏，唯是一心，故名真如。②

一心即宇宙之心，指世间和出世间一切物质和精神现象的总和与内在本质以及众生本来具备的成佛依据。对它的分析可以从实体与缘起两个维度展开，区分为心真如门和心生灭门。心真如门显示了心作为宇宙万性的本原具有无量功德，蕴藏无限创因，自身却非生非灭，非染非净，无差别相，真实恒常。心生灭门属于世界的现象层次，变现为真如本体的相，自身因缘生灭，变动不息。

马一浮指出："要知《起信论》一心二门方是横渠本旨。性是心真如门，情是心生灭门。"（一，560）其中心体即真如，离心无有性，所以称为唯一真如。对"情是心生灭门"而言，又分觉和不觉义。"随顺真如，元无不觉，即是性其情；随顺无明，乃成不

---

① 朱熹：《张子语录·后录下》，载《张载集》，中华书局1978年版，第338页。
② 高振农：《大乘起信论校释》，中华书局1992年版，第16—17页。

觉，即是情其性。"（一，571）犹如全水是波，全波是水，觉体相与不觉体相皆为一心所生起。此处以水喻性，以波喻情，意在阐明"发而中节，则全情是性；颠倒错乱，则全性是情"（三，967）。

综上所述，马一浮依据佛学义理的诠解，使张载的"心统性情"命题摆脱了理学与心学对峙相斥的思想格局，较为全面地整合了宋明理学的心性学说。

其次，在这个佛学解释化的过程中，还进一步吸收了佛教心性论，以"一心二门"榫合"心统性情"，进行理论对接的结果是开阔了传统儒学的视野，在新的历史条件下完成了儒佛心性论的近代融通。

最后，"心统性情"与"心兼理气"一样构成马一浮心性论互诠互补的逻辑架构，讨论了文化哲学中心性价值及其实现的问题，兼具理论的包容性和体系的开放性，担负了大量传统心性内容，其中值得注意的是他对心物关系的探讨。

第三节　心外无物

马一浮接受心学"心外无物"的传统命题，力图消解理学与心学的内在紧张，进一步深化其心性学说的理论推展。

一　释"物"

在对于《大学》中"致知在格物"的理解上，同样形成了理学与心学的分歧。朱熹从理学立场认为："格，至也。物，犹事也。穷至事物之理，欲其极处无不到也。"[1] 又言："所谓致知在格物者，言欲致吾之知，在即物而穷其理也。"[2] 马一浮指出，朱熹

---

① 朱熹：《大学章句》，载《四书集注》，岳麓书社 1987 年版，第 6 页。
② 同上书，第 11 页。

释"格物"为穷至事物之理,"致知"为推极吾心之知。从认识论看,认识既然是对此理的认识,而认识又是存在于主体(心)之中,那么"理"作为认识对象必然处在主客体所形成的认知关系中,为主体所把握、映射和反映,自然不能认理为外,亦即认知关系之外。王阳明从心学角度提出:"意之所用,必有其物,物即事也。……凡意之所用无有无物者,有是意即有是物,无是意即无是物矣。物非意之用乎?"① 所以"物"并不是脱离主体的客观存在,而是与主体活动相关联的,由意识所构建起来的对象,呈现为诸如事亲、治民、读书、听讼等具有社会性的事件。阳明又言:"知善知恶是良知,为善去恶是格物。"② 既然良知自知善恶,那么必然要经历"为善去恶"的功夫实践,在人伦日用、社会活动等"事上磨炼",才能复良知本然之至善。

马一浮进一步认为,阳明所揭橥的"心外无物"与"意之所在便是物"中的"物"亦有分别,实际上儒家所讲的"物",即是事,相当于佛教的"万法",不是今人袭用西学而来的"物质"概念。对"意之所在便是物"来说,"物"是心由于具体外境牵引影响而生起的意念,因而是特殊意义上的指称;对"心外无物"而言,"物"是就心之本体上说的,表现为普遍意义上的指称,但二者皆与心的活动交织渗透在一起。马指出理学和心学的基本观点本质上是一致的,即理、物皆在心内:"只为从来学者,都被一个'物'字所碍,错认物为外,因而再误,复认理为外。"(一,111)其实"物者是心所生,即心之象。汝若无心,安得有物?"(一,436),马以"心"规定"物",使"物"成为主体意识所把握和

---

① 王守仁:《传习录》中,载《王阳明全集》,上海古籍出版社 1992 年版,第 47 页。

② 王守仁:《传习录》下,载《王阳明全集》,上海古籍出版社 1992 年版,第 117 页。

观照的对象，从客观之本然存在进入主体的意义世界，从而"致知、格物实是一事，天下、国、家、身、心皆是物。在物为理，在心为知，心外无物，不可打成两橛"。（三，1117）

二　性外无事

马一浮十分重视陆九渊所提出的"宇宙内事即吾性分内事，吾性分内事即宇宙内事"的观点，认为其"简要可思"。所以他首先展开性分之辩，肯定"分即是性"的命题。所谓分，指本分，也即人所应当认识和追求的范围与限度。人若能尽其本分，可以说完成其天性："知其所当止，乃是知性知分，则知尽其所当尽矣。"（一，558）从理事角度分析，分是就事相言，性是纯就理言，理事不二，只有深探义理，才能知分，所以二者是统一的关系。他批评了现代人只顾追逐"分"外之事，忽略了"分"内之事，必然造成自心义理的遮蔽。"故不明自己性分。而徒以观物为能，万变仿陈于前，众惑交蔽于内，以影响揣度之谈。而自谓发天地万物之秘，执吝既锢，封蔀益深，未见其有当也。"（一，517）

他还进一步追究了性分不明的认识根源：

> 不知分者，由于不知性也。分即是性，离性岂别有分？今人只是求分外事，何尝知有分内事？故无一而可安，只缘不曾尽心知性耳。知性则知分矣，未到知性，唤甚么作分？（一，515）

人只有做到"尽心知性"，充分了解自身的性，方能确定自己行为和追求的范围与限度，方能使之真正满足自性的需要。

其次，"宇宙内事"与"吾性分内事"是贯通的，皆是一事。他针对时人运用西方哲学方法进行研究，从而造成"心外别有乾坤"的困境，指出：

今时学者每以某种事物为研究之对象，好言'解决问题'，'探求真理'，未尝不用思力，然不知为性分内事，是以宇宙人生为外也。自其研究对象言之，则己亦外也。彼此相消，无主可得，而每矜为创获，岂非虚妄之中更增虚妄？（一，114）

再次，"性外无事"作为"性分内事"的强势表达，突出了性与事的本质关联，加强了主体意识的能动作用和自觉精神。"今之所谓事者，皆受之于人，若无与于己。然古之所谓事者，皆就己言，自一身而推之天下，皆己事也。故曰己外无物。圣人无己，靡所不己。宇宙内事，即吾性分内事。凡言事者，皆尽己之事也。性即理也，理事不二，理外无事，亦即性外无事"（一，344），"天下无性外之理，亦无性外之事"（一，372）。

既知"性外无事"，凡事皆是分内事，必当竭力而行，尽其本分，马一浮以不惜卖字惨淡刻书说明承续圣贤血脉是己分内事，应勇猛精进："天下事只要人肯做，莫非性分内所有，亦即性分内所当为。"（一，566）

三　心外无物

已知"性是心之体"，又知物以事训，那么从"性外无事"到"心外无物"便是逻辑的必然了。从性、事关系转换为心、物关系，尽管所指是同，但在表述上由于借助于传统儒学思想和佛教义理的诠解而体现为不同的论述风格。

一方面，他以传统易学思想资源来提供"心外无物"的证明。在《复性书院讲录》中，他指出：

太极以象一心，八卦以象万物。"心外无物"，故曰"阴阳一太极也"。（一，427－428）

> 夫天下之至赜至动者非心乎？心外无物，凡物之赜、动皆
> 心为之也。心本象太极，当其寂然，唯是一理，无象可得。动
> 而后分阴阳，斯命之曰气，而理即行乎其中，故曰一阴一阳之
> 谓道。（一，432）

马一浮认为《易传》中太极与八卦的关系也象征着一心与万
物的关系，宇宙万物无非是太极之阴阳变化，亦无非是一心之动静
体用。其"物之赜、动皆心为之也"并非是否定物质的客观存在
及其运动形式，而是强调物的客观存在不离人的主体把握，换言
之，物质运动只有通过思维活动的分析、综合、推论才能被概括和
反映，从而呈现为思维中的概念。在这个意义上，"心外无物"即
是物不离心，离心无物，心物不二。
　　另一方面，在心物关系上，同样体现出浓厚的以佛解儒的论证
风格，主要是通过"诸法实相"等思想的关联而获得证明。他在
解释《说卦》时指出：

> "帝出乎震……"，下又言"万物出乎震"，何也？帝者，
> 心也。物者，法也。帝出则物出，犹言心生则法生也。上言心
> 而下言物，心外无物，断可识矣。（一，444）

通过释帝为心，得出"万物出乎震"即是万物出乎心，并用佛教
的"心生则法生"给予诠释，最终归结为"心外无物"。实际上马
更倾向于用渗透大量佛学因素的"三易"解释框架去论述心物
关系：

> 世人迷执心外有物，故见物而不见心，不知物者是心所
> 生，即心之象，汝若无心，安得有物？或若难言"人死无知，
> 是心已灭而物现在"，此人双堕断、常二过，心灭是断，物在

是常。不知心本无常，物亦不住。前念灭已，后念续生，方死方生，岂待命断？是汝妄心自为起灭。智者观之，一切诸法以缘生，故皆是无常，是名变易。而汝真心能照诸缘，不从缘有，灵光独耀，迥脱根尘，缘起不生，缘离不灭，诸无常法于中显现，犹如明镜，物来即照，物去仍存，是名不易。离此不易之心，亦无一切变易之物。喻如无镜，象亦不生。是知变易故非常，不易故非断，非常非断。简易明矣。（一，436）

马一浮从无心即无物的立场出发，破斥断、常二见，指出如认心可以死灭，即是断见；视外物为永恒实在，即是常见。对妄心而言，原本无常，前念则过，后念又生，并非在生命终结时才表现为无常；对外物而言，一切诸法，皆是因缘和合所生，缘起为生，缘离则灭，更无恒在。综合二者，恰恰体现了《周易》中之"变易"的意蕴。而真心由于不因缘而生，不落生死，像明镜一般，物来则映射，物去镜仍存，体现出的不依赖外部条件而独立自在的特点亦符合"不易"的特点。一切诸法须借助于镜方能显现，同样，处于变动不居中的一切事象亦须依赖恒常的真心，"变易"是对妄心外物恒常的否定，"不易"是对真心断灭的否定，故把握了非断非常的关系即是"简易"。

所以心外无法，心外无物，宇宙万物皆是一心之全体大用。"是心能出一切法，是心遍摄一切法，是心即是一切法。"（一，488）

四　与物同体

与物同体的反命题是人物对待，马一浮指出这必然会造成主客体的疏离，庄子和邵雍也在此问题上发生了冲突。

邵语本出《庄子》"物物而不物于物"，谓因物付物，则不为物累耳。庄语无病，邵语却有病，病在"我为物之人"，"物之物"上。如此则人物总成对待去。须知心外无物，自心取自心，非幻成幻法。谓物为人役，人为物役者，只是在人物对待上著倒耳。石头云："回而更相涉，不尔依位住。"人住人位，物住物位，二法不相到，何取之有？孟子所谓"思则得之"者，此也。程子意是如此，人还他人，物还他物，不须说迭为主客，故谓"亦不消如此说"也。（一，576—577）

邵雍的原文是"能物物，则我为物之人也。不能物物，则我为物之物也"，马指出这种提法实际上割裂了人与物原本统一的关系，制造人与物的对立，强分主客是妄心之取舍。二程曾批评道："亦不消如此，人自人，物自物，道理甚分明。"从马一浮的观点看，"心外无物"的另一重意蕴就是不在于否定外物的实存，而在于取消人与物的主客对待，从而形成天地万物一体的内在统一。马在解释《周易》"大人者与天地合其德"时指出：

　　即是以天地为身，明明德于天下。天下即是身，岂复有物我之间？吾尝谓：尽己必尽物，以己外无物也；知性必知天，以性外无天也。圣人无己，靡所不己，故天地万物为一体，此实理也。（一，548）
　　会万物为自己者，乃与天地同其大矣。（一，469）

"以天地为身"意味着心性义理的无限扩充，至此境界，自然泯灭物我差别，但即便未臻此域，亦应视天地万物为一体，方能向内返求，由己尽物，由性知天，圣人摆脱了个体形骸的束缚和私心名利的计较（无己），从而会天地为一体，融宇宙万物为大我，处处打上强烈丰沛的主体印记（靡所不己）。

如果说"心兼理气、统性情"建立了心性论的基本框架，"心外无物"则排斥了任何可能迷失心体的外在因素，使物不离心，万物一体，那么剩下的就是修证本体的漫漫朝圣之旅了。

第四节　本体与功夫

一　本体、功夫与效验

西方哲学中的本体概念是指现象界之后的宇宙本根和终极实体，通过理性的认知和推理获得对本体的确定，并逐步推衍出认识论等理论层面。中国哲学中的本体概念不同于西学，它虽有宇宙论的含义，但亦有心性论的界说，在与功夫相对应的诠释系统中，更多地指向通由修行实践而证验到的心性本然。本体具有先天性和普遍性，它不是既成的存在，逻辑上的先在只有经过后天的修证才能得到展示，检验、确认其真实性和可靠性。

在中国哲学发展史中，曾经有许多不同的关于本体的称谓，马一浮认为这种看似不同甚至截然相反的能指背后都显示了相同的所指——本体，只是由于各人修证程度的深浅、体验境界的差别而造成命名的歧异。在这个意义上，程朱所指认的"天理"和阳明所揭示的"良知"，在马看来，实际上都是对同一心性本体——六艺之道的不同表述。

对本体的追寻必然生发出功夫的路线和阶次，功夫是证验本体的必然之途，在某种程度上甚至直接决定了本体的显露与否和真伪与否。清代大儒李二曲认为："有功夫才有本体"，"有真功夫才有真本体"。指明了功夫对本体所具有的重大意义。马亦十分重视功夫的实修实证，认为："此理（本体——引者注）粲然，常在目前，触处即是。但说取一尺，不如行取一寸。"（一，555）"日用间随处自己勘验，方是功夫。"（一，558）他自认所讲论的只是教人真参实悟，识取自家心性义理之真正本体，而且他常以自己的修证体验为例，以资证明。当然，诸家功夫会有不同的特点和侧重，例如马指出涵养、察识都是就功夫而言的，但在程朱则强调涵养，在陆王则突出察识，最终的归宿都是对本体的证验。

本体与功夫是一个双向互动的关系：如果执著于功夫，而忽略了明心性为归，则功夫亦是枉然；反过来说，孜孜以求本体，而缺乏功夫的实修实证，那么就流于空疏。所以既要修此本体之功夫，又要证此功夫之本体。二者若以性修来诠释，则"全性起修，即本体即功夫；全修在性，即功夫即本体"（一，121）。不离本体的功夫包括不同的形式，在其展开中亦呈现出阶段性和层次性的特点，本体也不断向主体敞明其意义，获得境界的提升和认识的觉悟，从本体说功夫，可以认为本体范导了功夫的取向和路线，"即本体即功夫"；本体在功夫展开之前，尚为可能性存在，只有在切己深入的修证实践过程中，本体才获得其真实的依凭，由可能性转变为现实性，进而生成具体而丰富的内容意义。在这个意义上，黄宗羲提出："心无本体，工夫所至，即是本体。"①

马一浮举例说周敦颐主静，即是本体，程伊川主敬，即是功夫；阳明倡良知学说，良知是本体，致便是功夫；在日常生活中，学问即是功夫，德性乃是本体。但通常的认识误区是将这同一过程的两个方面理解为两个阶段，从而使本体与功夫陷入了隔绝，张载在这方面就犯了类似的理论错误。马批评道："横渠以自诚明为先尽性后穷理，自明诚为先穷理后尽性。如此则穷理尽性分为两事。"（一，574）

除本体、功夫而外，还存在着对人生的受用这一层面，即效验。在由功夫而本体，即本体即功夫的双向互动过程中，人的身心皆发生了重大的变化和改善，体现为人格力量的充沛完满（醇儒气象），为人处世的历练通达（自作主宰），人际关系的协调融洽

---

① 黄宗羲：《黄梨洲先生原序》，载《明儒学案》（上），中华书局1985年版，第9页。

（自然和乐），发为事功的显赫昭著（尧舜事业）等。效验是切己修证实践后对人所发生的效果，因此效验从功夫中来，根据六艺分判，二者是礼与乐的关系。马认为："学者须下功夫，乃有受用。功夫即礼，受用即乐也。"（三，1122）作为功夫的礼是履之意，指在伦常日用中实在践履，对身心切实产生影响。但由于对效验受用的刻意追求和过度攀缘又可能导致急功近利的偏向，造成对功夫的忽略和贬斥。针对这一问题，马指出："学者大病，只是学来要用，一心只在用上，末稍便流入功利去。"（一，672）所谓的"学以致用"，乃是实证实修的自然之效。俟其学养有素，则事至物来，自然有所思所行的法则和标准，毋须计较安排。圣贤品格和醇儒气象说到底是力到功深的自然结果，所以"圣人之学无他，只是气质清明，义理昭著，逢缘遇境，一切时皆作得主，不被他人惑乱耳"（一，726），"足于己自无慕于外，存诸己者熟，斯见于事必当，及于人必广，不徒自心受用而已也"（一，727）。必须立志坚定，经得起名利引诱，不为所惑，才能不致退转，有真实受用。于"一切时、一切处能作得主宰，不被物转，不被境迁，方有受用"（一，728）。

马　浮认为六艺作为儒家思想的精粹实与人的身心密切相关，而典章制度、名物训诂徒增博闻，却与身心无涉。因此，他在复性书院宣讲六经大义，即在于教诲诸生能在阅读先儒经典时，细心体验，引归自己，便有真实受用。由此，他劝告那些涉猎广泛、发心立说的人："先求之经术，俟蓄养深醇，然后发为著述，见诸行事，规模自然不同。"（二，934）实际上，在《论语》中子张学干禄，孔子告之以"多闻阙疑，慎言其余，则寡尤。多见阙殆，慎行其余，则寡悔"（《论语·子张》），即道出了受用的精义。马指出禄是福，即受用之谓，意同《诗经》"岂弟君子，干禄岂弟"，这样干禄就是求受用。从孔子对子张的教诲可见，子张是多见多闻之人，若专注于见闻之博，于义理本身并无体会，见闻愈多，则疑殆愈甚，疑殆愈甚，则迷惑愈甚，孔子之言恰是对症下药，去其闻见之偏，得其真实受用。

他还以"忠信笃敬"和"沉著痛快"对功夫和效验作具体的说明："'忠信'四字，于功夫见本体；'沉著'四字，于效验见功夫。"（一，567）从功夫言，更无一毫不尽，才是忠；更无一毫不实，才是信；真积力久，无一息间断，才是笃；精严缜密，无一线走作，才是敬。从效验看，沉者如巨石落水，块块到底；著者如好手发箭，箭箭中的；痛者如吃棒受刃，透骨彻心；快者如痼疾新除，久渴得饮，脉畅筋舒，神清气爽。（一，566—567）

二　功夫分别

林继平先生从功夫论入手，认为儒、释、道三家皆存在着大致相同的修证功夫线索，例如孟子的"养气"、"集义"，理学家们半日讲学，半日静坐；道家的"涤除玄览"、"心斋"、"坐忘"；佛教的止观定慧，禅宗的"破三关"等。他依据文字资料和切己修证，厘清由功夫而本体的理境层次①。台湾学者对功夫论的重视和研究是令人深思的。因为在本体—功夫—效验的路线中，功夫一方面显证本体，实现从潜在的可能性到实存的现实性地跃升；另一方面，又对人的身心发生影响，变化气质，构成了重要的修证环节。尽管我们尚不能从心理学、预防医学、伦理学、气功科学等处获得对此的满意解答，但并不能就据此判定其神秘和迷信，否定其对人的身心生活的意义和价值。

马一浮十分强调功夫的作用，为学者分别出四种主要功夫类型，作为登堂入室的门径。

（一）博约功夫

博约源自《论语》的"博学于文"与"约之以礼"。在孔子

---

① 参见林继平《禅学探微十讲》，台北兰台出版社2002年版。

看来，前者是关于典章制度、名物史实的学习，后者是对于礼仪节文和道德准则的践履，二者分属于知和行。王阳明从"知行合一"的立场认为，博学是从先儒经典中发现自性，学存天理，仍然是道德实践的一种方式。在六艺的思想架构中，马视博文、约礼同为对六艺之道的功夫实践，指出："博约是功夫，博则欲其遍通，约则令其收敛。博文是知见欲其正，约礼则是践履欲其实也。"（一，506）他特意说明博、约不可简单地理解为形容词，而应作为动词，表现为贯注主体意志的修证实践。由博、约又划分引导出两种不同趋向的功夫：博是欲其遍通，意在存养扩充，故为集义、养气功夫；约是收敛聚摄，克尽己私，而成主敬、克己功夫。

　　（二）集义功夫

　　"集义"是孟子提出的重要概念。在与公孙丑问答中，他指出告子和自己都达到"不动心"的精神境界，甚至告子还要早些，形式上的相同（不动心）并不能掩盖内容上的差异，尤其是通过"集义"而"养气"的功夫路径上的分歧。朱熹对"集义"的解释是"犹言集善，盖欲事事皆合于义也"，"无所愧怍，而此气自然发生于中"[1]。马一浮指出"集义"并不仅是善言善行的简单积加，而应当是六艺之理的豁显和发用："义者，吾心本具之之理。使此理在日用伦常之间常常显发，便是集。积累既久，则义理便生生不已。"（三，1168）

　　当崇高庄严的正义感充溢人的身心时，便会生发出内在精神的昂扬与挺立，转化为主体意志的力度和强度，孟子称之为"浩然之气"。养气须用集义功夫，但并非气外另有道义，而是气即行此道义，集义则此气日充，不集义便逐渐消减。孟子通由"集义"以"养气"而臻于"不动心"，告子则只在"不动心"上用功，王阳明曾经就此作了辨析："孟子不论心之动与不动，只是集义，

---

　　① 朱熹：《公孙丑章句》上，载《四书集注》，岳麓书社1987年版，第334页。

所行无不是义，此心自然无可动处。若告子只要此心不动，便是把捉此心，将他生生不息之根反阻挠了。"① 告子强制"不动心"的办法对义理不仅无益，反而有害，儒家欣赏的方案是动静皆能"不动心"。有学生因心绪不宁以问，马指出这是养气功夫未到，心志易为外物所移。"养气然后能不动心，气不养则易暴，暴则动其心而不能自主。故善养气者，其心宁定，不为外物所挠。静时定，动时亦定；无事时定，有事时亦定；闲居时定，应大众时亦定。至动静、闲忙、劳逸、大小一如时，方见工夫。"（三，1144）

博文自然不能离开读书，马一浮指出读书穷理不仅是养气第一法门，也即是孟子的集义功夫。所以他在书院对此十分重视，宣讲读书之法，开示读书之目，认为从儒书、佛典皆可入门，只要痛下一番功夫，引来自勘，对治病痛，识得义理，"自能具眼，知所抉择，更无余疑，直下受用"（一，528）。

（三）克己功夫

孔子曾言"古之学者为己，今之学者为人"，提出了学习的目的到底是依附于功利的实现、欲望的满足，还是求取自我人格的发展与完善的问题。这个问题之所以重要并成为功课之一，是因为私己制造了天人合一世界中物与我的对立，从而导致了宇宙万物与主体心灵的疏离，这样就需要克除己私，摒却矜心：

> 故学者功夫，第一在去我见，即先圣所谓克己工夫。（三，1182）
> 故学者用力，要在克己。克己便是去蔽工夫，蔽去自能复其初矣。须知情、识、知、见，俱属私蔽。情识属先天，是思惑；知解则由习染而来，是见惑。有人能忘情而不能去知，亦

---

① 王守仁：《传习录》下，载《王阳明全集》，上海古籍出版社1992年版，第107页。

有人能去知而不能忘情，二者相参，如胶入漆，若不痛下一番功夫，难得剿绝。（三，1136）

"克己"是从主体的规范角度而言，表现为一个由难而易的渐修过程，关键在于切实用力，亲身历验；而"敬"是从主体的自觉角度而言的，在主体精神高度凝聚中去尽己私，所以"克己"必须"主敬"。马一浮以儒佛互证的方式在与弟子的书信中作了进一步阐发："孔门'克己复礼'，即释氏'转识成智'也。非彻证二空，不名克己。……贤能于'敬'字下功夫，此便是入三摩地第一妙门。但得本，莫愁末。"（一，530—531）"敬"贯穿着功夫修证的全过程，起着提领和指导的意志作用。"敬则身心收敛，心收敛则有主宰，有主宰则气始有统摄而不致散漫，气不涣散则神志清明，始可以穷理。"（三，1157）"敬"不仅是功夫的实践，而且是人格的分野："圣狂之分系乎一念之敬肆，一念而敬便是圣，一念而肆便是狂。"（三，1190）

"集义"和"克己"体现为从博、约两方面对主体的修证要求，但任何修证都非一蹴而就，需要忘我的精神和持久的努力，没有坚定的信念和恒心是不可能的。因此，马特别强调了日新功夫的必然性与重要性。

（四）日新功夫

"日新"出自汤之《盘铭》"苟日新，日日新，又日新"，《大学》引用之，以为大学之道的重要内容。在马一浮看来，"日新"指在伦常日用中持续践履，复其本体的修证功夫。它具有主客观两方面的前提条件：一方面，道在日用间，于一切时、一切处无乎不在，所以才有"日新"的可能性；另一方面，主体应挺立道德自我，以坚强的意志和毅力随时勘验、随处用力，方能日进于高明之境。"如物不格者而今格，日新之工也；知不致者而今致，日新之工也；未能尽分者而今能尽，日新之工也。盖真能迁善改过，无一非日新之工，只患人不能真迁善改过耳。有日新工夫，则习蔽渐渐消除，心之本体渐渐显露矣。"（三，1144）伴随着心体显露，人的身心气质亦发生重大的改变。

心性论意义上的气质是由张载展开的："形而后有气质之性，善反之则天地之性存焉。"[1] 气质作为人与生俱来的自然属性，容易受染污，致昏蔽，必须在人类社会环境中得到转化和发展，最终获得天地之性的本体意义。对于现实人性发展的具体意义在于，对气质不善的，变化之可使为善；善的则扩充他，不致流于不善。变化气质的途径很多，如作诗写字等艺术熏陶，不拘形式，贵在持久，"不但读书穷理，即日用间一机一境，一事一物，何莫非用力之地。古人所以得力，为其事事不放过，用力既久，自然触着磕着有个悟处"（一，569）。

以上从心兼理气、心统性情、心外无物、本体与功夫等方面介绍了马一浮的心性论思想，从中可以看出，其关于心性的阐述是围绕文化哲学的建构而展开的：

第一，心性学说是马一浮文化哲学的理论基础，也是贯通其哲学体系诸层面的核心与纽带。其文化哲学的发明在于拈出六艺之道，以统摄古今中西一切学术，而究极六艺之根源，则在心性。他发挥陆九渊"东圣西圣，心同理同"的心学主张，既然六艺乃人人本心同具之理，那么天地一日不毁，人心一日不灭，六艺之道自是炳然长存。而且因为六艺是自家珍藏，并非外得，所以通过一番穷理尽性、格物致知工夫，便会当下悟解，识取自性，由六艺之道，行六艺之教，而证成六艺之人。故心性是六艺之潜藏，六艺是心性之开显，证人是心性之实现，从而心性论也就成为马一浮文化哲学体系坚实的理论基石，具有极为重要的基础地位。

第二，马一浮的心性论整合了宋明理学诸派的观点，通过心兼

---

① 张载：《正蒙·诚明》，载《张载集》，中华书局1978年版，第23页。

理气、统性情厘清了传统的心性结构，并以本体和工夫贞定了心性修养的重要途径。宋明理学是围绕着心性范畴而展开的，也是伴随着心性问题的争鸣、讨论而逐步深入的。在这个过程中，从心、理、气、性、情等范畴各自形成了系统观点和立场认识，尽管这对于心性问题的思辨层次和哲学内涵起到了提高和丰富的作用，而且经过明清学者的初步批判整理，达成了一定历史条件下的思想认识和理论总结，但这还远远不能应对20世纪西方文化的强力竞争，所以马在系统清理种种联系、甚至对立观点的基础上，以心兼理气、统性情完成了宋明理学心性结构的调整与重建。他继续以本体与功夫诠释心性的修养之道，涵盖传统的诸多功夫论的内容。这固然显示他的文化哲学的整体批判力不强的一面，也透显出他不以某些用"西化"等大力丸为中国文化强行进补的做法之为然，而宁愿选择为传统文化疏筋理气、温和调理的文化诊断和文化心态。

第三，马一浮还通过心统性情与一心二门，克己复礼与转识成智的内在沟通和理论焊接，表明了他对佛教心性论的吸纳与涵融。不仅去程朱陆王之门户，而且摒儒佛周孔之闲名，见性是同，施设各异，用宗门禅语来说，即云月是同，溪山各异。马认为佛教虽分为显性、破相二教，其中大乘圆教却足可与儒家相比，在此意义上，儒佛并皆见性，同证果位。他举例说张载之"心统性情"往往被后儒误解附会，实际上《大乘起信论》中的"一心二门"才是横渠本旨，如能参合融通，自然不会妄生知解；又如子曰"克己复礼"，此修行功夫在佛教中即是"转识成智"，二者可交错施为。可见，与宋明理学一方面吸收佛教思维成果，另一方面又激烈排斥佛教相比，马对佛教采取了更为宽容、开放甚至引为同调的姿态，从而使儒佛心性论在时代理论平台上获得了重新塑造和提升。

心性圆融是对宋明理学诸派的初步清理，也是对儒佛心性学说的一次综合，也是传统心性价值的一次提炼。"儒佛等是闲名，自家心性却是实在。尽心知性亦得，明心见性亦得，养本亦得，去障亦得，当下便是亦得，渐次修习亦得，皆要实下功夫。"（一，669）在此基础上，马一浮开始了其文化哲学的逻辑展开——六艺论。

第四章 六 艺 论

心性论是马一浮文化哲学的理论基础，而六艺论则是其文化哲学的逻辑展开，在这一部分，不仅详细论证了"六艺统摄一切学术"的总命题，而且具体分析了六艺的独特内涵及其相互关系，阐明文化价值及其实现的问题。任继愈先生在为《马一浮集》所写的序文中指出："马一浮的'六艺论'是他对中国文化的整体观，也是他的学术思想体系。"（一，1序）

马一浮曾计划写作《六艺论》，并指出他的思想与已佚的郑康成《六艺论》不同，名同实别，可惜遭遇战乱，所辑辑先儒旧说、群经大义，俱已散失无存。尽管他未能实现撰写《六艺论》专著的夙愿，但他通过《泰和会语》与《复性书院讲录》还是为后人勾画了"六艺论"大致的理论轮廓[①]，下面试为阐述之。

第一节 国学即六艺

马一浮在对浙江大学学生演讲时先解释国学的四个特征，使之对国学有一个基本而清晰的了解：

---

① 1938 年在致张立民的信中，马一浮解释说："会语临时逞快写出，非以此为六艺论也。但去其枝叶，亦粗具六艺论之轮廓。他日欲草此书，须另自起草。著述须还他一个体例，不能如此草草耳。但贤等观之，于吾平日所说者或如散钱得串，较有脉络可寻耳。"（二，824）

　　一、此学不是零碎断片的知识，是有体系的，不可当成杂货；

　　二、此学不是陈旧呆板的物事，是活泼泼的，不可目为骨董；

　　三、此学不是勉强安排出来的，是自然流出来的，不可同于机械；

　　四、此学不是凭借外缘的产物，是自心本具的，不可视为分外。（一，4）

　　这就从体系性、生机性、现成性、内具性四个方面规定了国学，由这四个特征，他进而阐述了治国学所应采取的态度：

　　由明于第一点，应知道本一贯，故当见其全体，不可守于一曲；

　　由明于第二点，应知妙用无方，故当温故知新，不可食古不化；

　　由明于第三点，应知法象本然，故当如量而说，不可私意造作，穿凿附会；

　　由明于第四点，应知性德具足，故当向内体究，不可徇物忘己，向外驰求。（一，4—5）

　　自胡适提出"整理国故"以来，鱼龙混杂，泥沙俱下，国学成为一个超级标签，任何理论观点都可以凭着它招摇过市，这不仅降低了传统学术的声誉，妨碍了现代人对国学的认知和了解，更难以与西方文化相抗衡，阻滞了中国文化从传统到现代的转型进程。因此马一浮提出这四个特征，力求在学理上保证国学成为整体性的理论形态，而不是一盘散沙，毫无章法。

　　他先从思维和语言的关系角度对"国学"进行了语词刷新和

意义剔除。他指出纵观古今一切学术，皆由思考而得，所以学源于思。思维的成果依赖语言文字为物质载体才得以传达，始能诠表。这样，语言和思维的关系便呈现为能诠和所诠的关系，所以运用语言，妥立能诠，应使语词本身所涵摄的义理明白易显，使人能喻。"必先喻诸己，而后能喻诸人。因人所已喻，而告之以其所未喻。才明彼，即晓此，因喻甲事而及乙事，辗转关通，可以助发增长人之思考力，方名为学。"（一，9）所以学辗转于语言和思维之间，也就是贯通读书和穷理，书是名言，即是能诠，理是所诠。以传统命题"格物致知"来解释，物是一切事物之理，知即思考之功。《易·系辞传》曰："唯深也，故能通天下之志。"换言之，即是于一切事物表里洞然，更无睽隔，说与他人，亦使各个互相了解，这样便可谓通天下之志，便可称为学。

马一浮从三个层次规定了"学"。首先，从本质看，是思维与语言的关系；其次，从现象看，是所诠与能诠的关系；再次，从功能看，是喻己与喻人的关系。马认为根据对"学"的这三重规定，那么现实中所用的国学一词就不甚恰当了。在马一浮看来，旧时所谓国学，是指称国立大学。今日却指谓吾国固有学术，以有别于外国学术。这种命名法从佛教的观点来说，是依他起释，缺乏严格的理论根据。同时，即使按固有学术意义来理解，也有涵摄过于宽泛笼统之嫌，使人不知所指为何种学术。如果称为"学"，便须既能喻己，又能喻人。马指出按照时贤所讲国学，一般分为小学、经学、子学、史学等类，大致据四部立名。但四部本身只是目录，即如今图书馆的图书分类方法，既不能考镜源流，又不能辨章学术。而且各部书籍浩繁，皓首穷经，莫知其要。

马一浮针对现代学校的学生了解国学的需要，提示三点：第一，楷定国学名义；第二，阅读基本书籍；第三，讲求简要方法。三者互相联系，彼此贯通。尽管一般学生听讲时间有限，但能识得宗途门径，知道用力方法不错，将来也可以自己继续研究，各成其就。马就楷定国学名义着重作了阐述。"楷定"本来是义学家释经用字，每下一义，须有法式，称为楷定。楷即法式之意，相当于今日哲学家所说的范畴，或者领域。所以，楷定就是自己定出一个范围，使所言说的内容、意义不致凌杂无序或枝蔓离宗。

马一浮还进一步辨析了楷定、确定、假定三者的区别。就确定和楷定的关系言，学术是天下之公器，说确定便已经不可改变，不许他人更立异议，近乎于自专；言楷定则仁智互见，不妨碍各人自立范围，不强人以为信。就假定和楷定的关系言，假定是疑而未定之词，自己尚且不能肯定，故作如是见解；相比之下，楷定则是确实见得如此，在自己所立范畴内更无疑义。马对"楷定"一词的分析，表明了他提倡自由思考，自主研究，自信所得的实事求是、宽容求真的治学态度。他特别说明自己提出国学是六艺之学，可以该摄其余诸学的观点，是亲证亲得，如他人认为未当，不妨各自为说。

马一浮认为六艺即是孔子之教，中华民族二千余年来普遍承认一切学术之原皆出于此，其他都是六艺之支流。所以六艺可以赅摄诸学，诸学不能赅摄六艺。楷定国学即是六艺之学，以此代表一切固有学术，广大精微，无所不备。

马一浮意在通过对"国学"的语词辨析，将传统文化的精粹归结为他所标示的六艺宗旨，使六艺成为国学的价值象征，并进而统摄世界文化，这显示了马在儒学重构和哲学转型上的用心，由此也全幅撑开了其文化哲学体系的架构。

第二节　六艺统摄一切学术

对于"六艺统摄一切学术"的总命题，马一浮分列若干子命题加以论证。首先，他就六艺何以能统摄一切学术提供了心性论的证明，以心之同然推证六艺之当然；继而，他又从六艺统摄诸子，六艺统摄四部逐步扩张开去，直至六艺亦统摄西方学术，最终完成了六艺统摄一切学术之文化系统的论证过程。

一 六艺统摄于一心

（一）六艺是性德本来具足

马一浮指出六艺本是吾人性分内所具的事，不是圣人有意安排出来的。吾人性量本来广大，性德本来具足，所以六艺之道即是此性德中自然流出的。因为性德包蕴万有，所以形色差别，举一全赅则曰仁；开而为二则为仁智，为仁义；开而为三则为智、仁、勇；开而为四则为仁、义、礼、智；开而为五则为仁、义、礼、智、信五常；开而为六则并智、仁、圣、义、中、和而为六德。就其真实无妄而言，则曰"至诚"；就其理之至极言之，则曰"至善"。所以一德可以备万行，万行始终不离一德。上述诸德可谓是仁的属性集合，表征着仁的多维价值取向和丰富文化内蕴，其中智是仁中之有分别者，勇是仁中之有果决者，义是仁中之有断制者，礼是仁中之有节文者；信即实在之谓，圣则通达之称；中则不偏之体，和则顺应之用。诸种德性皆是自心本具且自然流出的，所以也称为天德，见之于事迹功业，则为王道，故六艺即是此天德王道之表显发用。一切道术皆统率于六艺，六艺实统摄于一心，展示了一心之全体大用。

（二）六艺即一心全体大用

六艺如何统率于一心，并成为一心之全体大用。马一浮根据心性论所完成的论证成果，指出心兼理气、统性情，其中性是理之存，情是气之发。所谓"存"是指普遍存在，所谓"发"是指开显流行。理行乎气中，有是气则有是理。但在气禀化生万物的过程中，必然会有偏歧，故而产生刚柔善恶，先儒称之为气质之性。圣人立教的宗旨，即是使人自易其恶，自至其中，从而变化气质，复其本然之善。这个本然之善，即是与气质之性相对应的天命之性，纯然是理，此理自然流出诸德，从而彰显出全体大用的功能。

（三）六艺为六经体用总别

马一浮进一步就六经与诸德的关系作了对应比拟。他指出，《易》本天道而见人事，是从体起用；《春秋》尽人事而昭天道，是摄用归体，所以《易》是全体，《春秋》是大用。他引用程伊川之《明道行状》加以佐证："穷神知化，由通于礼乐；尽性知命，必本于孝弟。"认为上句指《易》言神化，即礼乐之所从出；下句指《春秋》明人事，即性道之所流行。《诗》、《书》并是文章，而文章不离性道，所以《易》统礼乐，《春秋》赅《诗》、《书》。具体析分，以一德言之，皆归于仁；就二德而言，《诗》、《乐》为阳是仁，《书》《礼》为阴是智，也是义；就三德而言，则《易》是圣人之大仁，《诗》、《书》、《礼》、《乐》并是圣人之大智，而《春秋》则是圣人之大勇；就四德而言，《诗》、《书》、《礼》、《乐》即是仁、义、礼、智；就五德而言，《易》明天道，《春秋》明人事，皆是实理，故为信；就六德而言，《诗》主仁，《书》主知，《礼》主义，《乐》主圣，《易》明大本是中，《春秋》明达道是和。

马一浮还以《中庸》和《经解》作为文本依据证实了六艺的具体德相。指出"总不离别，别不离总，六相摄归一德，故六艺摄归一心。圣人何以圣？圣于六艺而已。学者于何学？学于六艺而已。大哉，六艺之为道！大哉，一心之为德！学者于此可不尽心乎哉？"（一，21）

通过六艺是性德本来具足，六艺即一心全体大用到六艺为六经体用总别的绵密环复的推理，达成了六艺统摄于一心的逻辑结论，不仅与心性论建立了密切的关联，赋予了丰富的心性内容，而且使六艺通过多元的价值纲维展布，进而涵摄中外一切学术和古今优秀文化。

二　六艺统摄诸子

马一浮指出，欲明确诸子出于六艺，先须明了六艺之流失。《经解》曾经言及六艺之流失："《诗》之失愚，《书》之失诬，《乐》之失奢，《易》之失贼，《礼》之失烦，《春秋》之失乱。"（一，12引）由性而言，六艺本无流失，"学焉而得其性之所近"，皆可适道；由习而言，心习总有所偏重，便向习熟的一边倾侧，而于所不习的一边便有所遗漏忽失，高者成贤、智之过，下者流为愚、不肖之不及，遂成流失。佛教称之为边见，庄子谓之往而不反，皆是对六艺流失的真实描述，"学焉而得其习之所近"。但马强调，值得注意的是，流失因习而生，六艺之本体却不曾流失。

马一浮反对先秦诸子学出于王官的说法，也甚为不满章实斋在《文史通义》中倡"六经皆史"，以之为先王政典的言论。他质疑道，假使六经为先王政典，那么如何解释三王不同礼，五帝不同乐的历史事实；孔子又为何扬《韶》抑《武》，评论十世，知其损益，并祖述尧舜、宪章文武，不专主于"从周"呢？故先王之道一以贯之，无有不同，孔子删订六经，即在于承传六艺薪火，绵延不绝。而诸子学却各有得失，可谓之六艺之流失。在这个意义上，马赞同《庄子·天下》篇中关于"道术"和"方术"的区别。指出"道术"为赅遍之称，盖指六艺之道；"方术"为一家之技，泛称诸子之学。

当代学者卢钟锋先生在《中国传统学术史》中就此作了细致的辨析，他认为"诸子出于王官说"是源于对《汉书·艺文志》的误读和歧解。《艺文志》对诸子起源实际上有两层意思：一是从诸子出身提出问题而有"王官论"，反映了"学在官府"的历史情状；二是从诸子思想渊源提出问题而有"六经说"，这就诸子起源推涉到中国古代学术文化起源的问题，也许这才是更具实质意义的另一半回答。卢先生指出《艺文志》的内在理路在于后者，即视六经为诸子学说的大本大原，六经是源，诸子是流，因此他概括为"诸子（学说）出自《六经》"说[①]。由此可见，马从义理层面对六艺统诸子的论述还是在当代得到了肯定性回应，这并非偶然巧合，也许六艺论的价值内蕴正在随着各学科的深入发展而不断获得它的现代性理解和民族性认同。

关于诸子学的具体指谓，马认为《汉书·艺文志》所列的九流十家，举其要者，不过儒、墨、名、法、道五家。儒者必通六艺，墨家统于《礼》，名、法亦统于《礼》，道家统于《易》。为与佛氏判教相区别，马特意避开权实、偏圆、大小等常用术语，而采取得失作为评判标准，通过判其得失，马总结出四种类型：其一得多失多；其二得多失少；其三得少失多；其四得少失少。关于第一种类型，马以老庄为代表，指出道家体大，观变最深，故老子得于《易》为多，却流为阴谋，其失亦多，可谓"《易》之失贼"；庄子《齐物》篇，善为无端涯之辞，得于《乐》之意为多，却不免流荡失检，也是得多失多，可谓"《乐》之失奢"。第二种类型以荀子为典型，荀子作为儒家思想文化在先秦时期的总结者，身通六艺，却放言"性恶"、"法后王"，难辞其咎。第三种类型以墨、法为典型，如墨子虽然倡非乐，而《兼爱》、《尚同》篇却实源于《乐》，《节用》、《尊天》、《明鬼》诸篇出于《礼》，而《短丧》一文又与《礼》相悖，所以墨子之与《礼》、《乐》，是得少失多；法家受道家思想影响甚深，例如《汉书·艺文志》视《管子》为道家类著作，法家代表人物韩非也有《解老》、《喻老》等作品，所以他之与《礼》、《易》，也是得少失多。最后一种类型可归于名家、杂家，名家如惠施、公孙龙等极呈口舌之术，徒施巧辩之才，与道无所增益，是得少失少；杂家亦是如此。至于纵横家谈王霸皆游辞，实无所得，更兼诬与乱之失；农家与阴阳家虽出于《礼》、

---

① 卢钟锋：《中国传统学术史》，河南人民出版社 1998 年版，第 54—55 页。

《易》，而末流愈下，鄙陋无足判。

总而言之，判诸子学，其得，皆可以从六艺中推证；其失，亦可以从因习熟而流失、遮蔽六艺中获得解答和认定。所以，马断定："观于五家之得失，可知其学皆统于六艺，而诸子学之名不立也。"（一，15）

三 六艺统摄四部

因前已述六艺统诸子，本部分仅讨论经、史、集。

关于经部。马一浮批评了传统经部立十三经、四书，并附以小学的体例，指出这仅是图书分类法，而不能标示思想之统类。六经之中只有《易》、《诗》、《春秋》是完书；《尚书》今文版不全，古文版是依托；礼类中《仪礼》仅存士礼，《周礼》亦缺冬官；《乐》经本无其书；《礼记》是传，不宜仅取小戴礼记而遗大戴礼记，《左氏春秋》、《公羊传》、《穀梁传》也难以称为经；《尔雅》释群经名物，属于工具书；《孝经》是经，又与《礼记》诸篇类同；《论语》为孔子门人所记；《孟子》、《荀子》虽言醇语精，亦应在诸子之列。对经部结构进行全面颠覆后，马以佛教之宗经与释经体例，范围诸经，条理秩然。宗经系列包括《论语》、《孝经》、《孟子》及二戴《礼记》中所采曾子、子思子、公孙尼子诸篇，指出六艺之旨，散在《论语》而总在《孝经》。释经系列包括三传、《尔雅》及《仪礼·丧服传》等。这样经学、小学之名皆不能成立，由六艺尽统摄之。

关于史部。司马迁作《史记》，开二十四史之先河，而自附于《春秋》，班固写《汉书》，循其旧例，后世史学巨制如《通典》《通志》《通考》《通鉴》等，凡编年纪事者皆出于《春秋》；多存议论者则出于《尚书》；详记典制者出于《礼》；但史实衍漫，记事芜杂，易生弊端，判其失有三：曰诬，曰烦，曰乱。由此，"则知诸史悉统于《书》、《礼》、《春秋》，而史学之名可不立也"

（一，16）。

关于集部。古今文章体制流别众多，而皆统于《诗》、《书》。"《诗》以道志，《书》以道事"，文章极尽其变，不出《诗》《书》二门。志有浅深之别，故言有粗妙之分；事有得失之验，故言有纯驳之判。由知言而知其人，由知人而论其世，所以通过观文章之正变而了解一定历史时期的治乱情形。据史考评，马认为两汉文章质朴，辞赋虽然沉博典丽，但是多以讽喻为主，故得于《诗》、《书》者最多，为历代之冠。唐代以后，集部卷册浩繁，汗牛充栋，可观者一代不过数人。故去繁就简，直抉根源，"欲使诸生知其体要咸统于《诗》、《书》，如是则知一切文学皆《诗》教、《书》教之遗，而集部之名可不立也"（一，17）。

四　六艺统摄西学

如果说六艺统摄中华学术毕竟有根脉可寻，那么六艺统摄西学似乎颇有扞格，难以属配。西方文化不仅拥有近代工业革命的生产力背景，而且自身形成了较为完备的现代学科体制，理论的系统性和逻辑性远超尚在前工业社会文化形态的中国文化。马一浮并没有简单地采取张之洞等人的体用思维策略，以"中学为体，西学为用"，因为这种提法本身就割裂了体用一元的本质联系，是对"中学"的侵蚀和破坏。马也没有沿用陈序经等的价值遮覆模式，对民族文化进行全盘西化，因为这不仅缺失了心性论的价值依托，而且否定了传统文化在现代转生的可能性。

他首先打破西方健全的学科建制，指出健全即是偏狭，完备即是封执，以证明"六艺不唯统摄中土一切学术，亦可统摄现在西来一切学术"（一，21）。举例而言，自然科学可统于《易》，人文社会科学可统于《春秋》。因为《易》明示天道，所以凡研究自然界一切现象者皆属之；春秋剀切人事，所以凡研究人类社会一切组织形态者皆属之。正如董仲舒所阐明的"不明乎《易》，不能明

《春秋》"的二者关系，人文社会科学和自然科学不可各立封域，而应融通互补。

马进一步论证指出，如自然科学之基本学科是数学和物理学，因其言皆源于象数，而其用在于制器，所以皆是《易》之分支流裔。人文社会科学之基本学科如史学、社会学等，研究人类社会由野蛮而至文明，由乱而趋治的历史进程以及探寻其中盛衰、兴废、分合、存亡的发展规律，欲了解其因应之宜、正变之理，需要通过比拟类推以说明其故，这即与《春秋》比事、属辞同一性质。"属辞以正名，比事以定分，社会科学之义，亦是以道名分为归。凡言名分者，不能外于《春秋》也。"（一，22）概括地说，文学、艺术统于《诗》、《乐》，政治、法律、经济统于《书》《礼》，宗教虽然信仰不同，亦可统于《礼》。哲学思想派别众多，内容庞杂，浅深大小各有所见，其中本体论近于《易》，认识论近于《乐》，经验论近于《礼》，至于唯心主义是《乐》之遗，唯物主义是《礼》之失。马认为凡言宇宙观者皆有《春秋》之意，批评其各有封执，不能观其会通。正如庄子所描述的那样，由于习气偏差，"各得一察焉以自好"，"各为其所欲焉以自为方"（《庄子·天下》）。若能进之于圣人之道，其实都是六艺之材。六艺之道，广大悉备，周遍全赅，但有得失，故生同异，同者得之，异者失之，贵在"异而知其类，暌而观其通"。

经过这样一番属配比附论证程序，马一浮终于完成了"六艺统摄一切学术"的理论说明。但这对于人类整体来说，仍然只是表面化的命题，马从更深的层面上探讨了该命题的实质："全部人类之心灵，其所表现者不能离乎六艺也；全部人类之生活，其所演变者不能外乎六艺也。"（一，22）在这个意义上，他接受了陆九渊"道外无事，事外无道"的观点，指出正因为心智有明有昧，故见诸行事必有得有失。而《易》所谓"百姓日用而不知"即指大众或得或失皆在六艺之中，而不自知其为六艺之道。

　　"六艺统摄一切学术"并非是马一浮的论证目的，他要借此来阐发以六艺为核心的价值系统，从而为人类文化确立真实可靠的价值依凭。

第三节　六艺价值系统

　　如果说在《泰和会语》中，马一浮仅提出六艺论之端绪和轮廓，为青年学生指出一个途径，知其所趋，那么在复性书院期间，马出于教学的需要，对已具国学根基的学者给予导引，于是就六艺具体内容展开论述，形成了《复性书院讲录》。尽管由于情况变化，讲学只进行了一年零八个月，但还是透露出马的致思理路，他希望借着对以六经为代表的经典文献的重整抉发，阐微知著，发挥他的六艺论思想。除第一卷是讲述治学和读书方法、开列必读书目、申论书院办学思想外，他认为六艺散在《论语》而总在《孝经》①，所以第二卷讲述《论语》大义；第三卷讲述《孝经》大义；第四卷分别以《仲尼闲居》与《仲尼燕居》为教材讲述诗教和礼教；第五卷讲述《洪范》约义；第六卷讲述易学思想。

　　对六艺论的评价，涉及对"统摄"一词的理解，而这恰恰是其中的关键所在。"统摄"不是取代或排斥其他，而是涵融包容。但六艺何以又能统摄一切学术？本书认为六艺实际上具有两个层面的含义：一是作为经验性历史文本的六经，二是作为超越性价值原则的六艺。六经作为具体知识形态的载体，自然不可能说明和包罗世间万象，但马一浮将六经转换为具有普遍性和永恒性的价值原

---

　　① 楼宇烈指出："马一浮的《论语大义》和《孝经大义》二书，提纲挈领，条理清晰。若能读此二书，则对于他'六艺论'的文化哲学之要旨，也就大致可以把握了。"（载毕养赛主编，吕正之、马镜泉副主编《中国当代理学大师马一浮》，上海人民出版社1992年版，第30页。）

则，则是可以超越并且涵摄无限丰盈的事物的。用他自己的话来说就是："'经'字就字义言，是线装书，佛经谓之修多罗 sutra，亦以贝叶为书，以线贯之，略如中土之竹简韦编；就义理言，则是常道，所谓'人伦日用之间所当行'者也。"（三，938）

台湾学者杨儒宾先生也指出六艺具有博与约或历史与意义两个主要面相："六艺可以涵博，又可以返约，万事万理由它流出，万事万理又可回归于它，我们认为这样的六艺已经不能从'历史文献'的角度解释，它只能是种原则，或是种象征，而且是种原型的象征，换言之，它已超过了其具体内容之阈域（treshhold），而参与到神圣的领域。"① 马一浮采取的是汉宋兼综的文化立场，他既看到了六经中保存、积淀了具体而丰厚的文化内涵，又指出无限的文化内涵又是"理一分殊"，是同一本质的开显与实现。那么，马为什么不采用四书作超越性价值原则？可能他认为四书心性论述较多，而于人类整体精神世界有所偏狭，不如六艺所表现文化样式之丰富，范围价值原则之完备，促进人类发展之全面，可以摄四书于六艺大道之内，达到"尊德性而道问学，极高明而道中庸"的全体大用，故"盈天地间皆六艺也"。

这样，"马一浮的六艺变成了一种原型的象征，它是人类普遍心灵最基本的架构，它一方面参与了唯一的道（宇宙心），但另一方面他又扎根于每个人的意识之中。它一方面载录了具体的经文，但每一具体的经文同时也都指向了经文以外的道。它一方面是离经验世界很远的表德，但它又可强将人世间所有的经验内涵，举凡人文、社会、自然各层面的实相融为一炉，自然形成一种贯通的体系"②。在此意义上，马充满信心地表示，六艺之教是中国至高特

---

① 杨儒宾：《马浮"六艺统于一心"思想析论》，载毕养赛、马镜泉主编《马一浮学术研究》，杭州师院马一浮研究所，1995 年，第 45 页。

② 同上书，第 62 页。

殊的文化，说它至高，是因为可以普遍施行于全人类，放之四海而
皆准；说它特殊，是因为大多数现代人尚未明了于此，日用而不知。
所以今天来弘扬六艺之道，并不是狭义的保存国粹，仅仅发扬自己
的民族精神，马的志愿是"要使此种文化普遍的及于全人类，革新
全人类习气上之流失，而复其本然之善，全其性德之真，方是成己
成物，尽己之性，尽人之性，方是圣人之盛德大业"（一，23）。

　　马一浮预料会有怀疑和反对意见，故他指出如有怀疑，是对六
艺之道未有深入理解，对此至高而特殊的文化尚无真正明确的认
识。在时空的无限性上讲，世界无尽，众生无尽，圣人的愿力亦无
有尽。人类的未来是无限，逝去的历史是无限，天地之道只是个
"至诚无息"，圣人之道只是个"纯亦不已"，往者过，来者续，一
切都在运动发展变化中。六艺之道作为人类内心本具之理贯穿于人
类发展的全过程是不会中断的，假使西方有圣人出，行出来的也是
这个六艺之道，只是名言施设不同而已。

　　马一浮再三强调六艺之道是前进的，决不是倒退的，切勿误以
为是开倒车；是日新日成的，决不是腐朽的，切勿误以为重保守；
是普遍的，是平民的，决不是独裁的，不是贵族的，切勿误以为封
建思想。"要说解放，这才是真正的解放；要说自由，这才是真正
的自由；要说平等，这才是真正的平等。"（一，23）

　　至于西方哲人所谓的真、善、美三种价值反倒皆包含于六艺之
中，其中《诗》、《书》是至善，《礼》、《乐》是至美，《易》、
《春秋》是至真。马论证道："《诗》教主仁，《书》教主智，合仁
与智，岂不是至善么？《礼》是大序，《乐》是大和，合序与和，
岂不是至美么？《易》穷神知化，显天道之常；《春秋》正名拨乱，
示人道之正，合正与常，岂不是至真么？"（一，23—24）把真善
美纳入六艺价值系统，显示了六艺之道的至上与恒常，所以尽虚
空，遍法界，尽未来际，更无一事一理能出于六艺之外。不仅如
此，马还断定"世界人类一切文化最后之归宿必归于六艺，而有

资格为此文化之领导者，则中国也"（一，24）。他批评某些人舍弃自家无上珍藏，拾人土苴余绪以为宝，自居于下劣，而奉西洋人为神圣，是"至愚而可哀"（一，24）。劝勉青年学子慎勿安于卑陋，而以经济落后为耻，以能增高国际地位遂以为可矜。其实今日之所谓一流大国国力强盛，但在文化上实是疑问，只有进于六艺之教而后始为有道之邦。

六艺所要表达的是一种普遍主义和世界主义的价值。马一浮并不认为中西文化之间存在着巨大的价值鸿沟，具有完全的不可通约性。恰恰相反，他力图以内在于人类心灵的普遍价值为终极依据，消解中西文化的冲突与紧张。他的方法是普遍主义的，他的视野是世界主义的。

无独有偶，孔汉思教授从20世纪80年代以来一直孜孜于探讨全球伦理建立之可能，众多学者亦期待儒家的"己所不欲，勿施于人"成为全球伦理的黄金律令。全球伦理问题伴随着全球化进程的加深日益彰显出它的时代意义，而对于一个世纪以前的马一浮而言，他在游历欧美日时，就敏感地把握住了问题的实质，从世界主义的视野审视现代文化处境中的文化现象，提出了普遍主义的回答。相对于以"己所不欲，勿施于人"作为全球伦理共识，马一浮所主张的以"六艺之道"作为人类的普遍价值原则，堪为卓见。

因此，本书指出，那种简单地将马一浮理解为保守主义和民族本位主义，讥之为"冬烘先生"和"旧瓶装旧酒"，都是缺乏审慎思考的结论。

马一浮揭橥的六艺宗旨，既是对传统价值学说的全面综合和高度概括，又是在长期涵养、浸润中对中国文化精神的悉心体贴和深切证验，更是对中西文化价值的全面而深入的时代重构。他以圆融为精神指归，使六经（《诗》、《书》、《礼》、《乐》、《易》、《春秋》）从经验性历史文本上升为超越性价值原则，从而能够囊括统摄古今中外一切学术部类和文化现象。本书由此认为马一浮事实上建构起了六艺价值系统。

六艺价值系统以作为"道之全体"（三，1192）六艺为核心，分别从心性、文化、人生三个维度上展开其文化哲学意蕴。

从心性维度看，表现为体的建构，凝结为六艺之道，解决心性价值及其实现的问题。马认为"六艺统摄于一心"，又称"六艺是自心本具之理"，显示了六艺与心性的紧密联系，表明心性乃是六艺价值系统的内在依据和本体根基。而且，六艺价值系统对传统的道德价值、自然价值等的统汇，对西方的真、善、美诸价值的聚摄，只有在心性层面上方可得到理解和沟通。

从文化维度看，表现为相的开显，凝结为六艺之教，解决文化价值及其实现的问题。马运用六艺判教，清理和厘定传统文化以及中西文化的思想秩序与关系定位，例如在传统文化方面，经过判汉宋学、今古文和朱陆异同以整合儒家文化，又进而判别儒、释、道三教以整合传统文化，继而在世界文化背景下判中西文化，讨论诸文化价值融会贯通的可行性。大致说来，《诗》代表道德文化价值，《书》代表政治文化价值，《礼》代表制度文化价值，《乐》代表审美文化价值，《易》代表科学文化价值，《春秋》代表社会文化价值。也正是在这个意义上，马以西学中的文学、艺术归诸《诗》、《乐》；政治、法律、经济归诸《书》《礼》；认为宇宙观通《易》，人生观通《春秋》；又称本体论近《易》，认识论近《乐》，经验论近《礼》。

从人生维度看，表现为用的流行，凝结为六艺之人，解决人生价值及其实现的问题。马提出六艺的最终目标是成就人格，落实到具体的人性、人格建设上来。从通儒院的最初构想到浙江大学的国学讲座，再到复性书院的讲学实践，无不寄托和铭刻着他对健全、完满人格的期待。他认为通过六经的学习和熏陶，可以使人培养认识能力、判断能力、创造能力，在人生境界上获得提升，人生价值上获得确证。

六艺价值系统的三个组成部分在章节安排上给予了突出和强调，分别体现为第三章"心性论"、第四章"六艺论"和第五章"证人论"，其具体内容都已作了较为详细的介绍和阐发。值得注意的是，心性价值和人生价值都依托于传统理论资源中较为丰富的心性学说和人生学说，而文化价值是马在近代社会发展的历史背景下的理论创新，在时代精神鼓荡下的匠心独运，自出机杼，由此形成立体建构、平面铺展、整体贯通的六艺价值系统。

马一浮从国学的语词分析入手，对关于六艺的文化价值系统进行了颇有特色的阐述。他关于六艺的论述既抽象又具体。一方面，所涉及的话题都具有高度的抽象性，需要从哲学的高度加以反思和考察；另一方面，他的玄思总是以具体文本为依傍，例如从六经与儒家其他文献的复杂关联的价值贞定中重构文化价值系统，从《孝经》中理解作为人类本质的文化心理结构，从儒家经典文献中寻绎文化社会功能的深层意蕴。马一浮笔法隐晦，方式传统，容易招致误解：重视心性被视为空谈，从事讲经被讥为陈腐，创办书院被疑为保守。但从以上分析可以看出，马一浮的讲学及其著述是围绕文化这个主轴而展开的哲学之维，始终为了揭明六艺的义理宗旨，从而在真实行履中复其本性，成其人格。

作为一位长期浸润在中国文化中的知识分子，他对本国文化具有天然的亲切、认同和信念，用马本人的话来说，是"信吾国古先哲道理之博大精微，信自心身心修养之深切而必要，信吾国学术之定可昌明，不独要措我国家民族于磐石之安，且当进而使全人类能相生相养而不致有争夺相杀之事"（一，4）。这种"信"不是丧失主观意志，转为对某种宗教偶像的崇拜和寄托，而是对儒学复兴理念的执著，是对传统文化价值的坚守，是对人类和平事业的期待，是人格力量丰沛的表现。所以，马一浮的文化哲学按照六艺之道经六艺之教到六艺之人的逻辑惯性继续展开其关于六艺的思辨之旅。

第五章 证 人 论

文化哲学的基本问题是文化与人的关系问题，文化作为人的社会实践的产物，不仅反映了人类精神生活发展的历史轨迹，而且标志着人类智能创造的水平。同时，又反过来影响、制约着人类社会的发展方向和价值取向，涵蕴、塑造着个体的道德境界和人格力量。

马一浮文化哲学的归宿和实现也即在于人格的生成和完善，在于人类社会的进步与提升，由六艺之道，行六艺之教，最终证成六艺之人，构成六艺论向证人论、文化哲学向人生哲学的理论超越。他对在泰和宜山和复性书院的演讲关于人格养成的作用加以充分的肯定："其意义在使诸生于吾国固有之学术得一明了之认识，然后可以发扬天赋之知能，不受环境之陷溺，对自己完成人格，对国家社会乃可以担当大事。"（一，3）

第一节 人 格 辨

"君子"与"小人"是传统儒学中相对立的两种人格类型，前者受到广泛的推崇，而后者则遭遇一致的贬斥。孔子曾谆谆教诲弟子，"汝为君子儒，勿为小人儒"，确立以君子为理想人格类型的价值取向。马一浮以《论语》为基本文本，旁证他书，展开了"君子"与"小人"的多层面之辨。

一 人格之辨

马一浮认为从"君子"的意义看，可以剖分出两层含义：一是成德之名，一是在位之称。根据"德名即爵名"的命名原则，可知古人是先必有德而后居其位，在位称为"君子"，所以是成德之名。与"君子"两层含义相对应，"小人"也有两层内涵：从前义，小人即为无德之人；从后义，小人即为卑贱小民。因此严格"君子"与"小人"之辨，是明确正确人格取向的当务之急。

首先，小人不仁，君子体仁。马指出君子之所以为君子，之所以为成德者，乃在于心术。孔子曰："君子而不仁者有矣夫，未有小人而仁者也。"小人只知徇物，不知有性，通体是欲，显然丧失了为君子之道的基本特征。心术是外人所不知的隐微之地，遮蔽习染，久而不知其非。马一浮指出，现实社会就如孟子所言，"道二，人与不人而已矣"，只有君子与小人两种人格取向，不入于此，则入于彼，没有动摇彷徨的余地，故而，"君子、小人之分途，其根本在心术隐微之地，只是仁与不仁而已矣"（一，35）。

其次，君子、小人之辨体现为公、私之辨。仁是廓然大公，物来顺应的；反之，由于自私用智，便流转为不仁。马特别说明，"用智"之"智"不是通常意义上的智慧，而是一种计较利害之心，此智全从私意出发，流为阴谋权术，实际上这是惑而不是智了。此处他接受了老子的反智主张，并加以创造性的解释。从人格修养来说，必然去尽一己之私，浑然天理，然后可以为仁，而若有一毫己私，便是不仁，沦为小人。马一浮指出："君子之用心公以体人，故常恕人，常爱人。小人之用心私以便己，流于忮，流于忍。"（一，35－36）由此而生发出周比、和同、善恶等一系列的区别。

再次，君子、小人之辨体现为德、器之辨。孔子肯定"君子不器"，朱子对此的解释是"器者，各适其用而不能相通。成德之士，体无不具，故用无不周，非特为一才一艺而已"（一，34引）。《学记》亦曰:"大德不官,大道不器。"(一,34 引)所以从人格养成的层面看,可知"器"是"智效一官,行效一能",属于现象和工具层面的专家类型;而"德"则是"充塞周遍,无有限量",属于本质和义理层面的通儒类型。而且又因为"器因材异而德唯性成"(一,34),各自的根据不同,二者的优劣自然也不言而喻。

最后,君子、小人之辨归结为义、利之辨。《论语》指出:"君子喻于义,小人喻于利。"可以说,义利是后世儒学区分君子、小人的重要标准。如宋代心学领袖陆九渊应邀在朱熹主持的白鹿洞书院演讲时重申义利之辨,希望诸生由此勘明,成为重义轻利、贵义贱利的彬彬君子。基于心学立场而提出的这一主张,不仅赢得了学院诸生的钦佩,而且为朱熹所激赏。马一浮秉持传统儒学观点,指出"君子与小人之辨,即是义与利之辨"(一,30)。《论语》中的"喻义"是指无适无莫,义与之比,以天道公理为价值取向;"喻利"是指见害必避,见利必趋,以自己利益为行动指南,在马看来,取舍之间自然不言而喻。

马一浮着重以六艺之道诠释君子,认为古之君子往往是通六艺而言的。综观《论语》首、末二章,他指出首章是始教,特点是善诱,明示学者"学而时习之",知晓首先究竟学的是什么,然后时习工夫又是如何,最后又怎样自己体验,看自心有无悦怿之意。而末章是终教,落脚点在于成德。所以马一浮揭橥主旨:"须认明君子是何等人格,自己立志要做君子,不要做小人,如何才够得上做君子,如何才可免于为小人。"(一,31)

二 人格之范

在详细辨明君子与小人两种人格类型之后,马一浮期望诸生能孜孜以求,成为君子,尤其是在外敌入侵、民族患难、国家危亡的历史关头,君子被赋予了新的时代内涵和精神特质,而完成人格也就更为艰难和可贵,更要挺立人格,抖擞意志,竖起脊梁,猛著精采，堂堂正正地做一个人。他特别拈出张横渠之四句教，作为人格典范的基本原则，在担负救国救民的历史使命中成就个人的完满人格，"须知人人有此责任，人人具此力量，切莫自己诿卸，自己菲薄"（一，5）。

（一）为天地立心

易传曰"天地之大德曰生"，所以天地以生物为心，而人为万物之最贵者，所以《礼运》曰"人者，天地之心"，是指君子止于至善，以立人极，便是与天地合德，这样"仁民爱物"即是"为天地立心"。同时"一人之心，即天地之心"，指人心之善端即天地之正理。孟子讲四端，先举恻隐之心，是因为假若没有恻隐，人便麻木不仁，没有感觉，羞恶、辞让、是非等也就无从推出。所以人心以恻隐为本，人心之全德曰仁。剋实言之，"学者之事，莫要于识仁求仁，好仁恶不仁，能如此，乃是'为天地立心'"（一，5—6）。

（二）为生民立命

孟子曰："夭寿不二，修身以俟之，所以立命也。"朱子注云："立命谓全其天之所赋，不以人为害之。"（一，6引）命又分正命和非命，正命是尽其道而死，非命是死于桎梏。马一浮指出，君子应当尽正命而去非命，但是，非命并不仅仅意味着身体桎梏之祸，更昭示着人心陷溺之灾。因此君子立志"须是令天下无一物不得其所，方为圆成"（一，6）。此种政治理想与抱负用孔子的话来说是"老者安之，朋友信之，少者怀之"。如果能有万物一体的气象、襟怀，便是"为生民立命"。

（三）为往圣继绝学

为何圣学反成绝学？马一浮认为圣学即是义理之学，此理人人本具，不为尧存，不为桀亡，在圣不增，在凡不减，其成为绝学的根本原因在于常人受习气拘蔽，难识义理，从而走向衰绝。那么现在有无必要振兴之呢？马的答案是肯定的。他指出时下学者囿于习俗，不知圣贤分上事即吾性分内事，所以终身读书，为见闻知识所困惑，不知道更有形上追求，汩没自性，既是人生的虚度，又是对人格的戕害。如濂、洛、关、闽诸儒深明义理之学，可谓直接孔孟，远迈汉唐，造成儒学的第二期发展。故今日学者立志，也要坚信心中禀性无二，圣人可学而至，特别是值此抗战期间，人心晦盲否塞、人欲横流之时，更要深研义理，承继绝学，自拔于流俗，拯民于水火。

（四）为万世开太平

与西方政治制度相比，马一浮推崇中国社会传统的伦理政治模式。在马一浮看来，太平曾是历史事实而非幻想的乌托邦。例如尧之"光被四表，格于上下"，文王之"自西自东，自南自北，无思不服"，马相信圣人至德渊微，推行的是"不赏而劝，不怒而威，不言而信，无为而成"（一，7），可称为政治的极轨。他认为孟子提出的王霸之辨仍有其现实意义。霸者以力服人，以力假仁；王者以心服人，以德行仁。所以孔孟言政治之要在贵德不贵力，因为他们都有德无位，未能实现自己的理想和抱负，但在后世始终代表着中国传统政治文化的核心价值与基本理念。

然而，今日流行的政治文化以欧美为唯一模式，以国家富强为治道标准，以希特勒、墨索里尼为英明领袖，马认为是大错特错的。传统政治哲学强调所谓安危、存亡、治乱要在心术上判，而时人只在物质上判，不知道富强只是富强，并非真正的"治"。他结合秦亡教训，指出欧美国家，尤其是德国、意大利，"富强则有之，然皆危亡之道儳焉不可终日，亦不可名治"（一，264）。二战的历史验证了马一浮预言的正确和远见，也充分显示了传统政治智慧的高明。

在此基础上，他认为中国正处于夷狄侵陵、多难兴邦的时刻，因此国人要动心忍性，决不能只想着按照欧美政治模式跻身现代强国而止，特别是青年学子更要胸怀理想，养成刚大弘毅的人格，以济时艰，以成盛业。这些话对于我们进行现代化建设无疑具有极大的启示意义，可谓振聋发聩，醍醐灌顶。有助于纠正或以西方资本主义政治制度为唯一的民主模式，或以高昂的生态成本换取经济增长的非持续的急功近利的发展战略，或以外在事功显赫发达作为判断个人成就的单一尺度等错误倾向。

三　人格之成

1938 年，马一浮应浙江大学校长竺可桢之邀为浙大应届毕业生演讲，申引古训，阐发人生应具备三种能力，以贡献国家社会的观点，突出人格养成的能力建设。他指出今天的知识分子在古代称为士。大学毕业生已被公认为是知识分子，考较其资质，足可以服务于社会。事其事之谓服务。士者，事也，就是可以为社会服务的称谓。今日的大学毕业生相当于古代的士子。那么古代对士子的具体要求必然有助于今日的现实思考，有助于大学毕业生的价值选择和人格发展。马即从此着手展开论述。

古代论士最精辟的莫过于《大戴礼记·哀公问五义》篇孔子对哀公问的话："所谓士者，虽不能尽道术，必有所由焉；虽不能尽善尽美，必有所处焉。是故知不务多而务审其所知，行不务多而务审其所由，言不务多而务审其所谓。知既知之，行既由之，言既顺之，若性命肌肤之不可易也。富贵不足以益，贫贱不足以损。若此，则可谓士矣。"（一，49 引）

马一浮指出孔子的这段话揭示了士的基本特征，重点是关于知、行、言的论述。因为一个国家的生命精神是系于文化的，而文化之根本又在思想。思想与知识不同，从闻见得来的是知识，能够自己体究，将各种知识融会贯通，自成体系，才称为思想。孔子所谓知，指的就是这一思想体系，即宇宙观、人生观、价值观。在内为思想，表现出来便是言行。思想的涵养愈深厚充实，那么示之于外的言行便愈光大磊落。所谓的"不务多而务审"，其中"多"指杂乱无章，缺乏系统，"审"是辨别分明。所知是思想要点，所由是行为动机，所谓是语词意义。马认为现代人格培养亦应以这三个方面为基元，重点加强认识能力、判断能力和创造能力的建设，他进一步运用过去、现在、将来三种时态作对应和阐发。

（一）认识过去

过去的历史事实，主要依赖于记忆而留存于人类的思想世界中，故是属于知的。马从唯心论的角度认为，人类社会数千年历史仅是心理的表现和反映。世间万事皆可以追溯到心灵，其动机也初萌发于一二人，而后渐演变为风俗，呈现为社会一般意识。纵观历史，由于一人之谬误而造成举世之谬误，并不鲜见。同样，一人思想正确也可以影响到他人，形成正确的思想氛围和认识标准。因此"审其所知"，就是要思想正确，提高认识的自觉性和能动性，不要陷入谬误。这里，马一浮仍然停留于唯心史观，认为个人对社会历史的发展具有根本的推动作用，但他要求"审其所知"，提高社会成员普遍的知识素养和认知水准，体现了对英雄史观某种程度上的修正。

（二）判别现在

对于现在，不仅要判断，而且要根据判断去实践、去施行，故属于行。马一浮指出由于对现在的不同态度而有现实主义和理想主义的分别。现实主义是人云亦云，对现在事实盲目承认，不加辨别，类似于古代的乡愿哲学。其特点是没有自己的思想，崇拜现实势力。理想主义是基于理性，要求改变现实世界而进行不懈努力。在现实主义和理想主义之间，马一浮认为宁可被人视为理想主义，也不能一味承认现实，向势力屈服。例如国事艰难，民族同胞正在被侵略中，侵略者是一种现实势力，难道我们要向它屈服吗？现实势力总是一时的、有限的，而作为人类理想的正义与公理却是永恒的、无限的。他强调当此之时，具备此种坚强信念，以之为行为标准，正是"审其所由"的真实意蕴。

（三）创造未来

对于未来，需要有强烈的责任感，依据自己的所知所行，为后来人作先导，故属于言。从因果律来说，自然界和人类社会都处于因果关系之中，现在的事实是果，其所以致此的便是因。因有远有近，终必有果。由于过去之因，而成现在之果；现在为因，未来便是果。如果我们要确立改造现实社会的理想，使之臻于完善美好，那么未来之果完全系于现在的创造之因。这种思想以语词的外壳表现出来，即是言论。而今天的言论，都有可能影响到未来的进程。马一浮指出对于言论必须选择精当，慎之又慎，不可轻易出之，因为对未来所负的责任是最重大的，故要"审其所谓"。

总之，认识过去，要"审其所知"；判别现在，要"审其所由"；创造未来，要"审其所谓"。个人之人格养成需要具备这三种能力，方可负起复兴民族的责任。由此，"不独为一国之善士，可以为领导民众之君子矣"（一，53）。

马一浮对君子的理解融入了时代的内容，不仅提出了如何在现实历史条件下进行人格建设的重要课题，而且作了尝试性的回答，因而比传统的人格观点更为全面和丰富。当然，他的个别看法我们也是不能认同的，如否认历史是社会实践客观活动过程，认为历史只是主观心理的表现；否认人民群众是历史的创造者，认为是少数精英创造的等，还留有传统儒学的思想痕迹和局限。

第二节 读 书 法

人格的完成贵在自得自证自悟，但读书亦不可废，它是证成六艺之人的一条重要途径。马一浮认为读书即是存养省察之功，读书得力，义理愈明。然而古代典籍浩博繁杂，读书若不得法，反入迷津，遮蔽义理。"书虽多，若不善读，徒耗日力，不得要领，凌杂无序，不能入理，有何裨益？"（一，125）所以读书需要训练，掌握方法。马从读书之心、读书之序、读书之道、读书之目等主客观方面的诸条件作了论述。

一　读书之心

马一浮明确提出："读书之法，第一虚心涵泳，切己体察，切不可以成见读书，妄下雌黄，轻言取舍，如时人所言批评态度。"（一，126）他举以牛驾车拟诸读书，以车喻身，以牛喻心，如果车不行，是打车还是打牛？他指出车无法自己移动，需要牛来拖曳；而肢体的发动，又由心所主宰。所以读书须调心，使心气安定。读书之心有散心、有定心。以散心读书，博而寡要，劳而少功；以定心读书，则事半功倍。因此读书要调伏散心，确立定心，这样随事察识，引归自性，读一书便有一书之用，容易悟入领会。

马一浮肯定书是能诠，义理是所诠，故读书贵在得意，不在得言。意就是所诠之理，读书而不穷理，无异于买椟还珠，反成读书之过。今人争相谈论西洋哲学、新学，骛名无实，"记得许多名相，执得少分知解，便傲然自足，顿生狂见，自己无一毫受用，只是增长习气"（一，126）。

虚心涵养离不开对书籍性质的了解。例如传说中最早的书籍《三坟》、《五典》、《八索》、《九丘》等皆以载道，至周末已到了史籍烦文、读者惧览的程度，于是孔子手订六经，芟夷烦乱，翦截浮辞，举其宏纲，撮其机要，彰显出六艺之道的义理脉络。"故六艺之文，同谓之书；以常道言，则谓之经；以立教言，则谓之艺；以显道言，则谓之文；以竹帛言，则谓之书。"（一，127）因此应对古代典籍抱有深切的敬意，不能妄自菲薄，动辄怀疑。在这方面，孔子是今人读书的楷模。"述而不作，信而好古。窃比于我老彭"，"我非生而知之者，好古，敏以求之者也"，"知之为知之，不知为不知，是知也"，读《易》时，韦编三绝，漆书三灭，铁挝三折，表明了客观、精勤、谨严的治学与读书的态度。虚心还意味着对著述活动一定要慎重，不可轻易落笔，虚浮为文，孔子所谓的"盖有不知而作之者，我无是也"，才是对著述真正的尊重态度。

马着重批评了时人读书"不及终篇，便生厌倦，辄易他数，未曾玩味，便言已了，乃至文义未通即事著述，抄撮剿袭，自矜博闻，谬种流传，每况愈下"（一，128）。指出这不仅徒劳无益，反而助长习气，"其害于心术者甚大"。

二 读书之序

在确立读书之心后，马一浮引用《学记》文句作为读书的次第功夫，使学者可以循序渐进，不致于贸然躁进。《学记》曰："一年视离经辨志，三年视敬业乐群，五年视博习亲师，七年视论学取友，谓之小成；九年知类通达，强立而不反，谓之大成。"（一，130 引）

离经是疏通文义的章句之学；辨志是严义利之辨，明确读书目的。然后敬业、博习、论学，显示的是读书的渐进工夫，乐群、亲师、取友等是效验，义理愈明，心量愈大。但要到"大成"地步，知类通达，深造自得，临事不惑，不违师道，还需进一步学习，保持不懈的进取精神和学习态度。相形之下，今人读书仅停留于离经一层，谈不上后来的功大阶梯和为学次第。

三 读书之道

马一浮从书籍是古圣先贤前言往行之记录的观点出发，指出它代表了著见于外、显之为文的古人心德，初学者若是能蓄之于己，使自心之德与之相应，便可以光大人格，充实人生，提升境界。因为读书不仅是博文之事，更是蓄德之事；书籍不仅是竹帛纸张，更是六艺之理的彰显。他指出清代自乾嘉以后，治学重点由小学变为校勘，再由目录而至版本，一味考证版刻的远近，行款的异同，纸墨的优劣，何止是玩物丧志，简直是对自心之理的遮蔽与抹煞，大大违背了读书之道。

那么，什么是读书之道呢？马一浮提出确保读书所以穷理，所以畜德的四条原则，认为满足了这些原则就是读书之道。

> 约而言之，亦有四门：一曰通而不局。二曰精而不杂。三曰密而不烦。四曰专而不固。局与杂为相违之失，烦与固为相似之失。执一而废他者，局也；多岐而无统者，杂也；语小而近琐者，烦也；滞迹而遗本者，固也。通则曲畅旁通而无门户之见；精则幽微洞彻而无肤廓之言；密则条理谨严而无疏略之病；专则宗趣明确而无泛滥之失。不局不杂，知类也；不烦不固，知要也。类者辨其流别，博之事也；要者综其指归，约之事也。读书之道尽于此矣。（一，130）

马简练精辟地剔选出读书四蔽，局、杂、烦、固，意在对治时人病痛，纠正浮躁学风，并提出读书四原则，即通、精、密、专，释其内涵，明其要义。

他指出，历史上的今古文之争、汉宋之争、朱陆之争，推之三教之争、东西文化之争，皆病在局而不通，不知晓各方都是六艺之道的推衍流变，至其末流遂互相攻击、排斥，如此又导致其他三失，"既见为多岐，必失之杂；言为多端，必失之烦；意主攻难，必失之固。欲除其病本，唯在于通"（一，132）。为达到"通"的目的，马进一步提出"知类"和"知要"两条措施。

关于"知类"，他认为天下之书不可胜读，茫无涯津，必须先知其类，方可登堂入室，掌握脉络，知类则通，通则无碍。其关键在于以六艺之道判诸家得失，如《汉书·艺文志》叙九家长短，《经解》明六艺流失，《论语》评议"六蔽"，《荀子》衡准诸子，都是不局而求通的范例。以六艺为标准和尺度，凡是入理合道的，不论何派谁家，皆为六艺之一支；凡是乖违析乱的，都是执其一隅、局而不通造成的六艺之流失。所以要去其所执，任其所长，明《诗》之失何以愚，《书》之失何以诬，《礼》之失何以离，《乐》

之失何以流，《易》之失何以贼，《春秋》之失何以乱，然后"封执若泯，则一性齐平，寥廓通涂，谁为塞碍？所以囊括群言，指归自性，此之谓知类"（一，134）。

关于"知要"，即是把握宗旨，概括精要。如《诗谱序》所谓"举一纲而万目张，解一卷而众篇明"。马一一列举郑康成对六经的断语以说明他是善于读书的典范，如《诗》以道志，《书》以道事，《礼》以道行，《乐》以道和，《易》以道阴阳，《春秋》以道名分，就极为精准地浓缩了六艺的要旨。马一向推崇《论语》，认为是六艺的总会，群经之管钥，所以就其文书作重点阐发，如"思无邪"是《诗》之要；"毋不敬"是《礼》之要；"君君、臣臣、父父、子子"是《春秋》之要；"逝者如斯夫"，"四时行，百物生"，是读《易》观象之要；"其或继周者，虽百世可知也"，《尧曰》一篇是《书》之要；《乡党》一篇是《礼》之要。他还认为其他如子夏《诗序》、郑康成《诗谱序》、王辅嗣《易略例》、程伊川《易传序》、胡文定《春秋传序》、蔡九峰《书集传序》等，皆能抉微阐幽，各为一经之要。推而广之，"而后知心性之本，义理之宗，实为读群书之要。欲以辨章学术，究极天人，尽此一生，俟诸百世，舍此无他道也，此之谓知要。"（一，136）

四 读书之目

马一浮本着准之以义理而兼收并蓄、考之以源流而观其会通的态度，根据六艺论开列了必读书目，以供书院诸生入门进阶。这份囊括元典精华、将近二百种并加以简要剀切点评的书目，不仅反映了马广博深厚的国学根基，而且代表了他关于素质培养的总体人格观。下面就其基本特点略作评述。

（一）以四书为津逮

他认为四书是群经的精意所存，因此首列四书类各家纂疏集注。他指出六艺是孔子的遗书，由孔子弟子亲传，故欲深探微言大义，应先求之《论语》，方得孔门答问之旨。孟子、荀子皆身通六艺，然而在马看来，荀子蔽于修而不知性，唯有孟子论性善、言王政，可以承继《论语》精神。再加之《大学》、《中庸》，合为四书。以朱熹注为最精微，字字称量而出，深得圣人用心，所以"治群经必先求之四书，治四书必先求之朱注"（一，137）。

（二）以六经为主体

马一浮详细列出了六经的诸家传注疏解，作为养成通儒、完善人格的必读书的主体部分。首先，因为六艺散在《孝经》，故首置《孝经》类三家，又为黄石斋《集传》能取二戴礼记以发挥义趣，明确宗旨，故以黄氏为主；其次，重视六经的历史源流的考察，以便订其疑伪，校其优劣，陈其得失，例如他从易学史的角度，分析了义理和象数两大派别的流脉，深化六经的思想史背景，诸家兼收，昭显大道；再次，马对于理论悬案向来是准之六艺之义理加以判断，如诗类中朱子《集传》之义理为毛、郑所不及，治《易》以义理为主，义理以伊川为法，称赞胡文定《春秋传》义理最精，至于《尚书》之今古文悬疑，不关考证，而应准之以义理，礼类中清儒由于多勤于名物而疏略于义，故仅被马约取；最后，他注重训诂，旁涉音义，并附以小学，既有争鸣公案，又有单篇详解，使学者稍窥其涯略。

（三）以四部为博文

经部已见上，子部又分为儒家类和诸子异家类。对于儒家类，马在书院简章中以《论语》、《孝经》为一系，以孟、荀、董、郑、周、二程、张、朱、陆、王十一子附之，从而勾勒出儒家道统的大致轮廓，书目中马亦按照此道统顺序列出了从《家语》、《孔丛子》到《日知录》等三十七种著述，将之作为六艺的阐扬与光大，特别提示其在经典文献系统中的重要性，"若不读群经，亦不能通《论语》、《孝经》也；不读十一子之书，亦不能通群经大义也"（一，144）。对于诸子异家类，他列出道、墨、名、法四家，认为

它们都出于六艺，而互有得失，可以观道术之流变。史部推荐了
《史记》、《汉书》、《后汉书》、《三国志》、《晋书》、《宋书》、《南
齐书》、《新唐书》、《五代史》等，点评其特点，强调《隋书·经
籍志》和《魏书·释老志》的学术特色。马指出集部汗牛充栋，
重要的是宜知流别，宜辨体制，宜择读大家，宜多读诗文，他着重
批评了宋明帝区分玄、儒、文、史四学与胡安定区分经义、治事以
及姚鼐区分义理、考据、辞章的观点，主张通过泛观博览，取精用
弘，自然知利病，明义理。

　　总之，马一浮强调六合之内，便是一部大书，所谓观象、观
变、观生、观心，皆是读书。在书院略举读书法，使初学者知晓传
统文化规模，树立正确的抉择尺度，"信得及时，正好用力，一旦打
开自己宝藏，运出自己家珍，方知其道不可胜用也"（一，136）。他
认为有感必有应，所应复为感，其感又有应，因此他并不担心自己
的演讲会寂寞无声，有朝一日总会发生影响，潜移默化。他对此抱
有极为强烈的信心和深厚的历史责任感："此是某之一种信念，但愿
诸生亦当具一种信念，信吾国古先哲道理之博大精深，信自己身心
修养之深切而必要，信吾国学术之定可昌明，不独要措我国家民族
于磐石之安，且当进而使全人类能相生相养而不致有争夺相杀之
事。"（一，4）

第三节　书　院　规

　　马一浮一生有两次讲学经历：一次是仓皇避寇，书籍妇孺，颠
沛流离，为安身计而为浙江大学聘任，筚路蓝缕于泰和宜山间；另
一次是创办复性书院，宣传儒学主张，培养文化种子，光风霁月于
乐山乌尤寺。如果说前一次讲学，尚属出于无奈，"吾来泰和，直
为避难耳。浙大诸人要我讲学，吾亦以人在危难中，其心或易收
敛，故应之。欲且与提持得一二，亦庶几不空过"（二，824）；那

么第二次则是他自愿主动，贯彻儒学教育理念的一次重要实践。"当思如何绵此圣学一线之传；如何保此危邦一成一旅之众；如何拯此生民不拔之苦。"（二，849－850）

　　因马一浮向弟子流露有创办古典书院以培养文化种子的愿望，故经由陈立夫的渠道，获得蒋介石的重视，国民党政府遂以院长孔祥熙名义向正在宜山浙江大学讲学的马一浮发出邀请电，恭请马讲学，认为"际此强虏披猖，国脉一线，欲图转危为安，端赖宏施教化"。1938 年 8 月，马一浮草拟《书院之名称旨趣及简要办法》，阐明自己的办学思想，并要求政府"始终以宾礼相待"。在满足上述条件后，马被迎请至重庆。

　　1939 年 3 月，教育部成立复性书院筹委会，聘请屈映光、陈其采、陈布雷、叶楚伧、周钟岳、陈果夫、寿毅成、沈尹默、邵力子、谢无量、熊十力、刘百闵、贺昌群、赵尧生、梅迪生、张晓峰、梁漱溟、朱铎民、沈敬仲等为委员，后改为董事会，由屈映光为董事长，陈其采任副董事长，刘百闵任总干事。由董事会正式聘请马一浮为主讲，总理讲学事宜。所需经费，除蒋介石拨三万元专款作为建院基金外，其余由教育部与四川省政府每年给予足额补助。书院由马亲自勘定，设在四川省乐山县（古称嘉定）乌尤山之乌尤寺，位于岷江、青衣江、大渡河交汇处的江心，景色冠绝全川①。复性书院于当年 5 月招生，以文字甄别为征选方法，肄业生

---

　　① 乌尤寺原称正觉寺，始建于唐玄宗天宝年间（约公元 750 年），北宋时改现名。"乌尤"系梵文，为印度佛教密宗瑜伽部的主尊之一，寺内尚遗存唐代铸造的乌尤铜像一尊。现存寺院为明清两代所建，其中五百罗汉堂在国内久负盛名。乌尤寺所在的乌尤山和凌云山、马鞍山，古时统称青衣山。位于四川省西南部的岷江、青衣江（古称若水）、大渡河（古称沫水）三江汇合之处，与古城乐山隔江相望。三山突兀，壁立千仞，激流湍水，云蒸霞蔚。凌云山巅古塔矗立，大佛庄严，乌尤寺畔树木葱茏，帆舸竞发。乌尤山西面的悬崖绝壁处是尔雅台，据传是东晋文学家郭璞注释《尔雅》的地方，后马一浮常以此为讲论场所。

近30人，加参学者不足40人。9月17日正式谒圣开讲。

马一浮对复性书院倾注了大量的心血，不仅亲自起草学院章程，订立学规，而且批答试卷，阅改诗文，定期谈话，并在书院处于艰难处境时，捐书卖字，专注刻书。由于复性书院是马一浮儒学教育理念的贯彻和文化哲学主张的落实，因而围绕着书院的盛衰也就不能不引发我们对其文化哲学思想更为深入的思考。

一　对现代大学制度的批判

马一浮认为现代大学与古典书院的根本不同之处在于"学校造士，书院求师"（二，715）。现代大学划分不同的专门学科，使学生掌握具体知识，成为实用型人才；古典书院则意在培养通儒，传承圣贤血脉，光大民族文化。由于教育目的不同，那么教学手段必然就会发生变化，马认为六艺之理是人心自具，容不得强迫灌输和时间限制，而在于善诱、启悟、证验、明体，日用不离，终身行之；而现代大学则"专重研究某一问题，唯务搜集材料撰成答案，便为能事已毕"（二，737）。对学生来说上大学皆是为求出路，求利禄，不知此外更有何事。所以对心性义理有所忽失，于人生目标有所疏怠。朱熹曾言"仕宦夺人志"，马一浮指出，今日"学校夺人志"，是有过之而无不及。

1912年通过辛亥革命终于成立了中华民国，孙中山被推举为临时大总统，蔡元培也被任命为教育总长，蔡遂邀有世谊的马任教育部秘书长。马就任后才知蔡的教育观念是反对尊孔，废除六经，先后公布《小学校令》废止读经科；公布《中学校令》废除"读经讲经"；公布《大学令》和《专门学校令》取消"经学科"。马自美、日留学归国，正孜孜于复兴儒学，弘扬传统文化，当然不能容忍废经行动，虽委婉劝说，已不能收回成命，于是到任不到三个星期，便托言请辞："我不会做官，只会读书，不如让我回西湖。"① 马在后来回顾了这起教育观念的冲突并坦承了自己当时的主张:"蔡君邀余作秘书长,余至而废止读经、男女同学之部令已下,不能收回,与语亦不省。"(三,1084)

马一浮的不满失望、痛心疾首在十多年后的《重修绍兴县文庙记》一文中仍然以强烈的情感形式表露出来:"自新法行,益务变置,学校尚功利,绌儒术,虽尊孔子为大祀,教士不以六经,由是庙学异制。国步旋改,兵革不息。用故州县学宫为卒舍者有之,上丁之祭弗绝而已。"(二,195-196)

马认为现代大学制度移植于西方,而西方的教育是"至乎艺矣,未至乎道也;善其生矣,未尽其性也"(二,1165)。如性道未能明了,那么"艺"和"生"的价值显然也就不可能获得真正的实现。所以他提出要以"尽性至道"作为现代教育家的责任和使命。他激烈抨击现代学校类似工厂,学生也自安于为工具,人才的培养已经和机器的批量制造没有差别了。

二　两个早期制度设计

(一)制度设计之一:通儒院

在给蔡元培的提议中还包括创设国学研究机构的设想,以纠现代大学不闻义理之偏。他具体指出:"设通儒院,以培国本。聚三十岁以下粗明经术小学,兼通先秦各派学术源流者一二百人,甄选宁缺勿滥,优给廪饩,供给中外图籍,延聘老师宿儒及外国学者若干人,分别指导。假以岁月,使于西洋文字精通一国,能为各体文词,兼通希腊、拉丁文,庶几中土学者可与世界相见。国本初张,与民更始,一新耳目。十年、廿年之后,必有人材蔚然兴起,此非一国之幸,亦世界文化沟通之先声也。"(三,1084)

可见,马反对废止读经并非出于单纯的保守主义抵制,而是出

---

① 马镜泉、赵士华:《马一浮评传》,百花洲出版社1993年版,第34—35页。

于中西文化交流需要的考虑。因为在他看来，一个国家、民族的生命系于文化，儒家经典作为民族文化的主流代表，如被废止，无异于自我窒息。复兴儒学就是培固国本，研究西学就是进一步辅助、阐扬儒学，培养通儒就是造就一批学贯中西的学术大师，更好地实现中西文化的沟通和互动。他坚信自己教育制度设计的正确和远见："使通儒院之议见用，于今二十六年，中国岂复至此？今则西人欲治中国学术者，文字隔碍，间事迻译，纰缪百出，乃至聘林语堂、胡适之往而讲学，岂非千里之缪耶？"（三，1084）

同年，他带着对废经的不满远涉重洋，自费考察了新加坡。马对新加坡始终以儒学国教，倍加赞赏，对比中新两国教育制度，颇生感慨，于是撰《新加坡道南学堂记》，既记其事，又抒其怀："予惟今国家初改政，典教育者方议绌儒术，废六艺，而兹堂之称，乃有取于洛学之传。所谓礼失而求诸野者，非欤？"（二，194）

由于对现代大学教育充满失望，于是当蔡元培在 1916 年任北京大学校长，又聘马为北京大学文科学长时，马旋即以"古闻来学，未闻往教"八字电报辞让。他接着回函解释曰："其所以不至者，盖为平日所学，颇与时贤异撰。"（二，453）1930 年，北京大学校长陈百年倾慕马之为学，又多次函电相邀，马仍以自己所学不能"急于世用"，于大学无补而婉言谢绝。浙江大学校长竺可桢亦四次相邀，并托人劝说，马亦不为所动，自认所学不能纳入现行学科科目系统，如果学生自愿肯学，可以上门请业受教。马之所以坚持不到这些大学任教，应当说并非是意气用事或其他原因，而是缘于他对通儒院这样一种教育制度理想的不懈追求。

（二）制度设计之二：般若会约

马一浮在 1917—1927 年间深探释典，广交寺僧，成为当时著名的居士。1924 年，他参与组织般若学会并撰写了《般若会约》，分为六部分：一标名字，二明宗趣，三摄海众，四推善友，五示轨法，六显行布，涉及称谓缘起、社团宗旨、会员资格、推选程序、持戒义务、组织机构等。他在该会约的附言中特意阐明若干原则："随顺今世语言解释，本会系以个人自由意志，本于正当宗教之趣向，为纯粹道德、哲学上之集合，不含何等政治社会之意味，不受任何方面权力之干涉，为现今世界共和国法律所共许，故无呈请官厅立案之必要。"（一，867）这里所体现和强调的尊重个人意愿，反对政治干预的原则也被吸收成为后来复性书院建院时他所拟想的三原则之一。由此，《般若会约》也就成为他在撰写书院章程时的重要理论经验来源和感性总结。

当然，马在构想复性书院制度设计时，还有经常拿来比照借鉴的三个参照样本。

三　三个参照样本

（一）参照样本之一：丛林制度

丛林制度主要是由宋僧百丈怀海创制设定的，目的在于使僧众生活规范化和制度化，形成禅林修行的良好氛围和必要条件。它包括别立禅居和普请制度。别立禅居是指将禅寺从律寺中分离独立出来。因为唐代律寺兴盛，唐玄宗遂颁令禅僧聚居之所全部改为律寺，使禅僧附属于律寺。怀海提出禅律分立，体现了禅宗争取独立自由的要求。禅居的格局是只立法堂，既无大雄宝殿，亦无伟岸法相，以传达禅宗不崇拜偶像、不依附权威的自主精神。从职务看，禅寺里设长老，以及主事、化主、维那等，各司其职，一律平等。普请制度则指集体的共同劳动，不管僧职高低，都参加农业劳动或维持日常生活的劳动，如锄地、除草、搬柴、打水等。他把劳动融入禅法，自己身体力行，一日不作，一日不食。这种把农业劳动与禅法结合起来的农禅强调修行不离日用，证道即在日用中，使禅宗世俗化的色彩愈加鲜明，也强化了禅宗的生存能力。

马一浮认为《百丈清规》所形成的丛林制度是禅宗长久生命力的保证，其历史经验值得借鉴。他指出儒家讲学向来不及佛氏教育质量高的原因有二：一是政治因素，儒者不能离仕途，而宦海沉浮，易为小人排挤、陷害；佛教则不干预政治，国王大臣俱为护法，俱为檀越，故有崇仰而无畏忌之心，所以有自由的修行环境，可期规模宏远，令法久住，灯灯无尽；二是经济因素，儒者有家室之累，又缺乏其他谋生手段，故只能为五斗米折腰；佛教无此顾虑，丛林接待十方，粥饭自有供养，可以专心求道，而且佛教丛林多设在佳山胜水，意在绝人仕宦之心，出乎利欲之阱。

所以书院必须确保政治独立和经济独立，如此才能排除外界因素干扰，一意读书论学，"如此设立书院，方有意义，故当从源头处审谛，不可稍有假借也"（一，753）。在具体措施上，他还设想分立玄学、义学、禅学三讲座，敷扬经论旨要，以明性道，"略如丛林之遇他方尊宿然"（二，828）。

（二）参照样本之二：书院制度

书院之名肇始于唐，经五代而大备于宋，教育功能日益强化，成为传统教育制度的重要组成部分。如宋代曾出现白鹿洞、岳麓、应天府、嵩阳等著名书院，既有职务类别、藏书管理、经费开支、择选考核等规定，又有刻书、教育的功能，其中朱熹为白鹿洞书院制定的学规反映了宋代大多数书院的教育宗旨和办学目标，也为后世书院的发展提供了范本，因而成为书院制度的一个经典性文献，有必要略加介绍。

第一，五教之目："父子有常，君臣有义，夫妇有别，长幼有序，朋友有信。"明确了个体是处于五种主要的社会伦理关系当中，必须遵循一定的道德规范和行为标准，从而规范了书院的教学内容，揭示了教育的根本宗旨；

第二，为学之序："博学之，审问之，慎思之，明辨之，笃行之。"提示书院诸生的为学方法和工夫次第；

第三，修身之要："言忠信，行笃敬，惩忿窒欲，迁善改过。"指明个人道德修养的主要方面和伦理要求；

　　第四，处世之规："正其义，不谋其利；明其道，不计其功。"
确定了诸生在为人处世、立身行事中应采取的基本原则；

　　第五，为人之方："己所不欲，勿施于人；行有不得，反求诸
己。"强调于社会生活和人际关系中树立正确的人生态度。

　　马一浮多次提及白鹿洞书院学规，并将其和现代学校的校训作
了比较："今则为之规律以制服之，为之条例以束缚之，而规律、
条例云者，率皆本性之所无……朱子白鹿洞书院学规，寥寥数条，
纲举目张而已备"（三，1198），自感"昔朱子为白鹿洞书院立学
规甚简，今书院学规甚繁，时代不同，亦是不得已。今人习染太
深，沉锢太久，故向他开导，不得不叮咛周至"（三，1189）。

　　马一浮坚持使用书院这一古典称谓表明了他是对传统书院精神
的继承，参照白鹿洞书院订立复性书院学规，简化为四条原则，并
按照以文取士的标准，甄选学生。在教学内容上，强调以儒学经典
为主要研究对象，深明经术，精研义理，确立六经为道本，别是非，
辨义利，正人心，厚风俗，"而后中土学术之统类可得而明，文化之
原流可得而数，即近世异域新知，亦可范围不过"（二，1172）。

　　在此期间，与马一浮同时办学的现代新儒家中，还有梁漱溟在
重庆北碚金刚碑主持勉仁书院，张君劢在云南大理创办民族文化书
院，这三大书院都旨在承继学术薪火，培养文化传人，成为宋明自
由讲论学风的一次现代实践①。

――――――――――

　　①　马一浮认为，讲学是弘扬大法，启迪后学之大事，故不敢不敬。书院极为重视
礼仪，在正式讲学前，举行了隆重的开讲礼，马一浮斋庄盛服，立讲舍（乌尤寺之旷怡
亭）前正中位，讲友、都讲及诸执事分立左右，学生在后依序排列。由引赞王静伯唱先
行谒圣礼，师生向先师位北面三礼，梵香读祝复三礼，谒圣礼毕。次行相见礼。礼毕，
主讲马一浮开示。以后，马一浮每次开讲前，先写好讲稿，命人誊清，并将尔雅台前的
旷怡亭扫除清洁，再将鲜花一束置瓶内虔诚肃穆地放置讲桌上，待讲时既到，学人齐
集，然后由都讲乌以风捧讲稿随侍在后，俟马一浮升座定位，再将讲稿双手捧持顶礼以
献。

（三）参照样本之三：金陵刻经处

唐武宗灭佛后，经过唐末农民战争和五代的持续动乱，大量佛教典籍散失毁灭，以致于宋明学者研究佛教都感到文献不足，这种情形一直延续到清末。杨文会居士为扭转此状况，设金陵刻经处，搜古本，捐房舍，办僧学，刻经与教学并重，既出版了大量散失已久的佛教典籍，又培养了一批如欧阳竟无、太虚等佛学杰出人才，愿力魄大，意念弥坚，可以说近代佛教义学复兴，杨文会居功至伟。

马一浮极为钦佩佛教僧尼居士之刻经事业，指出从明僧紫柏发愿勒石刻经藏于深山，使教论流传甚广，然后"清石埭杨居士实继其业，每恨儒者未能及之"（一，706）。而且，面对传统儒学的日益衰微，他的心中亦潜藏着极大的隐忧："中土固有学术，将来难免如印度大乘教之落没。然印度经典之亡，中土能传译之，中国学术一旦沦亡，西人无译本，中国人又不能自为之，是诚可忧者也。"（三，956）所以他自愿担荷刻经使命，规划了庞大的"复性书院拟先刻诸书简目"，共五类：一为《群经统类》，计四十二种；二为《儒林典要》，计三十六种，另附外编六种；三为《文苑菁英》，计二十种；四为《政典先河》，计十六种；五为《诸子会归》，计一百十四家，六百二十七卷，附录十五卷。其中收入了许多重要的宋明理学家著作，为宋明理学研究提供了一批注释和版本都极精审的原始资料。

他警示说侵略者欲亡人国，必先毁其典籍，故民族的存亡，从艺文图书之兴废可见一斑。正因为是从民族文化保存和重建的高度来从事刻书活动，所以马一浮展现出毫不动摇、百折不挠的决心和毅力。即使书院由于外在的原因被迫停止招生时，马亦尽力维持刻经事业，并在经费奇缺的情况下，不仅广为募集刻书基金，而且亲自鬻字刻书。

总之，"多刻一板，多印一书，即使天壤间多留此一粒种子"

（一，706）。

四　办学三原则

马一浮在给时任教育部长的陈立夫写信时，特地申明办学三原则，希望政府能给予理解和支持：

> 一、书院本现行学制所无，不当有所隶属，愿政府视为例外，始终以宾礼处之。二、确立六经为一切学术之原，泯旧日理学门户之见，亦不用近人依似之说，冀造成通儒醇儒。三、愿政府提倡此事，如旧时佛寺丛林之有护法、檀越，使得自比方外而不绳以世法。（一，757）

马希望这三项原则分别能从学制、学术、政治上保证复性书院的独立地位和自由讲论，完全按照自己的构划教学育人，因此极为重视，特向当局提出。

（一）学制独立原则

缘于对现代大学制度和西方教育理念的反对，马寄希望于沿用古典书院的形式以开发出一套新的教育体制：在入学选拔上，学生没有年龄、资格、人数限制，只要学有根底，经文稿审查后可甄选入院，另设参学，凡好学之士，赞同书院宗旨，经人介绍，由主讲许可，便可入学，但第一次招生应聘七百多人，仅二十余人入选，录取率为百分之三，另有参学十余人；在学习期限上，一般以三年为限，特殊情况可延长；在学习待遇上，书院提供膳食住宿，发给津贴，以便专心学习；在作息制度上，不采取学校的钟点制，而是以自由讲习和实践为主，力图创造宽松的学习氛围，但若有惰学、违过等，视情况给予遣归、辞谢；在学习考核上，要求半月交一次读书笔记，每学期课试一次，视其学业进退，给予奖惩，考核既与古代书院重经解、制八股不同，又与现代学校重记诵、计分数迥异，可从出题中自择，不求备，不为苟难，亦不为苟易，深浅随人，但求各尽其才；在毕业分配上，他认为书院不是培训专业技术人员，无须发给文凭，穷理是终身之事，书院只是假借缘熏，关键还在于日常践履，自己证悟，实在受用。他始终反对书院培养实用人才，宁愿出一周公，而非一管仲。

（二）学术独立原则

马一浮以"六艺统摄一切学术"的文化哲学主张确立了书院的教学内容和知识谱系，认为这样既可以摒除传统学术的门户之见，又反对了现代学校的西化教育模式。他指出文化是民族的生命，值此抗战之际，大家都在谈民族精神，但民族精神的实质是什么，却未有深究。因此对民族精神的追问是十分迫切而必要的。他认为六艺即是中华民族精神之所在，古圣先贤血脉之所存，所以书院必然应以此为教，"而后学术之统类可明，文化之根本可得，自心之义理可显，而后道德可立，精神可完"。（一，756）析而论之，六艺虽不分科，但可分为通治、别治二门。通治门讲求群经大义，别治门可以专主一经；他还提议延请精通玄学、义学、禅学的学术大师主持讲座，以更好地理解六艺精蕴①；书院不主张进行外国语文、现代科学的专门研究，但在藏书上也要置备外国主要书籍，使学生兼明外学，通晓外事；同时邀请国内外通儒显学开办讲座，以多闻广益。

（三）政治独立原则

马声明书院师生不参加任何政治运动，而且作为一个纯粹研究传统学术的社团，书院亦无任何政治意图。但也要求政府不要干预

---

① 马一浮特别说明："先儒多出入二氏，归而求之六经。佛老于穷理尽性之功，实资助发。自俗儒不明先儒机用，屏而不讲，遂使圣道之大，若有所遗。墨守之徒，不能观其会通，渐趋隘陋而儒学益衰。今当一律解放，听学者自由研究。故特分设此三门，使明三学源流，导以正知正见。"（二，830—831）

院务教学，免除师生兵役，同时创立基金会，由个人志愿捐献，如
果政府出于扶持文化的考虑，给予资助，和檀施是一样的。书院的
性质是社会的、民间的，不是国立的或省立的。因此他强烈反对财
政部拨款用拨字号，这样需要按月逐项填注收支，不能整笔支取，
形同部属的直属行政关系，要求改为直字号。他指出这种做法不是
为个人利益，而是为了保证书院体制的独立，不受政治干预。

　　尽管马一浮对书院寄予很大期望，但当办学三原则遭到破坏
时，他便坚决辍讲，寓讲习于刻书。事情缘于 1941 年国民党教育
部要书院填报师生人员履历及所用教材备核。据说，陈立夫事先并
不知情，而是经办人员所为。但马十分愤慨，当即致函教育部，责
以违背"以宾礼待"的诺言，决意辞去讲席，停止讲学，遣散书
院诸生①。

　　五　四条学规

　　马一浮认为以朱熹《白鹿洞学规》、刘宗周《证人社约》为代
表的书院学规与现代学校之校训有着本质的不同。后者是"树立
鹄的"，前者是"因其本具，导以共由"（一，106），"示学者立
心之本，用力之要。言下便可持循，终身以为轨范"（一，105）。
这也反映了学规和教条的区别，教条重在制裁，有待于外物的约
束；学规示人以义理，为自性本具，有待于自己的返求。

　　他指出书院的培养制度和教育目标与一般学校是截然不同的，
他寄希望于从学之士能为王者师，方尽得儒者本分。孔子门下，从
学三千不为多，其中只有颜回、曾参不为少。希腊的柏拉图学园，
只成就一个亚里士多德，亦足以继往开来，为西方哲学宗师。因此

---

　　①　马镜泉、赵士华：《马一浮评传》，百花洲出版社 1993 年版，第 91 页。书院从
1939 年 9 月 15 日开始讲学，到 1941 年 5 月 25 日停止讲学，前后共一年零八个月。之
后，书院专事刻书。刻书的主旨是要使儒学有传，智种不断。

马一浮特别提出这四条学规，自认"内外交彻，体用全该，优入圣途，必从此始"（一，107）。

（一）主敬为涵养之要

任何生物都需要涵濡润泽才能发荣滋长，心性本体亦是如此，需要驱除外感，培养元气，先收摄，后充养，自然可以回复其冲和广沛的气象。这个过程的关键在于主敬，"须知'敬'之一字，实为入德之门，此是圣贤血脉所系，人人自己本具"（一，110）。从功夫看，心专主于义理而不走作，精神凝聚则照用自出，主一无适，自然宽舒流畅，毫无拘迫压抑；从效验看，敬则自然虚静，自然和乐。从"敬以摄心"看，使之收敛内向，义理昭著，自心主宰，渐除攀缘驰骛之意；从"敬以摄身"看，则百体从命，视听言动一于礼度。马认为现下学者的通病便是不敬，主要表现为"以多闻多见为事，以记览杂博相高，以驰骋辩说为能，以批评攻难自贵"（一，109）。所以马指出病痛，切望诸生自己勘验，猛力省察，如任德性之知隐覆，是自己辜负自己。一言以蔽之："唯敬可以胜私，唯敬可以息妄。私欲尽则天理纯全，妄心息则真心显现。尊德性而道问学，必先以涵养为始基。及其成德，亦只是一敬，别无他道。"（一，110）

（二）穷理为致知之要

从概念上辨析，理即是自心本具之理，周遍充塞，无乎不在，无有内外。穷是究极之谓。所以穷理就是究极此理，周匝圆满，更无欠阙，更无渗漏，不滞于一偏一曲。知是真知此理而臻达自觉自证境界，如人饮水，冷暖自知，所有名言诠表只能得其仿佛。致为竭尽之称。故致知就是对事物的彻底认识和本质把握，这不仅是理性认识的飞跃，更意味着自由境界的实现。一旦达到此种认识高度，则"一现一切现，鸢飞鱼跃，上下与天地同流，左右逢源，触处无碍，所谓头头是道，法法全彰，如是方名致知"（一，112）。这种对事物本身的终极认识之根本在于确立"物我无间，人己是同"（一，

114）的观念，这样理是同具之理，不能独得；知是本分之知，不假他求。他认为现代的认识理论强行区分认识活动的主客体，实际上是把原本属于主体的客体（"心外无物"）驱逐出去，成为孤悬独立的东西。如果按照这种致思途径，那么所谓"解决问题"、"探求真理"全都是南辕北辙，迷失自性，若有所得，实为徒长习气，更增虚妄。

马一浮在这里以唯心论取代了唯物论，以主观意识活动取代物质实践过程，他模糊了认识的来源和目的，也不知晓"物我无间"必须以事物的差别和区分为前提，所谓的"物我无间"只是在不断深化的认识过程后所达到主客交融的理想状态描述，这些都反映了他仍然停留于"天人合一"的传统思维方式。

（三）博文为立事之要

马一浮认为在心为理，见于事则为文；事有当然之则谓之理，行此当然之则谓之文。按照因事显理、摄用归体的思路，必然要求穷理致知之后继之以博文立事。马根据《系辞传》指出，"文"首先以物的复数为前提，其次是呈现为动态过程，再者此一交错联系的动态过程还应是事与事之间的发动与反映，表现为事相的总名。这样马将文的含义无限扩张，不是仅局限于书面语言及其物质载体，而且推及天地间的一切事相，既包括个人的视听言动、为人处世、功业事迹，又包括万事万物的运动、发展、生灭等。博是通而不执之谓。所以博文就是全面、通达而非偏狭地把握宇宙人生的相状和规律，以之指导日常生活和社会实践。这种具体的日常生活和社会实践即是"事"。按照马一浮的理解，与"文"相应的"事"也具有极为宽广的社会领域和生活内容，既包括伦理规范、仪礼节文、名物度数等普通情状，又包括政治运作、因革损益、裁成辅相等重大事件。立是确乎不拔之称。所以立事就是根据由博文而得的经验知识和理性观念去处置具体事务，解决特殊问题，站得住，把得稳，不放松。

如以植物来拟诸，博文是植物的发荣滋长阶段，立事是植物的成熟定型阶段，共同构成整个植物的生命链条。立事以博文为前提条件，而博文又需注重穷理，这样才能为德性修养创造条件。

（四）笃行为进德之要

德、行不二，在心为德，得之于理；在身为行，见之于事。笃是充实恒久，不为外部环境所动，无欠缺，无间断；进是日新不已，自强不息，无限量，无穷尽。笃行和进德体现为递进上升的关系。

德又分为性德和修德。从本体与功夫看，修德是通过不断学习以变化气质，由偏而兼，由兼而全，因修显性，即功夫即本体；性德本无亏欠，但性修不二，笃行到深湛精密处便能体验，全性起修，即本体即功夫。

马一浮指出这四条学规之间存在互为涵摄、彼此说明的关系，如主敬须实是主敬，穷理须实是穷理，博文须实是博文，这即是笃行；涵养得力，致知无穷，应事不惑，这便是进德。所以析而为四，实则贯通一体。"学规四目，理是一贯，所见不差，然事相则别，故说为四。虽不可划分阶段，亦非全无次第。如车轮、蜗角，自有前后左右之相，然其转动屈伸实是全体作用。如人行步，一足先动而一足随之，乃能成行，前必引后，后必蹑前，行来只是一串也。"（一，494—495）马特别叮嘱，切不能将学规当做教条而妄生知解："此乃圣学之宗要，自性之法门，语语从体验得来，从胸襟流出，一字不敢轻下。要识圣贤血脉，舍此别无他道。"（一，128）

第四节 六 艺 教

在马一浮"六艺论"的思想系统中，"六艺"除具有作为经验性历史文本和作为超越性价值原则外，还在证人的层面上能动地体现为艺术的美育功能。在这方面，他自己就是身通诗、书、画、印等各项艺术技能的典范，在早年还翻译过俄国杜退思的美学著作——《正艺》。因而，马十分重视艺术对人的身心调润、移风易俗的巨大作用，提出了一系列艺术观点及原则，以艺术和人格的双重魅力展示着一代儒宗的伟大心灵。

马一浮的美育思想与蔡元培的"以美育代宗教"主张不同。蔡元培认为知识、意志、情感曾经皆附丽于宗教，而伴随着社会进步，知识与意志相继脱离宗教，获得了独立发展的地位和空间。但情感或美感至今尚与宗教杂糅，致生弊端。所以，他号召以纯粹的美育代替宗教，通过美感的普遍性和非利害性陶冶情操，养成高尚习惯，促进人的发展。而马认为六艺是自心本具义理，同样亦是自心本具之美，美并非是徒具形式的美，美感的普遍性和非利害性恰恰来自于心性本原的义理基础，因此美是理的显现，理是美的内蕴。当然，六艺并不是在艺术活动中直接体现为具体的艺术门类，而是作为艺术理念渗透在各种艺术形式的美学原则及其实践中。由此，马首先辨析了艺术与道的关系，并进而就主要艺术形式的美学原则及对证成六艺之人的美育功能作了阐发。

一　由艺见道

在"由艺以见道"中，道指六艺之道，艺指具体艺术形式。二者具有本质的内在关联，道以艺显，艺以道成，因而可由艺术之美而臻于大道之境。正如在成功的艺术作品中，内容与形式是统一的，道与艺，即作品的思想性与艺术性也是统一的。马一浮指出"由艺见道"与"玩物丧志"有着根本的区别，后者耽于物而忽于志，沉溺于艺术的赏玩，于义理本身并无所觉，这样艺是艺，道是道，打成两橛，外在的艺术活动并不能真正对人的身心发挥影响，而且"玩物"之艺并不是贯注六艺之道的艺术，因为"玩"本身就意味着以物为外，不知天地一体，反而助长习气，遮蔽义理，是应当尽力避免的。

　　在孔子的思想中，"据于德，依于仁，游于艺"反映了由道而艺的建立人格进路。马指出孔子所谓的是"仁者不患无艺"，而现实状况中经常是"艺者不必有仁"，此处的艺术由于缺乏仁道的支撑和蕴涵，因而只会流于工匠之技。真正伟大的艺术作品应当以人类精神情感和人格力量为内容，具有震撼人心的艺术魅力和教育作用。"心通乎道，则其发用流行之妙，无施而不可。以是而为艺，艺必精，亦非俗之所谓艺者所能梦见也。"（一，549）

　　具体到抗日战争时期的国际国内局势，马认为人类生命系于一小撮战争狂人和军火商人手中，攻杀涂炭，穷兵黩武，完全丧失了人类的情感和理智，这实际上反映了西方艺术的失败。他希望加强艺术教育，使艺术界能创作出具有深刻的思想性、高度的艺术性的反映时代精神的作品，"唤醒人类真正之感情，启发其真正之理智"（二，566）。而且抗战作为民族解放的正义斗争，包含了深广的社会内容，艺术家恰恰可以借此创作出"不可磨灭"的文艺作品。在与丰子恺的通信中，他对丰运用漫画艺术鞭挞现实生活，振奋民族精神寄予极大的期望："艺术之作用在能唤起人生内蕴之情绪，使与艺术融合为一，斯即移风易俗之功用矣。"（二，569）

　　同时，先儒的精微义理亦须借助现代艺术形式获得广泛传播，为广大民众认识了解，在民族复兴中提持民族精神。例如他在浙江大学宣讲横渠四句教，自己颇觉此语伟大，缓声吟咏，自成音节，深感若能制歌谱曲，而广为传诵，令学生歌唱，必能振作民族精神和文化自信，知道"吾国固有特殊之文化，为世界任何民族所不及"（二，564）。他还在细节上颇费斟酌："第三句将声音提高拖长，第四句须放平而极和缓，乃是和平中正之音。其意义光明俊伟，真先圣精神之所托。"（二，563）

　　马一浮以道艺统一为出发点，以由艺见道为基本路线，进而展开了诗、书、画、印等四种主要艺术形式的美学考察。

二　诗：情通理境

马一浮的诗歌造诣极高，不仅名重一时，而且饮誉后世。从十岁的"神童诗"到临终的"绝笔诗"，马对宇宙人生的哲思、对民族文化的情怀凝结在歌吟咏叹中，在诗意的象征中展示着深刻的睿智和玄思。陈撄宁指出马诗是诗格与人格的完美统一，他对此极为称道："马君之诗，辞藻甚佳。然其特点，不在辞藻，而在性情。……马君之为人，虽已见性，而未尝忘情，故其为诗，性情兼至，不枯不缚，超以象外，得其环中，此即马君之诗格，亦即马君之人格也。"① 程千帆先生对马诗推崇备至，认为其"冥辟群界，牢笼万有，玄致胜语，胥出胸中神智澄澈之造。早岁诸什，高华典雅，大类谢公；晚遭播越，亲觌乱离，吐言沈郁顿挫，又与老杜自无意为同而自同者。文质彬彬，理味交融，较之晦庵，殆有过之而无不及。其我国为数极少之哲人而兼诗人欤？"② 郭齐勇先生认为他是 20 世纪"中国最伟大的诗人哲学家"③。理性与感性、哲思与诗情在马一浮的诗歌中以高度的艺术形式统一起来。马亦以诗自期，认为："后世有欲知某之为人者，求之吾诗足矣。"（三，1019）

因为在马一浮看来，诗作为一种艺术形式与道是分不开的，虽属"游于艺"，却以"志于道，依于仁"为基础："诗人所见者大，则其所言者远，其所积者深，则其所发者厚。不假安排，不事穷

---

① 陈撄宁：《天台纪游诗·按语》，载《扬善半月刊》第 3 卷第 12 期。

② 程千帆：《读蠲戏斋诗杂记》，载毕养赛主编，吕正之、马镜泉副主编《中国当代理学大师马一浮》，上海人民出版社 1992 年版，第 69—70 页。

③ 郭齐勇：《侧身天地更怀古，独立苍茫自咏诗——记马一浮的人格、文格与哲理诗》，载《中国文化》1994 年第 2 期。贺麟先生早在 40 年代就称誉马为"我国当今第一流的诗人"。（贺麟：《五十年来的中国哲学》，第 16 页。）张中行先生对马诗的评价是诗才高，语句精炼，有关政教，"与同行辈也写旧诗的人，如沈尹默、陈寅恪、林宰平诸位相比，马先生像是更当行，更近于古人"。（张中行：《马一浮》，载《负暄琐话》，黑龙江人民出版社 1986 年版，第 14 页。）

索，信手拈来，全是妙用。"（三，1185）所以"道"包含着人的全部学问素养和生命体验，马称之为"诗中三昧"，或"诗外别有事在"，要求诗人重视对六艺之道的明觉与悟解，淳厚蓄养道德文章，提升人生境界。"读破万卷，不患诗之不工，谓诗有别裁不关学者，妄也。"（三，984）。

首先，要广泛阅读古代诗歌，潜心体会古人之用心，做到"胸中不可无诗，笔下不必有诗"（三，1012），浑化为切己的境界体验。在诗歌发展史上，宋诗由于融合禅学，因而理境上胜于唐诗，但总体来看，诗人得道的并不多，往往是一代不过数人，一人不过数篇。

其次，马一浮主张诗是理境的自然发用，不是有意安排拼凑，"拈来便用，自然合辙，却是老夫自受用三昧"（一，565）。马诗理境殊胜，与他深厚精纯的国学根底是相联系的。熊十力先生早年评马一浮诗时说："马浮的学问，能百家之奥。其特别之表现在诗，后人能读者几乎等于零。"马一浮抗战时为浙江大学校歌撰词，学生都以为晦涩难懂，不便歌唱，刘操南教授为此特作《浙江大学校歌释疏》则成为一篇有相当水准的学术论文。某次马一浮赠弘一法师诗，章太炎见之自称只懂三成（三，1019）。可见其学力之深，理境之高。表现在用典上，则综合运用儒释道典故及古人诗意来表达复杂而深刻的思想意绪。潘嘉来先生认为："马一浮的诗词充分表达了他对中国传统文化的整体把握，以及圆融儒、释、道；程朱、陆王的深厚学力。圣贤之教、佛祖之言、道家之典、诸子之论，以及古诗词典、灯录公案，莫不在诗中运用自如，天衣无缝。以佛经对六经，以《法华》对庄子，信手拈来，都成妙谛。以古人诗词互对，典雅自然。引禅语入诗，如羚羊挂角，无迹可寻。以玄言说理，情境交融，浑然一体。以诗说法，言在此而意在彼，存微言大义于词章文字之外。"①

　　诗歌的情感是马一浮关注的又一焦点。他指出诗以感为体，作为"人人性中本具之物，特缘感而发，随其感之深浅而为之粗妙，虽里巷讴吟出于天机，亦尽有得风雅之遗意者，又何人不可学耶？……诗只是道性情，性情得其正，自然是好诗"（三，981）。从接受美学观点看，对诗歌的欣赏亦可以涵养性情，充实人的情感世界和心理结构。马还进一步将诗的情感性推而广之，认为"一切言语皆属于诗，真有至诚恻怛之怀，发之于言，自是感人。慈母之爱子，不学而能歌，赤子之于母，闻声而相喻，几以真情感通之故"（三，1012），"得诗教之意，则所感者深，自无俗情"（三，1029），"拔除俗病"（三，1002）。

　　马一浮的诗学强调情理交融，理性与感情的默契，玄思与情丝的飞扬。因此他反对割裂二者，将感情归为文学，理智属于哲学的做法。一方面，同属于人类的精神世界的感情与理智被割裂甚至对立起来，会造成人格类型偏向发展，这不是他心目中人格健全的六艺之人；另一方面，情理二分还会制造文学与哲学的内在困境，限制了它们反映人类心灵的广度和深度。情感的渲泄亦须理性的驭导，沉思的力量亦借深情的善诱，所以"文章之事发乎情，止乎礼义，忧乐相生，有以节之，故不过；发而皆中节，故不失为温柔敦厚"（三，1022）。在此意义上，刘士林先生指出："如果说，其哲学表征是在破除了儒释道乃至理学、六艺之学的门户之见基础上所产生的'道通为一'，那么也可以说，它的诗学表征即为一种超越了'思'与'诗'、'物'与'我'、'偶然'与'必然'等一系列二元对立之后而呈现出的'理事无碍，正音正义'之审美

①　潘嘉来：《德之华章——马一浮》，载《中国书画研究》2003 年第 2 期。

精神。"①

三　书：自具面目

马一浮书法精绝，擅长行草，精于篆隶，风格凝炼，气韵高雅，法度谨严，超然润逸，卓然成家。据称，抗战时期其书法被公认为全国第一。当代书法名家沙孟海先生对此有过简要透辟地总结："马先生的书法，凝炼高雅，不名一体。篆书，直接取法李斯。隶八分，直接取法汉碑，不参入魏晋以后笔法。真行书植根于钟王诸帖兼用唐贤骨法。独心契近人沈乙庵先生的草法，偶然参用其翻转挑磔笔意。我们展玩马先生遗墨，再检读他《蠲戏斋题跋》，可以全面了解他对历代碑帖服习之精到，体会之深刻，见解之超卓，鉴别之审谛，今世无第二人。"② 马先生弟子虞逸夫先生作《马湛翁先生书法赞》："古人每谓'书如其人'、'书为心画'，吾证之以马公之书而益信。其才德学养之藏于中者，深湛玄远，莫测其底蕴；其英华之发于外者，端赖笔札一曜其灵光。苟遇其人，则目击道存，必将有所感发，获益当不止于艺事而已。其书有不可及者四，孤征独到者一。童而好之，老而乐之，终身不废临池，其精进不懈不可及；博习多优，兼擅诸体，独趣众类，其多能不可及；结字坚紧，而气势旁远，酣畅尽致，其体用纯备、舒卷自如不可及；兴之所至，心手双忘，往往笔在意先，欲罢不能，其神速不可及。至其书法之最大成就，尤在能到古人欲到未到之境。"③ 传统书法理论认为书品即是人品，"书如其人"，"书为心画"，马一

---

① 刘士林：《诗力都从定慧生——论马一浮的诗》，载《浙江学刊》2002 年第 5 期。

② 沙孟海：《论马一浮的书法艺术》，载毕养赛主编，吕正之、马镜泉副主编《中国当代理学大师马一浮》，上海人民出版社 1992 年版，第 97 页。

③ 转引自毕养赛、马镜泉主编《马一浮学术研究》，杭州师院马一浮研究所，1995 年，第 243 页。

浮在自己的书法世界中展现着高尚的人格与境界。

马一浮从幼年发蒙时开始执翰临池，为应科考初习欧阳询、欧阳通父子。隶书得力于《石门颂》，行书奠基于王羲之《兰亭》、《圣教》两序。青年以后，遍临《夏承》、《张迁》、《尹宙》、《樊敏》、《耿勋》、《封龙山》、《礼器》、《曹全》、《史晨》、《华山庙》、《韩仁铭》、《曹真》、《鲁峻》、《天发神谶》诸碑等。大篆学《石鼓》、《诅楚文》，小篆直接取法李斯。马指出先儒志气清明，义理昭著，形之于笔端札间，莫非伦常日用之道，因而"书虽艺事，实关妙悟"（二，78）。

书与道的关系可以从两方面来理解：一方面，历代碑帖包含了先儒的风神与用心，通过精勤的临摹活动获得深入的感性认识和灵觉体察；另一方面，持续性的书写实践不仅使技术日趋成熟，而且改善和增进了身心协调，灌注人的情感生命力，成为人格的高度艺术表征。他某次批评弟子作书潦草，指出即便是写一寻常短札，亦能从中见识人之用心，不可匆匆放过。

对于书法创作，他强调"自具面目"，即要求不名一家，不拘一体，融会贯通，呈其天机，从笔墨纵横中体现出书家的道德品质和人生觉解。"古来书家亦自各有面目，各具变化，取精用宏，自能抉择。"（一，549）他认为近代书家中，沈曾植先生晚年书以章草阁帖参之北碑，融为一家，堪称自具面目；弘一法师一生不出《张猛龙碑》，晚年一味恬静，亦自有其面目。他还进一步提出要区分"自具面目"和"一副面目"，后者是拘一家、擅一体，写来写去，总是一副面目，未能随着书体、内容、环境、意绪的变化而灵动自如；前者不论何书，"便有一种精神，包罗万象，变化不测"（三，1197），而为神品、逸品。

四　画：释回增美

"释回增美"出自《学记》，"释"是舍；"回"为邪，指不善。马一浮从美善统一的角度，认为它既是教育根本，又是艺术原则，绘画创作中贵在对自然、社会进行艺术化的加工，删繁刈秽，撷英擢秀，表现画家的主体精神和对美的追求。所以画家要善于"变化景物，去其不善而存其善"（三，1040）。他指出这需要两方面的准备：一是对艺术史的考察，应对中西绘画艺术之源流、派别了然于胸，提高艺术鉴赏力，学习艺术技巧；二是对艺术理论的掌握，只有建立在各种绘画理论基础上的艺术理念才能判断美丑，指导绘画艺术的方向与实践。"总之，博观古人名作，深究艺术理论，而后可以合真、善、美一炉。"（三，1041—1042）

基于此，他进一步对绘画与漫画、绘画与摄影作了区分。他指出漫画着重现实情况的反映，艺术则以美为追求。现实总是美丑混杂、良莠不齐的，那么反映现实、意在讥讽的漫画就不能称为艺术；真正的绘画艺术尚有待艺术家的独具慧眼和高超技能，择美汰丑，进行艺术化的加工而实现。就绘画与摄影而言，摄影直接取材于现实，无论是风光揽胜，还是人物写真，都是对自然、社会的真实反映；而画家则胸藏丘壑，笔纳河山，于运思想象中巧夺天工，焕然锦绣。

在马一浮看来，绘画也是"游于艺"之事，应以"依于仁"为根基，皆是六艺之道的彰显，即"以胸中至美至善之理想，改正现实之丑恶"（三，1043）。他批评今人论画，只谈轮廓线条等技巧，忽失了意境、气韵等深层内蕴，同样是将艺和道分作两事。马与黄宾鸿、丰子恺等著名画家交游甚深，对丰子恺关于"多数的统一"的绘画观点颇为赞赏，认为反映了礼乐的精蕴，若善会此义，运用于艺术实践，可成最高的艺术。

五 印：圆融无碍

马一浮亦精于篆刻艺术，是近代文人印的代表人物，印风

"朴茂高雅，纯用汉法，……古意新姿，韵味无穷"①。凭借纯厚学养和篆刻实践，他在《题马万里题印册》一文中提出了由华严思想而发挥出的独特的印学理论：

> 吾于《华严》悟刻印之道。《华严》家有要语二，曰："行布不碍圆融，圆融不碍行布。"刻印之道尽此矣。自近世周秦古珍间出，益以齐鲁封泥，殷墟甲骨，而后知文、何为俗工，皖、浙为小家，未足以尽其变也。印人之高者，皆弃纤巧而趋朴茂，愈拙愈美，愈古愈新，斯其术益进。凡艺事之胜劣，每因世俗为升隆。今俗益蔽，人之所好益卑，独治印者乃超然入古，一洗凡陋，斯能远于俗而全其好者也。……道无乎不在，他日君由治印而悟《华严》，则同证海印三昧，知必由斯道矣。（二，29－30）

马一浮以佛道证篆刻，提出治印中正确处理行布与圆融的辩证关系以及多样统一的美学原则，以古拙朴茂为审美标准，再次指明了由艺见道的美育发展方向。

后在与弟子答问中，马一浮就行布、圆融与礼、乐作了进一步引申。指出行布是礼，圆融是乐，"礼者天地之序，乐者天地之和"，"无序则不和，故序和同时。然序非人为，和贵自然。勉强而为之序，终不能和，人为之和，亦不能久"（三，1044）。就马万里先生治印而言，其字画排列有当然之序，既有其序，内在的便体现和谐之美。

马一浮认为诗、书、画、印等具体艺术形式能够体现六艺之道，集中代表传统文化的精神，从而在艺术实践中可以由艺见道，

---

① 沙孟海：《颉戏斋印存题跋》，转引自毕养赛、马镜泉主编《马一浮学术研究》，杭州师院马一浮研究所，1995 年，第 254 页。

发挥重要的美育功能，显然，关于艺术审美教育的一切论述都是围绕着证成六艺之人这个主题来具体展开和获得解决的。反观今日的教育制度现实，我们发现马一浮对健全人格所保有的明澈的洞察和睿智，对由世俗功利驱动而导致人格偏向的发人深省的批判，对人格、价值、理想、艺术等多维度的诠解和坚持，无不反映这位一代儒宗对现实社会中人的生存境遇与发展趋向的深度文化关怀。

第六章 三 圣 论

梁漱溟、熊十力、马一浮都是望重一时的著名学者，他们学养深厚，人格高尚，而且交游甚笃，互相尊崇，门下弟子不分彼此，共同尊称他们为现代中国思想史上的"儒家三圣"。三圣作为现代新儒家的共同创立者，开一代风气，领一时群伦，对近现代以来中国所面临的深刻的文化危机抱有迫切的忧患情怀和凛然的担道意识。基于新儒学的共同文化立场，为传统儒学的现代转型，为中西文化的未来走向，为中华民族的慧命传承，提出了各自的理论回答和文化方案。我们注意到，三圣的学术见解和文化思考不仅折射了时代和社会的印记，而且与各自的人生境遇和思想准备息息相关。

梁漱溟（1893—1988），广西桂林人，在动荡诡谲的年代出生于一个历代仕清的官宦家庭。父亲梁济虽身为晚清四品京堂，却关心大局，崇尚维新，对科学和实业极为开通，并将梁漱溟直接送入中西小学堂，接受新式教育。父亲对幼年梁漱溟无疑起着巨大的人生之初的表率作用，而梁济在 1918 年的因着传统价值纲维的崩陷而作出的殉清自杀行为同样影响了梁的一生，成为他经常寻味、探究的思想话题。根据梁本人的叙述，其一生思想发展有三个阶段：第一阶段主要受父亲提倡务实不务虚的观点影响，成为一名实用主义的信奉者，并通过新式教育较为认同近代西洋功利主义思想，在追寻民族文化的真解中终身孜求；第二阶段在 20 岁以后，思想折入佛家，倾心古代印度的出世思想，此时他不仅确立终身茹素的生活习惯，而且几殆不娶动了出家为僧的念头，甚至两度意欲自杀。

1916 年《穷元决疑论》的发表显示了青年梁漱溟依据佛学资源发出的第一声思想长啸，也正是这声长啸引起了蔡元培的注意，特别聘请这位未受过大学教育的 24 岁后生执鞭北京大学，主讲印度哲学；第三阶段以《东西文化及其哲学》（1921）发表为标志，梁要"替孔子作说明"的雄心转化为鼓吹儒学复兴的理论证明，开启了关于中西文化走向的时代话题。这不仅使他立时名声大噪，而且成为现代新儒学的先锋大将，与西化派和唯物派逐鹿哲坛，称雄学界。《东西文化及其哲学》中最重要的观点是"世界文化三期重现说"，梁指出此核心观点恰与其学术思想演变构成同步："在此三个时期中，令人感觉奇巧者，即是第一个时期可谓为西洋的思想，第二个时期可谓为印度的思想，第三个时期可谓为中国的思想。仿佛世界文化中三大流派，皆在我胸海中巡回了一次。"[1] 1924 年梁不满足于象牙塔内的冥思玄想，辞去北京大学教职，投入他所期许的乡村建设运动中，以实现其将儒学主张与社会改造相结合的理想设计，开始了由学者到社会活动家的角色转换。

熊十力（1885—1968），湖北黄冈人，原本世族，家道中衰。幼年熊十力已须为人牧牛补贴生计，除断续求学半年外，一生全赖自学，强探力索，禀异非常，且受明末诸子影响，决然投笔从戎，视孔子为封建宗法思想的代表而参加辛亥革命，历遭通缉追捕。1913 年发表的《健庵随笔》是熊最初的学术尝试，在革命的激情之后的他似乎更倾向于认同"精义入神"、"圆满中正"的孔子之道，而对"了尽空无"的佛教则大加攻伐。令人意外的是，经过梁漱溟的规劝，熊的思想发生重大转变，一改对佛教的批判而为对佛学的研习，从战士成为学者，1920 年他正式进入南京支那内学院从师欧阳竟无。也许根本缺乏佛法信仰的动机和始终坚持独立的

---

① 梁漱溟：《自述》，载《梁漱溟全集》第二卷，山东人民出版社 1989 – 1993 年版，第 9 页。

哲学创见的缘故，当他在 1923 年被聘为北京大学讲师时，随即以宏富的"新唯识论"体系横空出世，表现出超卓的思辨力和原创性，也正是这部《新论》引起内学院师生的不满与责难，掀起一场往复斥破的学术讨论。值得注意的是，熊十力在文言文本《新论》的思想宗旨实际上仍是佛学立场，吸引儒家思想以改造和说明唯识学，其与内学院的实质差别在于到底是拘守唯识旧法，还是力辟法相新境。马一浮在《新论》序言中以龙树、竺道生、僧肇、玄奘、窥基等佛学大师相高，说明马并不认同熊之思想立场属于儒家。1945 年，语体文本《新论》的出版标志着熊十力的儒家思想体系的建立与成熟，在扬弃唯识的基础上，会通儒佛，归宗于《易》，并努力抉择、吸收西方哲学的理性智慧，着重于儒学的形上之维的豁显与澄明，将现实关怀的传统视域和形上思辨的理论建构在时代高度上达到新的统合和贯通。

马一浮虽早年游历欧美，精通外文，广译西典，成为当代屈指可数的通晓英、法、日、德、俄、西班牙和拉丁文以及梵文，对西方现代学术和政治、经济制度作过实地考察和深入研究的中国学者。耐人寻味的是，梁仅懂英文，熊则不通西方文字，却都比马更多地受到西学的影响，例如梁最欣赏法国哲学家柏格森的生命哲学，熊则受到罗素"事素"说和柏格森"生命绵延"观点的影响[1]。但马的生活和论学方式却极为传统，我们在其讲学实践中几乎难以发现西学踪迹。除任驻美使馆秘书和仅三个星期的民国教育部秘书长外，他一生未担任任何公职，而以超脱隐逸的人生态度长期浸润于传统文化的温馨氛围中，由于亲身研习的体会使他获得了对本土文化的强烈自信，在其学术思想流变中，东方文化（儒佛）成为他的思想皈依，圣贤品格成为他的人生追求。从其致思理路

---

① 参见宋志明《援西学入儒的尝试》，载《现代新儒家研究论集》（一），中国社会科学出版社 1989 年版，第 129—135 页。

看，马意在弘扬六艺之道，广施六艺之教，证成六艺之人，将儒学复兴的希望寄托于"文化种子"——极少数通儒身上，而他在抗战时期所作的全部努力——讲学与刻书——也无非是围绕这个目的考虑和展开的。

三圣的思想关联十分密切，例如熊十力由非佛到学佛，显然是接受了梁漱溟的劝诫（梁漱溟在《究元决疑论》中对熊之非佛态度作了严厉的驳斥，1919 年暑期，熊赴京造访梁，就佛学话题进行讨论，时隔一年，经梁的介绍，入南京支那学院修习佛学）；而熊之所以在文言文本《新论》对儒家心性学说的吸纳，马一浮无疑起到了十分重要的作用（熊在文言文本《新论》自序中坦承《明心章》多资助于与马一浮的商榷："《明心上》谈意识转化处，《明心下》不放逸数，及结尾一段文字，尤多采纳一浮意思云。"[1]）。1933 年暑假，梁、熊率北京大学弟子到杭州拜访马一浮，被誉为当代的"鹅湖之会"[2]。三圣的治学风格各异，各擅所长，熊门弟子徐复观曾评价曰："熊先生规模宏大，马先生义理精纯，梁先生践履笃实。"[3] 三圣之间互相展开批评，自由辩难，各抒己见，既有契合相投，亦有直言规谏，成为现代学术界的一桩美谈。

但有学者将三圣这种学术思想的交流与影响臆测为某种思想发展的递进关系。如范兵先生在《中国文化》上撰文指出："从五四以后新儒学思潮的发展历程来看，梁漱溟试图发掘中国民族文化的独特价值，突出了中西文化的区别与对立；马一浮则提出'六艺该摄一切学术'的命题，通过对传统文化'追本溯源'的整理发

---

[1]　熊十力：《新唯识论》（文言文本）自序，载《熊十力全集》第二卷，湖北教育出版社 2001 年版，第 9 页。

[2]　参见朱渊明《忆马一浮先生》，载《中国学人》（香港）1971 年第 3 期。

[3]　徐复观：《尔雅台答问重印代序》，台北广文书局 1973 年版。

掘，引发传统中仍具有活力的思想因素，从而开始把儒学诠释、建构成一个更富有弹性的开放结构，奠定了熊十力和后来的新儒家返本开新、融会中西的基础和方向。"① 通过比较研究，作者试图将马一浮处理为现代新儒学思想由梁向熊演变的中间环节，从而得出了如下的结论："在现代新儒学'三圣'中，梁漱溟可以说是新儒学思想的先驱者，马一浮则奠定了新儒家心性之学和中西融合的精神方向，熊十力是继马一浮之后的新儒家思想中心人物。"②

　　本书认为，思想关联度高并不必然体现为学术思想上的逻辑递进关系。对于三圣而言，从年龄看，他们的年龄相差最多十岁，其中马最长，熊次之，梁最小，同属一代人，不足以构成梁、马、熊一系的代际传承；从思想看，三圣的学术渊源，并非是因了彼此的切磋和交流所致，更主要的是时代环境、生平境遇和兴趣机缘使然；从门生弟子看，是共尊三先生为师，无厚此薄彼之举。据马镜泉先生考证，张立民原为熊十力整理文稿，后成为马主持复性书院的得力助手；黄艮庸、王平叔、陈亚三、李渊庭等是梁漱溟的弟子，后亦为熊的门生；又如云颂天、王星贤、李笑春、吴林柏等，有的既是熊、梁的弟子，又是马的弟子③。实际上，我们只须略加翻检对照马一浮的《尔雅台答问》、熊十力的《十力语要》以及追随梁漱溟从事乡村建设的门生弟子名录，便有明晰的认识了。

　　复次，范文认为梁漱溟是现代新儒学思想的先驱者，这几成学术共识，本无问题。因为对"梁是现代新儒学思想的先驱者"一般地是从社会影响加以审订确认的，即以梁于 1917 年执教北京大学，表示要"替孔子作说明"，组建"孔子哲学纪念会"，到 1921

---

① 范兵：《马一浮与儒学文化体系的重建》，载《中国文化》第 9 期，第 141 页。
② 同上书，第 143 页。
③ 参见马镜泉、赵士华《马一浮评传》，百花洲出版社 1993 年版，第 94 页。

年关于东西文化的著书立说为标志。但若按范文的逻辑递进序列，这一共识就大难。以表态论，马早在 1911 年蔡元培请他任教育部秘书长时即反对废经，提倡尊孔，并劝设通儒院，以培国本；以立论言，马至迟在 1913 年便有关于"六艺"的思想线索以及对儒家文化的尊崇与皈依①。

如此不厌其烦，意在说明范文所提示的梁、熊、马的文化哲学的逻辑递进线索是难以成立的，与其说三圣是历时性的矛盾发展过程，不如说他们是同一时代主题下的共时性理论建构。

要言之，三圣具有共同的时代主题，即如何解决近现代以来中国所面临的文化危机，如何重建儒家文化的价值系统和思想秩序，实现传统儒学的现代转型。结合各自的经历境遇、理论凭借、兴趣机缘，作为儒林领袖，他们独立地赋予传统儒学以新的时代意蕴和理论生命力，导向不同的发展路径，形成各具特色的理论建构。梁漱溟着眼儒学思想与乡村改造的结合，致力于儒学的社会化，重构社会组织系统；熊十力以唯识学和西方哲学为阶梯，强调儒学形上之维的敞开，在儒学哲学化的思辨进程中增强与西学的对话能力与互动生成；马一浮认为西学冲击下的中国学术正处于末世，因而以存留"读书种子"的心态倾心儒学的精英化，从心性本原疏解中西文化的紧张与对立。杨儒宾先生认为在当代新儒家学者中，马一浮"最具国际视野"②，恐即此立论。

本章从三圣的共时性理论建构的角度，分析他们在文化批判、

① 按时间顺序编排的《蠲戏斋诗前集》提供了这方面的资料：如《舜水祠堂诗》："躬被六艺泽，世严瞽宗守"（三，2）；《简谢啬庵五十韵》："六经伊洛印，一发邹鲁传"（三，11）；《答潘法曹》："百家往不反，六艺炳常存"（三，18）；《赠叶左文》："恭承伊洛训，导我以人路"（三，19）；《简曹子起》："弃官乱后无三宿，逃佛归来有六经"（三，33）。

② 杨儒宾：《马浮"六艺统于一心"思想析论》，载毕养赛、马镜泉主编《马一浮学术研究》，杭州师院马一浮研究所，1995 年，第 65 页。

文化价值、文化主张和文化实践诸层面的不同特点，由此把握现代新儒学的发展脉向。

第一节　文化批判

三圣的文化思考是从文化批判开始的。批判是双重的，既包括对传统文化的批判，又包括对西方文化的批判，他们希望通过这种批判清整工作而真正认清中国所面临的文化境遇。

一　梁漱溟：乡村困境的文化批判

梁漱溟集中体现了现代新儒家的文化批判立场。既不同于顽固坚守传统文化、排斥外来文化的守旧派，清醒地认识到中国文化在近代工业化进程中暴露出的尴尬境遇，从而追究其内在的缺陷，又不同于主张全盘移植外来文化的西化派，强调通过吸收西方文化的合理因素，对传统文化进行重建和再塑。梁以"大树"形象地比喻中国文化的现状："中国好比一棵大树，近几十年来外面有许多力量来摧毁他，因而这棵大树便渐就焦枯了。先是从叶梢上慢慢地焦枯下来，而枝条，而主干，终而至于树根；现在这树根也将要朽烂了！此刻还是将朽烂而未朽烂，若真的连树根也朽烂了，那就糟了！就完了！就不能发芽生长了！所以现在趁这老根还没有完全朽烂的时候，必须赶快想法子从根上救活他；树根活了，然后再从根上生出新芽来，慢慢地再加以培养扶植，才能再长成一棵大树。"①

梁认为乡村作为中国社会的基础和主体，具有十分重要的作用，不仅是中国社会的基本政治、经济单元，而且是基本的文化单元，所有的文化多发源于乡村，或围绕乡村而形成。但乡村在近代

---

① 梁漱溟：《乡村建设大意》，载《梁漱溟全集》第一卷，山东人民出版社1990年版，第612页。

陷入了困境："在近百年中，帝国主义的侵略，固然直接间接都在破坏乡村，即中国人所作所为，一切维新革命民族自救，也无非是破坏乡村。所以中国近百年史，也可以说是一部乡村破坏史。"①在梁看来，乡村困境不仅表现为土地兼并加剧，农民生活恶化，苛捐杂税奇重，而且更是文化失调的反映，"文化失调——极严重的文化失调，其表现出来的就是社会构造的崩溃，政治上的无办法"②。所以中国社会的困境就是乡村困境，乡村困境的原因是文化失调。梁在围绕乡村困境所展开的文化批判中力图寻找内外两方面的文化成因：传统文化的早熟和西方文化的异化。一方面，由于中国文化是早熟的，优游于自由散漫的小农社会生活，因而乡村无法抵挡物质优越的西方文化的冲击；另一方面，西方文化本非尽善，对西方盲目追求，"震撼于外力、诱慕于外物，一切落于被动而失其自觉与自主"③，反而加深了乡村的困境。

从《东西文化及其哲学》到《中国文化要义》，梁始终认为传统文化的致命缺陷是"文化早熟"。就其文化三路向的分判看，人类文化的正常阶段应是意欲向前、持中、返求或人对物、人对人、人对己的循序发展，而中国文化超越了第一阶段，直接进入第二阶段。换言之，"西洋文化是从身体出发，慢慢发展到心的，中国却有些径直从心发出来，而影响了全局。前者是循序而进，后者便是早熟"④。早熟的文化先天不足，长于理性而短于理智，缺乏科学精神，表现为许多症象：文化的幼稚，老衰，不落实，落于消极亦

---

① 梁漱溟：《乡村建设理论》，载《梁漱溟全集》第二卷，山东人民出版社 1990年版，第 150 页。

② 同上书，第 164 页。

③ 梁漱溟：《中国民族自救运动之最后觉悟》，载《梁漱溟全集》第五卷，山东人民出版社 1992 年版，第 107—108 页。

④ 梁漱溟：《中国文化要义》，载《梁漱溟全集》第三卷，山东人民出版社 1990年版，第 258 页。

再没有前途，暧昧而不明等。而作为早熟文化根本精神的孔子之道，在二千多年的演变中亦惨遭戕害，歪曲篡改，"真儒学"成了"假儒学"。他指出："中国民族几千年实受孔孟理性主义（非宗教独断）之赐，不过后来把生动的理性，活泼的情理僵化了，使得忠孝贞节泥于形式，寝失原意，变成统治权威的工具，那就成了毒品而害人，三纲五常所以被诅咒为吃人的礼教，要即在此。"① 现存的儒学并非孔子创立的原始"真儒学"，而是"假儒学"，正是它所形成礼教枷锁扼杀了人世间的自由天性，导致"个人永不被发现"。可见，梁对传统的批判貌似严厉，其实留有余地：他指责中国文化过于早熟，却又以沾沾自喜的心态认为"病在高明"；批判传统文化压抑个性，呆板教条，却归咎于"假儒学"。正是在这个意义上，郑大华先生指出梁并不彻底的文化批判的目的是："谋求儒学的现代转换，从而使经五四新文化运动的批判而日趋僵化死亡的儒家文化重新复活起来。"②

对于西方文化来说，尽管是正常发展起来的文化形态，却因陷于人与物的对立，而产生了异化。梁尖锐批评了西方资本主义及其制度的弊端，指出由于西方人采取意欲向前的人生态度，使理智发达，个性解放，同时也造成人与物的紧张，以征服自然为亟务，机械成为世界恶魔，通过机械化大生产，资本主义造成了人的物质化、工具化、功利化和疏离化："如此的经济其戕贼人性——仁——是人所不能堪。无论是工人或其余地位较好的人乃至资本家都被他把生机斵丧殆尽；其生活之不自然、机械、枯窘乏味都是一样。"③ 同时建立在机械化大生产上的资本主义制度也使人的物质生活和精神

---

① 梁漱溟：《今天我们应当如何评价孔子》，载《梁漱溟全集》第七卷，山东人民出版社 1993 年版，第 312—313 页。

② 郑大华：《梁漱溟学术思想评传》，第 170 页。

③ 梁漱溟：《东西文化及其哲学》，载《梁漱溟全集》第一卷，山东人民出版社 1989 年版，第 492 页。

生活发生分裂，形成"各个人间的彼此界限划得很清，开口就是权利义务、法律关系，谁同谁都是要算账"① 的不合理的生活状况；从社会结构的变化看，它还以农村的衰蔽和农民的破产为代价，构成城市繁荣的劳动力和销售市场等条件，促成城市工商业的畸形发达，使整个社会结构发展呈现出严重的不平衡和不平等的特点。

二　熊十力：理论困境的文化批判

辛亥革命的失败使熊十力的人生目标由"革政"转向"革心"，从思想文化层面力图对中国近现代以来的社会危机作出回应和解答。但当他下定决心从事学术研究时，却发现儒学的近代形态——清代考据学实际上无能为力，这意味着无法将其作为思想资源和理论武器与西学构成对等的交流平台，理论陷入了时代的困境。这种困境不独是熊十力的感受，更是晚清至民国一个时代的知识分子群体的意识。在这个理论资源枯竭的时期，只有两个选择：一是学习、吸纳西学；二是从传统文化中寻找可以与之抗衡的武器②。熊在此两个方面都进行了有益的探索，这正是以他立足于理论困境的文化批判为前提的。

他指出清代考据学虽有其训诂的方法意义，但哲学的意蕴并非仅限于此："夫学以穷玄为极，而穷玄以反己自识真源，尽其心，而见天地之心，尽其性，而得万物之性。斯为游玄而不失其居。"③

① 梁漱溟：《中国文化要义》，载《梁漱溟全集》第三卷，山东人民出版社1990年版，第97页。

② 如葛兆光在《中国思想史》第二卷中将经学、诸子之学、佛学在晚清的复兴理解为对中国传统资源的重新发现和再诠释。参见葛兆光《中国思想史》第二卷，复旦大学出版社2000年版，第610—670页。

③ 熊十力：《读经示要》卷二，载《熊十力全集》第三卷，湖北教育出版社2001年版，第817—818页。

"本心"内在地要求以体究的实践方式去完成对自身的认识，"见性"一直是传统文化的最高目标和终极境界。而考据学家溺于名物度数之小知而忽略身心性命之大体，排斥"高深学术"，借助汉学反对宋学，使琐屑知识占据神圣的思想殿堂，真正的儒学精神反而昏昧涸蔽，造成巨大的社会负面影响。熊痛心疾首地将近现代中国的社会危机全部归咎于清代的考据学及"为名为利，乐于豢养"的奴儒精神："清儒反对高深学术，而徒以考据之琐碎知识是尚，将何以维系其身心？何以充实其生活？民质不良，至清世而已极。士习于浮浅，无深远之虑。逞于侥幸，无坚卓之志。安于自私，无公正之抱。偷取浮名，无久大之业。苟图嚣动，无建树之计。轻于流转，无固执之操。……学则卑琐，志则卑琐，人则卑琐。习于是者，且三百年。其不足以应付现代潮流而措置裕如，固其势也。"①"锢生人之智慧，陷族类于衰微，三百年汉学之毒，罪浮于吕政，而至今犹不悟。岂不痛哉！"②

　　在熊十力体用不二的思维视野中，本体与现象应当是统一的，这也是中国传统文化的精蕴所在。而西方文化则视本体与现象为二，造成认知理性的片面发达，表现在哲学上，是本体世界的遮蔽。他指出哲学有知识型和超知识型两种发展路向。西方哲学属于前者，力图通过科学实证的方式以发现世界的真实，但那只是物理世界的真实，本体世界的真实是无法认识到的；中国和印度哲学属于后者，按照哲学本身的出发点，在相当科学知识的基础上，而证会到本体世界的真实存在，因为这种体究方式是不依赖于感官经验，亦不诉诸于推论证明，所以是超知识的。

---

　　①　熊十力：《读经示要》卷二，载《熊十力全集》第三卷，湖北教育出版社 2001年版，第 821 页。

　　②　熊十力：《读经示要》卷二，载《熊十力全集》第六卷，湖北教育出版社 2001年版，第 822 页。

　　熊认为知识型和超知识型都有其内在缺陷。一方面，他从量智角度批判传统文化，"吾国学术，夙尚体认而轻辩智，其所长在是，而短亦伏焉"①，这在宋明理学中表现得尤为突出："宋明诸儒不求思辨之术，虽高谈体认，而思辨未精，则不以浑沌为体认之实得者鲜矣。"② 在此意义上，他充分肯定了明清之际的实学诸儒以实测经验之学纠偏心性空谈之弊的努力；另一方面，他又从性智角度批判了西方文化，认为经思维推求发见本体无异于南辕北辙，缘木求鱼，以思维层层推究的结果乃是臆定称为第一因的唯一实在，从而陷入不可知论。

　　熊十力对西方文化的断语是"蔽于用而不见体"③，认为西方人以感官欲望为追求，导致"率人类而唯贪嗔是肆，唯取是逞而无餍足，杀机充大宇"④。可见，熊与马在对西方文化上的总体判断是一致的，仍然视中西文化为性与习的对立。由于习气的缠缚和科学方法本身的局限，西方人毕竟不能通内外、物我，浑然为一，所以他们所长的还是符号推理演算，还是图摹宇宙的表层，不能融宇宙人生为一，而于生活中体会宇宙的底蕴。

　　三圣通过文化批判对中西文化作了系统的清理和分析，对近现代所面临的困境有清醒的认识，尽管侧重不同，但毕竟在对文化价值的寻觅中正在走出困境。

---

　　① 熊十力：《十力语要》卷二之《复性书院开讲示诸生》，载《熊十力全集》第四卷，湖北教育出版社 2001 年版，第 258 页。
　　② 熊十力：《新唯识论》（删定本）附录，载《熊十力全集》第六卷，湖北教育出版社 2001 年版，第 299 页。
　　③ 熊十力：《原儒》，载《熊十力全集》第六卷，湖北教育出版社 2001 年版，第 638 页。
　　④ 熊十力：《十力语要》卷二之《答朱进之》，载《熊十力全集》第四卷，湖北教育出版社 2001 年版，第 175 页。

三 马一浮：人性困境的文化批判

关于现代社会中的人性扭曲和异化现象，现代新儒家们皆曾注意到，并作为理论展开的组成部分予以探讨。而马一浮最早关注并以之为中心问题，进而从现代社会中的人性困境出发构成其文化批判的价值指向，经历了以西学批判中学和以中学批判西学两个阶段。

《一佛之北米居留记》是马一浮于 1903—1904 年居留美国期间所写的日记，其中详细记载了青年马一浮甫至现代资本主义工商社会的新鲜见闻和复杂感悟，尤其是与洋溢自由、民主精神的西方文化相比观，他痛陈君权与儒教共同宰制下的中国人的麻木、愚昧的现状："中国经数千年来，被君权和儒教之轭，于是天赋高尚纯美勇猛之性，都消失无余，遂成奴隶种性，岂不哀哉?"（二，317）对于中国留学生会的"我学生当造成辅佐朝廷之资格"等宣传口号，马一浮颇为愤怒，斥责其"崇拜暴主政体，天赋之贱种"（二，276），在自由国中接受自由教育，居然发此愚妄可笑之言论，足见人性被奴化毒害到何种程度，甚至无异于虫豸了。

马的批判锋芒无疑穿透了文化表层而指向了传统文化所建构的人的精神世界和人性领域的变异，遥启了十余年后排山倒海、气势如虹的新文化运动，与鲁迅等对国民劣根性的揭露和鞭挞形成批判精神的契合。这一时期马的批判实践是以标志人性健全的"美"的价值观为指导的。他指出："文明之极边，人道之究竟，不过完全此'美'而已。发达两者完全者，谓之文明；反是则野蛮也。"（二，299）这就意味着"美"的价值观包含两个方面的内容：一是文化的发展，二是人性的健全。只有真正促进人性健全，合乎人道的文化才是"文明之极边"；也只有健康、自由的文化所建构的人性世界才是"人道之究竟"。所以文明与人道构成马一浮思想世界中的两极，真正的理想文化存在于二者的互动生成中。在此

"美"的价值观的审视下，他指出欧美人可以说有美的国家，却缺乏美的社会，换言之，即西方国力强盛，而社会风气日薄。美的对立面是恶，美的世界幸福快乐，恶的世界罪孽痛苦，对于中国人而言，美仅是遥不可及的奢望和幻梦："吾支那之国家、社会，则非美的而恶的也。吾支那人，惟能造恶的，日日生息陶铸于恶之下，乃至自己丧失天赋之美性，可哀也哉！"（二，298—299）

如果说青年马一浮所作的文化批判主要立足于现代中国君主政权和儒家意识形态双重统治下的人性困境，以西学批评中学；那么伴随着他对博大精深的祖国文化的钻研与体究，尤其是明确了六艺之道的文化价值纲维后，其批判向度又转为对中西文化中普遍存在的人性困境的探寻。这既是对过去的否定，又是对过去的超越。

他在西方文化的反观中，对中国传统三教采取了圆融的态度，将其理解为一个开放且富有涵摄性的思想整体，扭转了宋明理学对佛道的拒斥立场。在对学生的示语中他以"见性是同"的视界融合对佛道作了肯定性理解："二氏以生为妄，以身为外，皆救弊之言，有激而云，然非其义。"（一，665）若能彻达心源，必会泯灭一切差分。西方文化亦不出六艺之道之外，但终无人见性，故自古希腊以来西方人一直为习气所缠缚，从而中西文化的紧张也就表现为性与习的对立。"东方文化是率性，西方文化是循习。西方不知有天命之性，不知有个根本，所以他底文化只是顺随习气。"（三，1150）

根据马的说法，西方学者以满足感官欲望为人生最高境界，故为贪求物质享受以至于争夺残杀，如英国哲学家培根"知识即权能"一语为西人奉为圭臬，强调征服自然，以物为外，又有达尔文"生存竞争"学说推波助澜，肇启战端，人祸绵延。他不同意梁漱溟关于西方人对物有办法而对己无办法的分判，指出既不识己，焉能识物，据西方人对物的所谓办法，乃是害己之办法。因此40年前他尚赞不绝口之日本民族如何"爱国"（二，281）、"百折

不挠"、"生气勃勃"（二，276），现在却认为深受西方文化浸染的
日本已走上以战求生、斩头觅活之穷途末路。中国近代以来亦受西
方功利主义思想影响，魏源、梁启超、胡适等驱人于俗，"言师夷
已自沦为夷，言制夷卒为夷所制"（二，874），导致社会充斥俗学、
俗儒、俗吏、俗人，习气日盛，而心性愈昧。不独中国如此，全人
类都陷入习气增上的人性困境："今之所以为教，所以为政，全是增
长习气，汩没自性。一旦习气廓落，自性发露，方知全体是错。地
无分于欧亚非澳，人无分于黄白棕黑，国无分于大小强弱，其有作
是计较者，私吝心也。"（二，875）更言之："今人所求之安乐，
本是危道；所行之政事，本是乱道；所争之生存，本是亡道。自己
造因，自己受果。无论夷夏，皆住颠倒见中，举世不悟。"（二，
843）马一浮由此提出必须先从个体身心入手，使人性从习气中解
放出来，然后才谈得上全人类真正之解放。

第二节　文化价值

一　梁漱溟：文化的社会价值

乡村困境的产生是文化失调，而欲解决文化失调，只能兼取中
西文化之长，对治各自的缺陷，使早熟的文化适应时代的发展，异
化的危机在互补中获得解决。

中国文化"意欲持中调和"，主要解决人与人之间的社会关系
问题，促成了伦理文化的发达，儒家文化堪称这方面的代表："孔
子的唯一重要的态度，就是不计较利害。这是儒家最显著与人不同
的态度，直到后来不失，并且演成中国人的风尚，为中国文化之特
异彩色的。"[1] 正是这种不向外骛驰，不计较得失的人生态度，使

---

[1]　梁漱溟：《东西文化及其哲学》，载《梁漱溟全集》第一卷，山东人民出版社
1989 年版，第 458 页。

意欲处于自为的状态，避免了西方文化物质生活和精神生活分离的痛苦，也消除了印度文化通过厌弃生活以止息生活的畸态，获得了宇宙与人生大化流行、生生不已的境界体验。从孔子的人生态度可以看出中国文化的核心精神乃是一种伦理本位的文化。这种文化虽然早熟，却在几千年中维持了中国社会绵长的生命力和强固的稳定性，具有巨大的社会价值，尤其是世界文化正即将进入第二期发展，中国文化恰逢其时，深入发掘伦理本位文化的社会价值是解决乡村困境的重要途径。

梁漱溟从三个方面陈述了儒家伦理本位文化的社会价值：一是物质生活的知足，与西方人追求物质欲望不同，中国人"很安分知足，享受他眼前所有的那一点，而不作新的奢望……从此种态度即不会产生西洋近世的经济状况"[1]；二是社会生活的融洽，与西方法律关系明晰、人情冷漠相比，"孔子的伦理，实寓有他所谓絜矩之道在内，父慈、子孝、兄友、弟恭，总使两方面调和而相济，并不是专压迫一方面……为人可以不计自己的，屈己以从人的。他不分什么人我界限，不讲什么权利义务，所谓孝弟礼让之训，处处尚情而无我"[2]；三是精神生活的宜恰，中国虽缺乏西方的科学与宗教，其精神世界却似宗教而非宗教，非艺术而亦艺术，准之于中庸之道。

关于儒学是否是宗教的问题成为学界近来探讨的热点。现代新儒家对此的基本立场是儒学不是宗教，但具有某种宗教精神，或如梁所言的"似宗教非宗教"[3]。在梁漱溟看来，儒家并没有树立外在于人的人格神，缺乏严密的组织教仪和虔诚的宗教信仰，孔子作

---

① 梁漱溟：《东西文化及其哲学》，载《梁漱溟全集》第一卷，山东人民出版社1989年版，第478页。

② 同上书，第478—479页。

③ 同上书，第480页。

为智者给予人的只是日常生活中的浅显道理，让人们身体力行，获得安身立命之所，起到了与宗教相同的终极关怀的作用。由此，他对儒家的一些重要概念进行了再诠释，剥离掉封建意识形态的附着，昭显其普遍的社会价值和人生意义。如"礼乐"，"礼乐原不是人类生活中每到感情振发流畅时那种种的活动表现，而为各方各族人群一向固有者而已。……中国古人（周、孔）之所以制作和讲求者，要在适得其当，以遂行人情，以安稳人生就是了，岂有他哉！"[①] 又如"孝弟"，"孝弟是孔教唯一重要的提倡。他这也没有别的意思，不过他要让人作他那种富情感的生活，自然要从情感发端的地方下手罢了"[②]。梁认为社会秩序的形成不在于依靠法律制度和司法机构的强制保证，而在于从人的性情上培养熏陶，逐步摒除自私嗜欲的心理，而中国的礼乐教化和孝悌观念，恰恰可以通过潜移默化的方式形成公共生活领域的良好秩序和社会环境。

　　梁认同新文化运动关于欢迎德、赛二先生的呼吁，指出民主与科学在西方近代文化中具有重大价值。在回应胡适对《东西文化及其哲学》的评论时，梁将此价值推向无以复加的程度，认为民主与科学"是有绝对价值的，有普遍价值的，不但在此地是真理，掉换个地方还是真理，不但今天是真理，明天还是真理。不但不能商量此间合用彼间合用不用，硬是我所说，现在所谓'德谟克拉西'精神是无论世界上那一地方人所不能自外的。中国人想要拒绝科学和德谟克拉西，拒绝得了么？"[③] 后来在《乡村建

---

　　① 梁漱溟：《人心与人生》，载《梁漱溟全集》第三卷，山东人民出版社 1990年版，第 743 页。

　　② 梁漱溟：《东西文化及其哲学》，载《梁漱溟全集》第一卷，山东人民出版社 1989 年版，第 467 页。

　　③ 梁漱溟：《答胡评〈东西文化及其哲学〉》，载《梁漱溟全集》第四卷，山东人民出版社 1991 年版，第 741 页。

设理论》中他又进一步从文化的社会价值层面将其概括为"科学技术"和"团体组织",指出这恰好对治中国科学技术落后和生活自由散漫两大社会缺陷,为走出乡村困境指示了新途。科学技术自不待言,以团体组织而论,中西文化具体融合的组织机制是在父子、君臣、夫妇、朋友、兄弟五伦的基础上,又增加团体对分子、分子对团体的一伦,使中国原有的私德和西方强调权利、义务的公德紧密联系起来,形成富含中国精神的新型社会团体组织。

梁还进而论证了中西文化具体融合的可能性和必要性。从可能性说,中国人和西方人都是人类的一分子,同具理性,因而有沟通和交流的基础;从必要性说,一方面近代中国社会状况迫使促成新型团体组织,另一方面西方社会也面临着团体组织的改造与更新。

二 熊十力:文化的思辨价值

在熊十力那里,理论困境并不意味着儒学地位的动摇,他始终坚信心性义理的证会、体究是真实无妄、不可怀疑的,关键在于如何使此本体境界出而表之,通过明晰、确切的逻辑化哲学语汇扫除浑沌,秩序条理,建构体系,导入与西方哲学进行互动的思辨之旅。由此,他着重就传统文化、佛教文化、西方文化中的思辨价值作了深入的抉发。

熊的儒学立场鲜明地体现为其归宗《大易》的学术取向,《周易》给予熊的本体论和方法论的启导是多方面的,其中辩证思维是突出的一个维度。正是由此,熊构筑起体用不二的建构原则和宇宙论而人生论而治化论的基本框架。他指出,中国的辩证法思想在文明古国中最为悠久,可以追溯到伏羲时代,而尤以孔子作易的运用最为完备。"孔子作易,首以阴阳成变解决宇宙论中之心物问题,盖本其所观测于万物万事万化者,莫不由于辩证法。因以深穷心物问题,从宇宙开端,已是阴阳成变,断不可作片面观。故易之辩证法彻上彻下,《论语》所谓'一以贯之'是也。"① 体用不二作为宇宙观和思辨原则,破除了天帝观念和鬼神崇拜,即现象即本体,成为本土文化的优良思维传统:"孔子作《易》,废除天帝。于流行而洞彻其元,于万有而认识其体。譬之于翻腾活跃的众沤,而明了其本身即是大海水也。是故即万有即实体,即流行即真元。一言以蔽之,曰体用不二。"②

　　熊十力在南京支那内学院受到了佛学的系统训练,对佛教重逻辑、善解析的的治学特点颇有心解。一方面,他严厉批评了唯识之名相繁琐、浮虚破碎的偏失,"印度法相唯识,亦甚繁琐,迷者惊其精密,识者病其虚构"③;另一方面,他亦通过学习、贯彻唯识学的名相分析、逻辑推演回应近代思维方式的挑战:"今日治哲学者,于中国、印度、西洋三方面,必不可偏废。……佛家于内心之照察,与人生之体验,宇宙之解析,真理之证会(此云真理即谓实体),皆有其特殊独到处。即其注重逻辑之精神,于中土所偏,尤堪匡救。"④"在认识论方面,则由解析而归趣证会。……尽有特别贡献,应当留心参学。"⑤ 马一浮为《新论》的序言中称赞熊"平章华梵",自然亦包括对熊汲取佛学思辨价值的肯定。但与熊不同的是,马对佛学的吸收着重于义理精神的贯通和释经原则的借鉴。

---

　　① 熊十力:《原儒》,载《熊十力全集》第六卷,湖北教育出版社2001年版,第603页。

　　② 熊十力:《乾坤衍》第一分,载《熊十力全集》第七卷,湖北教育出版社2001年版,第451页。

　　③ 熊十力:《十力语要》卷三之《与陈从之》,载《熊十力全集》第四卷,湖北教育出版社2001年版,第361页。

　　④ 熊十力:《佛家名相通释》之《撰述大意》,载《熊十力全集》第二卷,湖北教育出版社2001年版,第346页。

　　⑤ 同上书,第350—351页。

　　除佛学思想资源外，熊还将西方哲学纳入视野中，尽管不懂外语，却身体力行，尽其所能，通过译籍了解和吸纳西方思辨智慧。熊认为自科学发明以来，其方法和结论使人类知识的进步日以千里，同时也赋予人类生命以新的价值内涵。他指出："西洋哲学，其发源即富于科学精神。故能基实测以游玄，庶无空幻之患。由解析而会通，方免粗疏之失。"① 强调应尽量吸收西学的长处，不可盲目排外。对此，丁为祥先生指出："在他（熊十力）那个时代，虽然他不是对西学了解最多的人，但在相同条件下，他却是将了解西学、吸取西学作到了最大限度的人。"②

　　西方文化非见体之学，因此其价值便被熊压缩在量智层面，相对于性智，他认为量智虽不能直接证会本体，却可在日常生活的认识实践中发挥"思察推征之能事"，成为哲学创造的一个重要来源："量智云者，一切行乎日用，辨物析理，极思察推征之能事，而不容废绝者也。……然若谓见体便游乎绝待，可以废绝量智，抑或看轻量智，以格物致知之学为俗学，无与于大道，此则前贤所常蹈其弊，而吾侪不可复以之自误而误人也。"③ 晚年他修正了早年将量智限制在现象层面，反成"见体"蔽障的观点，认为量智和性智在见体时具有相辅相成的互补关系，并以自身治学经验参证之："余之学，始乎思辨而必极乎体认，但体认有得终亦不废思辨。"④ "量智"之于"见体"的意义强调也意味着西方文化所具有的思辨价值在熊十力那里获得更为丰富的内涵。所以他谆谆告

　　① 熊十力：《读经示要》卷二，载《熊十力全集》第三卷，湖北教育出版社 2001 年版第 725 页。

　　② 丁为祥：《熊十力学术思想评传》，北京图书馆出版社 1999 年版第 125 页。

　　③ 熊十力：《新唯识论》（语体文本）之《答谢幼伟》，载《熊十力全集》第三卷，第 529—530 页。

　　④ 熊十力：《新唯识论》（删定本）附录，载《熊十力全集》第六卷，湖北教育出版社 2001 年版，第 304 页。

诚："中国人诚宜融摄西洋以自广"①，"诸生处今之世，为学务求慎思明辩，毋愧宏通，其于逻辑，宜备根基，不可忽而不究也。"②

三　马一浮：文化的心性价值

在马一浮看来，人性困境既然主要是伴随着工业化进程而发展起来的近代资本主义文化造成的，那么被认定为循习的西方文化就丧失了作为理论资源的任何可能性，科学和哲学于身心性命之理不能洞烛幽微，反而堕慢增上，"科学家可以语小，难与入微；哲学家可与析名，难与见性"（二，525）。而深受欧风美雨浸染吹打的近代中国文化亦成为助长习气，欲富强却益衰蔽的重要原因。这样马就将希望寄托于古代儒家义理之学，通过对传统文化的心性价值的抉发，救治现代人性困境。

关于中国文化，马提出以六艺作为价值纲维，从而支撑、扩展起整个文化体系。他着重从本、迹两个层面作了详细的说明。六经是经孔子手订的上古经典文献，其中《诗》、《书》、《礼》、《乐》、《易》、《春秋》以思想文本的形式负载了大量经验性具体知识，成为儒家的思想诞生地和中华文化发展的重要里程碑。但是马指出，六经系统包括后来的四书系统皆是迹，在思想文本的深处尚隐藏着更为本质和起决定性作用的因素，即心性。他说："有六经之迹，有六经之本。六经之本是心性，六经之迹是文字，然六经文字亦全是心性的流露，不是臆造出来的。"（三，1158）

六艺作为人人自性本具之义理，这就意味着六艺具有普遍性，跨越国家、民族、文化、历史的界限，是人之所以为人的根本属

---

① 熊十力：《十力语要初续》之《答某生》，载《熊十力全集》第五卷，湖北教育出版社 2001 年版，第 62 页。

② 熊十力：《十力语要》卷二之《复性书院开讲示诸生》，载《熊十力全集》第四卷，湖北教育出版社 2001 年版，第 258 页。

性，古圣先贤所阐发的精微义理不过是此种心性的识取和抉发，亦不过是先觉一步。千古之下，一心流转；万法丛中，自性相通。同时也意味着六艺具有内在性，这就从两个方面规定了识取心性的条件：一方面，六艺只能由迹而本，从其发见昭著的思想文本豁显沉潜幽微的价值理念，从而确立识取的阶次；另一方面，由迹而本的途径也指示着由外而内的方向，从经典的领悟到义理的践行，从文本的阐发到切己的体究，任何一种解读方式都最终落实为心性，从而确立识取的向度。

六艺自身的特质决定了传统文化只能是圣人内外本末体用一贯之学。这恰恰构成了与西方文化的本质区别，即中土是体用综赅兼备，西方是以分析为能事，换言之，任何真理性内容都须通过语言、逻辑获得传达，但语言、逻辑不能妨碍对真理性内容的理解甚至取而代之。在马看来，中西文化在这个关键问题上形成尖锐的对立，"中国以权说显真教，西方则以权说为实体"。（三，1139）这样，表现在人与自然的关系上就突出为"人己无间"和"人己对待"的矛盾。马在就儒家和耶教作辨析时指出："中土圣人之言浑然一体，人己无间。彼教之说，人己对待，故虽兼爱博施，只是'煦煦为仁，孑孑为义'，徒见其小而已。"（三，970）

据此，他否定了梁漱溟以尊重对方为中国古代伦理精神的判断，因为古人"人己无间"，无所谓对方。以五伦中父慈、子孝言，慈与孝并非是两事，只缘所处地位不同，故分言之慈、孝，合而言之则是父子有亲。父之于子，子之于父，视之如己，不知有对方，谈何尊重对方。"惟其地位不同，故曰分殊；惟其浑然一体，故曰理一。分殊，义也；理一，仁也。"（三，1176）在他看来，梁漱溟的说法实际上是"人己对待"的西方伦理精神的翻版。

第三节　文化主张

在文化批判的疏导、文化价值的贞定后，三圣就中西文化的关系及未来走向又作了进一步的申述，尽管同为民族文化本位立场，但在目标设定、进路选择和论证视域诸方面皆各具特色，成为 20世纪中国富有启示意义的文化主张。

一　梁漱溟：路向论

"路向论"是梁漱溟于 1921 年在《东西文化及其哲学》中提出的极具争议性和突破性的观点。说其争议，是因为他提出了一条既不同于唯物史观派又不同于西化派的新儒学文化主张，引发了范围颇广的持续争鸣；说其突破，是因为此前关于中西文化的讨论尚停留于优劣比较的层面，而梁认为任何一种民族文化不是孤立绝缘的，总是处于世界文化的总体格局中。据此思路，他从中、印、西的诸文化关系中"把一家文化在文化中的地位、关系、前途、希望统通表定"[1]。"路向论"即其表定的思想产物。

梁的灵思是从文化定义开始的："文化是什么东西呢？不过是那一民族生活的样法罢了。生活又是什么呢？生活就是没尽的意欲（Will）——此所谓'意欲'与叔本华所谓'意欲'略相近，——和那不断的满足与不满足罢了。"[2]

文化被规定为生活的样法，生活的样法又归结为"意欲"及其满足状况，根据"意欲"所解决人生问题的不同，梁又相应划分出三种人生态度。在他看来，人生在世，面临的问题无非有三大

---

[1]　梁漱溟：《东西文化及其哲学》，载《梁漱溟全集》第一卷，山东人民出版社 1989 年版，第 353 页。

[2]　同上书，第 352 页。

类：人对物的关系，人对人的关系，人对自己或因果必至之势的关系。"意欲"自身对它们有满足与否和满足程度的区别，形成人类三路向：

第一，解决人对物的关系问题，依赖于意欲向前要求，征服自然，通过改造现实，使其满足人生需求；

第二，解决人对人的关系问题，采取向内用力，返求诸己，对自己的意欲进行变换、调和、持中，从而获得自己内心的和谐与满足；

第三，解决人对己的关系问题，这时他所面临的身与心、灵与肉、生与死的矛盾，只能通过禁欲主义的反身向后要求，以取消问题来代替解决问题。

由于文化是生活的样法，人生三路向又被梁漱溟理解为三种各具特色的文化精神，他指出，这三种文化精神恰好横摄扩展落实于世界的三大系文化，即西方文化、中国文化与印度文化：

西方文化是以意欲向前要求为其根本精神的；

中国文化是以意欲自为调和持中为其根本精神的；

印度文化是以意欲反身向后要求为其根本精神的①。

可以看出，梁的文化路向论以"意欲"为原点，由需要满足和文化发展为坐标轴，形成一个主观设计的整体文化架构，展开为人生三问题—生活三态度—文化三路向的公式推演。黄克剑先生认为："文化在横扩空间展示的三大系，同时也预告着文化在纵向时序上的三步骤；这种吊诡的时空对应，是梁漱溟的文化诠释系统最富想象力因而也最能引动人的好奇心的地方。"② 但梁关于西、中、印三大系文化的阐发无非是为了论证他对世界文化未来走向的三期重现的预言。

---

① 梁漱溟：《东西文化及其哲学》，载《梁漱溟全集》第一卷，山东人民出版社1989年版，第383页。

② 黄克剑：《百年新儒林》，中国青年出版社2000年版，第13页。

他说，人类文化之初，西、中、印都是朝着第一路向走的，只因历史的机缘和天才的奇想，西方和印度一下子走上第三条路，中国走上第二路。后来西方在文艺复兴运动中醒悟过来，继续走那未走完的第一条路，中国和印度却一直照原路走下来。由此，他根据主观设计的人类文化发展序列预言，在文艺复兴——第一路向的西方文化复兴后，将继之以第二路向的中国文化的复兴，接下来的是第三路向的印度文化的复兴。这样，在不久的将来，必然是中国文化的复兴。

应当说，梁的文化方案突破了以西方文化为唯一参照系的比较视域，强调了文化发展中的特殊性和民族性，试图通过揭示民族生活等文化深层结构和本质特征来说明文化关系，尤以中国文化复兴的预言而大大增强对民族文化的自信，有助于推进文化哲学比较研究的深入开展。

但显而易见的是，路向论亦存在着重大的理论缺陷。它既不能涵括三大系文化的丰富内容，又不能从社会存在决定社会意识的角度正确理解文化发生发展的历史过程，而且将三大系文化悬置、隔绝的做法亦有堵塞文化交流、沟通的可能。所以，在当时胡适就讥之为"整齐好玩的公式"①。西化派固然不认同梁的意见，连同为三圣的马、熊二人亦未赞许，且持批评态度。熊十力的质疑是："将中西学术思想，根本划若鸿沟。如此，则欲调和中西，而其道实穷。因中西人，元有先天存在之鸿沟，势不可融通故。……吾只可许中西不能完全一致，而决不能许中西人元始开端，便各走一条路，根本无接近处。"②马一浮的看法是："梁漱溟先生以向前、向

---

① 胡适：《读梁漱溟先生的〈东西文化及其哲学〉》，载罗荣渠主编《从"西化"到现代化》，北京大学出版社1990年版，第118页。
② 熊十力：《读经示要》卷二，载《熊十力全集》第三卷，湖北教育出版社2001年版，第750页。

后、调和三种态度分别东西文化，不过安排形迹，非根本之谈。"
（三，1150）下面就熊的"中西融通"和马的"根本之谈"再作
绍述。

二　熊十力：融合论

熊十力认为中西文化各有优长，二者的交流融会是历史发展的
必然趋势，任何固步自封或偏于一隅的观念都是不现实和不明智
的。他指出："今日文化上最大问题，即在中西之辨，能观异以会
其通，庶几内外交养，而人道亨，治道俱矣。吾人于西学，当虚怀
容纳，以详其得失；于先哲之典，尤须布之遐陬，使得息其臆测，
睹其本然，融会之业，此为首基。"① 中西之辨在熊那里表现为文
化批判的开展和文化价值的厘清，而"观异"的目的在于"会
通"，因此他反对梁之"路向论"将中西学术思想"根本划若鸿
沟"的论点，强调在明中西文化得失的基础上进行中西文化的融
合会通工作。

在 20 世纪 40 年代末，经过第二次世界大战的人类浩劫，熊对
中西文化的关系有了更为明确的认识，提出中西文化"合之两美，
离则两伤"的原则。他说："中西文化宜互相融和，以反己之学立
本，则努力求知乃依自性而起大用，无遂末之患也。……中西学
术，合之两美，离则两伤。"② 他力图将中西文化纳入其"体用不
二"的理论框架，以中西之长，互救其失，表现为体与用、思与
修、仁与智、性与量、玄学与科学等具体内容展开的矛盾统一。而
且熊的思考重心依然在民族文化为主体的立场上，其强调文化融合

---

① 熊十力：《十力语要》卷三之《王淮记语》，载《熊十力全集》第四卷，湖北
教育出版社 2001 年版，第 439 页。

② 熊十力：《十力语要初续》之《答某生》，载《熊十力全集》第五卷，湖北教
育出版社 2001 年版第 42 页。

既是出于对中国近现代以来社会危机的反思与省视，也是扭转传统文化发展进路，以新的文化形态赓续民族精神慧命的需要。在他看来，中国文化是反己之学，是本；西方文化是求知起用之学，是末，通过"内外交养"的融会贯通，使民族文化的本位性获得主体性的贞定与落实。作为从民族、时代的高度关注文化走向的学者，熊最感兴趣的是如何在理论层面打通中西学术壁障，实现哲学思想体系的"内外交养"和推陈出新："愚意欲新哲学产生，必须治本国哲学与治西洋哲学者共同努力，彼此热诚谦虚，各尽所长，互相观摩，毋相攻伐，互相尊重，毋相轻鄙，务期各尽所长，然后有新哲学产生之望。"①

　　熊将这种观念贯彻在自己的学术研究中，通过"新唯识论"的哲学创造赢得了世界哲学的尊敬，但在性智证本体、量智求知识的界定中，仍然存留着中体西用模式的痕迹，在某些方面，比马一浮更为极端，如他认为六经广大，无所不包，科学思想，民治思想等在六经中皆已启其端绪，将民主、科学、工业文明、社会主义，统统说成古已有之的儒家思想的精华，这些都暴露了熊的思想的局限性。

三　马一浮：统摄论

　　马一浮一向认为中国文化是建立在心性上的，将性与习作为中西文化的根本分判。因而梁以"意欲"所形成的人生态度解释三大系文化，在马看来，仍然属于习气层面的安排形迹，尚未透达心性本原的"根本之谈"。

　　马一浮以"六艺统摄一切学术"为总命题，阐发了其对于中西文化关系及其未来走向的具体主张。他指出作为六经之本的六艺

---

　　① 熊十力：《十力语要》卷一之《答张东荪》，载《熊十力全集》第四卷，湖北教育出版社 2001 年版，第 105 页。

具有永恒、普遍的价值，是自性本具之理，可以赅摄一切人类文化，尽管不能蕴涵全部知识内容，却表征着六种主要的价值理念和文化精神。"全部人类之心灵，其所表现者不能离乎六艺也；全部人类之生活，其所演变者不能外乎六艺也。"（一，22）对内而言，诸子于六艺有得有失，而学皆统于六艺；四部是古代图书分类法，徒具形式之秩序，而昧于自心之条理，故亦统于六艺；对外而言，西方学术中之自然科学可统于《易》，社会科学或人文科学可统于《春秋》，文学艺术统于《诗》、《乐》，政治、法律、经济统于《书》、《礼》，宗教亦统于《礼》；哲学思想派别中本体论近于《易》，认识论近于《乐》，经验论近于《礼》，唯心者是《乐》之遗，唯物者是《礼》之失，凡言宇宙观者皆有《易》之意，言人生观者皆有《春秋》之意。如果说，他对六艺统诸子、四部的解释尚于史有征，那么将六艺与另一套学科体系和符号系统的西方文化的比附显然是牵强失据了。马在此依靠的是深厚的学养、广博的狩猎、切己的体究而生发的即兴式评点，于一般的受众，由于缺少缜密的论证、详备的材料、明彻的尺度，自然难以接受。

六艺之间互相统摄，如《易》可以统《礼》、《乐》，《春秋》可以统《诗》《书》；而且一艺中亦包含其他诸艺，如《诗》有《诗》之《易》，《诗》之《诗》，《诗》之《书》，《诗》之《礼》，《诗》之《乐》，《诗》之《春秋》。他还进而用六艺和西方文化中的真、善、美诸价值范畴进行比配："西方哲人所说的真、美、善，皆包含于六艺之中，《诗》、《书》是至善，《礼》、《乐》是至美，《易》、《春秋》是至真。《诗》教主仁，《书》教主智，合仁与智，岂不是至善么？《礼》是大序，《乐》是大和，合序与和，岂不是至美么？《易》穷神知化，显天道之常；《春秋》正名拨乱，示人道之正，合正与常，岂不是至真么？"（一，23－24）以内圣外王分释，则《诗》是内圣，《书》是外王，《乐》是内圣，《礼》是外王，《易》是内圣，《春秋》是外王，《诗》既摄《乐》，合

《礼》、《乐》是《易》，合《诗》、《书》是《春秋》。

六艺在马的手中似乎成为囊括万有，具有无穷魔力的东西，不仅是中国文化的精蕴所在，而且是世界文化的符号表征。他对人类文化未来走向的预言是："天地一日不毁，人心一日不灭，则六艺之道炳然常存。世界人类一切文化最后之归宿必归于六艺，而有资格为此文化之领导者，则中国也。"（一，24）

我们认为，马一浮的统摄论揭橥的六艺宗旨为民族文化的价值纲维，并将其诠释为富有理论包容性和开放性的体系，突出文化的共性和普遍性，通过考察人类的心性本原结构来发掘文化的本质特征，强调本土文化的世界意义，有助于提振文化自信，促使文化哲学在人类本性层域的思考与探察。

但其中亦有不少值得商榷的问题。首先，马以性、习分别中西文化并以表现心性义理的六艺之道统摄一切学术的做法实际上构成对西方文化价值的实质性消解，西方即便有真、善、美之价值观，在马看来，若非建立在心性本原上，亦是一种习气增上。在具体论述中，以中国文化为根本尺度判别西方文化随处可见（例如他以唯识理论尺度判西方哲学，认为唯物论是相分，唯心论是见分，康德也只达到见分，至于自证分，证自证分，西方学者皆未悟到）。（参见三，1137）而且抑西扬中，看不到对西学的应有的认同与敬意。

其次，六艺本身含义的模糊及其相互关系的混乱造成一般社会认知的困难。马沿袭传统治学方式，少有精严论证，多为随缘施设，临机启悟，字吝语啬，惜墨如金，我们既不明白六艺的外延内涵、确切所指，也相当困惑于类似于华严"事事无碍"般的六艺彼此缠绕、牵连、涵摄的复杂关系。

再次，他虽强调六艺是异中求同，别中求总，而且总别不二，不分优劣，但统摄的含义在西方文化价值被拒斥的情形下，实际上已走向了取代，使中国文化成为世界文化的唯一归宿。马对梁虽颇有批评，却以不同的求解方式，得出了相同的答案。

第四节　文化实践

儒家三圣继承了传统儒者立身行道的优良传统，将自己的文化理念转化为入世的积极实践。在梁漱溟那里，"路向论"中透显的中国文化复兴的消息为走出乡村困境引燃了希望，通过儒学思想与民主科学价值的结合、知识分子与农民群众的结合缔造新型社会团体组织，体现为乡村改造运动中的儒学社会化取向；在熊十力那里，"融合论"使他在哲学创造领域成为最大的赢家，因理论困境而酝酿的新唯识论在可能的限度内吸纳了唯识学和西方哲学的思辨智慧，通过儒学哲学化的向度扭转，为儒学的现代转型提供了中西哲学互动生成的空间；在马一浮那里，"统摄论"对心性本原的彻达受到不断增长的习气世界的逼扰和限制，对人性困境的突围仿佛只能依赖于圣贤的人格魅力和心性救拔，马结束隐逸生活而从事复性书院的努力也意味着在儒学精英化的推动中遥托着对圣贤的期待。

一　梁漱溟：儒学社会化

梁漱溟在《中国文化要义》自序中说，如果有人问梁漱溟是个什么样的人，他希望的回答是："他是一个有思想，又且本着他的思想而行动的人。"或恭维一点："他是一个思想家，同时又是一社会改造运动者。"① 梁正是将自己的文化思考付诸社会改造，体现出强烈的实践精神的儒家学者，美国艾恺教授也正是在这个意义上指称梁为"最后一个儒家"。

---

① 梁漱溟：《中国文化要义》自序，载《梁漱溟全集》第三卷，山东人民出版社1990年版，第6页。

（一）以乡村建设为根本目标

1929 年，梁先后考察了陶行知的南京晓庄乡村师范学校、黄炎培的江苏昆山徐公桥乡村改进试验基地、晏阳初的河北定县翟城村中华平民教育会试验区、阎锡山在山西太原等地的村政等，从中他既发现了问题，又提出了通盘方案。

他指出乡村是中国社会的基本单元，乡村衰则中国衰，乡村兴则中国兴。它不仅是经济单元、政治单元，更是文化单元，因此乡村建设的内容不独是经济、政治的发展，而是多方面的。他强调："救济乡村便是乡村建设的第一层意义；至于创造新文化，那便是乡村建设的真意义所在。乡村建设除了消极地救济乡村之外，更要紧的还是在积极地创造新文化。所谓乡村建设，就是要从中国旧文化里转变出一个新文化来。"[1] 因此，对梁而言，乡村建设运动实质上是一场民族文化复兴运动，是中西文化冲突背景下中国文化出路的必然选择，这正是他与同时代其他乡村建设者的差别所在，也是他积极投身这一运动的深心大愿和现实动力。

（二）以政教合一为组织原则

他在沿途考察了江苏、河北、山西等地村治村政状况，回到北京后，接办由阎锡山资助出版的《村治月刊》，并担任河南村治学院的教务长。1931 年 1 月，他在山东开设乡村建设研究院。研究院以"知行合一"为宗旨，研讨乡村建设理论，培训乡村建设干部，并在邹平、荷泽进行了规模可观的乡村建设实验。遗憾的是，持续七年的社会改造运动最后以山东沦陷而告终。

梁在乡村建设运动中对重建中国新型社会组织进行了深入思考和具体设计，认为在现有伦理本位的社会状况下，应当以政教合一为组织原则，缔造出新型社会团体组织。梁解释说，"政教合一"

---

[1]　梁漱溟：《乡村建设大意》，载《梁漱溟全集》第一卷，山东人民出版社 1989年版，第 611 页。

之"政",指政治,即人类社会最有权威、最有力量的团体生活;"教"就是指教化,即通过教育的形式使人心向上。这样,梁对"政教合一"的定义是:"所谓政教合一就是把人生向上这件事情亦由团体来帮助,使人的生命往更智慧更道德更善良里去。换言之,把帮助人生向上的事情亦由最高有力的团体来作,这就叫作政教合一。"①

"政教合一"是针对"政教分离"提出来。"政教分离"指近代西方由于确立对个人权利的保障,反对国家和社会团体干预个人生活的主张。但梁认为,政治团体对个人生活采取的消极无为策略虽有助于个人权利的保护,却造成了疏离的状态,随着时代的发展,必然转进到要求团体帮助人生向上,互励共勉,而为"政教合一"的阶段。所以"政教分离"单纯照顾人的生活而不问人的生活的意义或单纯消极要求不受团体的干预都是不正确和不合理的。他预言道:"将来社会进步之后,那时人生向上不再是你的事或我的事,而是团体大家的事,由社会来帮助策勉,共趋于人生向上之途,这才是政教合一的真义。"② 在他看来,"政教合一"关注的不仅是生存问题,更重要的是生存层面之上的人生意义的追寻,当人类社会高度组织化的时候,不仅不会成为个人发展阻碍,而且是个人创造和发展自我的必要保证。所以"人生最大事情,即是创造自己,社会应帮助人去创造自己,形成一个教育的环境,启发并鼓励个人的前进"③。

(三)以知识分子与农民群众为主体力量

梁认为农民是乡村的主要居民,对乡村最熟悉,亦最有感情,

① 梁漱溟:《什么是政教合一》,载《梁漱溟全集》第五卷,山东人民出版社1992年版,第690页。

② 同上书,第692页。

③ 梁漱溟:《政教合一》,载《梁漱溟全集》第五卷,山东人民出版社1992年版,第673页。

乡村的衰败对农民伤害最大，所以乡村自救的根本途径是让农民自我觉悟，迸发热情，真正成为掌握自己命运，从事乡村改造的主体力量。他再三强调："农民自觉，乡村自救，乡村的事情才有办法；所以我们说乡村建设顶要紧的第一点便是农民自觉。"①

　　农民虽是乡村建设成功与否的关键，但他们徒有热情和愿望，缺少能力和知识。这样如何将先进知识分子和农民群众在社会改造运动中紧密结合起来，就成为当务之急。他指出："乡村问题的解决，第一固然要靠乡村人为主力；第二亦必须靠有知识、有眼光、有新的方法、新的技术（这些都是乡村人所没有的）的人与他合起来，方能解决问题。没有第一条件，固然乡村问题不能解决；没有第二条件，乡村问题亦不能解决。"② 他认为恰恰是知识分子与农民的脱离，造成中国近代以来历次变法、维新与革命的失败，故欲解决乡村困境，必须调动农民群众的行动热情，发挥知识分子的积极作用，成为农民的"耳目"、"喉舌"乃至"头脑"，从而"使此二种动力构成一个力量，上下互通声气，头脑与身体合而为一，则中国问题之解决，亦颇容易"③。

　　（四）以村学乡学为具体形式

　　梁认为乡村困境缘于文化失调，必须从正面培养文化，补充文化，建造文化，从而形成良好社会秩序。因此乡村建设的另一重含义即是民众教育，二者互为表里，相得益彰："民众教育不在乡村建设上做工夫，则民众教育必落空；乡村建设不取径于民众教育，则一切无办法。……总之，吾人今日所从事之工作，从目的说为乡

---

① 梁漱溟：《乡村建设大意》，载《梁漱溟全集》第一卷，山东人民出版社 1989 年版，第 618 页。

② 梁漱溟：《乡村建设理论》，载《梁漱溟全集》第二卷，山东人民出版社 1990 年版，第 351 页。

③ 梁漱溟：《民众教育何以能救中国》，载《梁漱溟全集》第五卷，山东人民出版社 1992 年版，第 485 页。

村建设，从方法说系民众教育。此种工作全属在文化建造上做工夫，其结果可以解决中国问题，使中国无问题可言。"①

　　梁所设计的民众教育的具体形式便是村学和乡学。村学和乡学是乡村建设理论的重要组成部分，目的是化社会为学校，教导民众上进好学。村学和乡学既是教育机关，又是行政机关，是按照政教合一原则组建起来的两级社会组织。由三部分人组成：一是任"学董"（主行政）和"学长"（主教育）的乡村领袖，大多由"齿德并茂"的地主乡绅充任；二是身为"学众"的普通农民；三是任"教员"和"辅导员"的乡村工作者，多由山东乡村建设研究院毕业生选派充任。他还对古代乡约进行了补充改造，使之成为适应现代需要的为村学乡学普遍遵循的规程和宗旨。

　　从梁的设计看，他力图以中国社会的伦理本位吸纳西方民主、科学价值，融摄到团体组织中去，使团体组织和科学技术彼此推动，无科学技术，则村学乡学不能开展；无团体组织，则科学技术难能推广。

　　梁视农村为中国社会改造的重点，诚不乏卓见，以知识分子与农民群众相结合推进乡村建设，亦略见成效。但他以伦理本位的温情关系遮蔽了乡村中广泛存在的阶级对立和阶级矛盾，以村学乡学所推行的儒家思想教化取代农民对土地所有权的要求，从而不可能真正唤起农民的斗争和改造热情，他的乡村运动最终因军阀的倒台和山东的沦陷而告失败，其乡村建设所遗留的历史任务则由中共领导的土地革命而获得彻底解决。

二　熊十力：儒学哲学化

　　对于梁的乡建运动，熊十力剀切地指出了其先天缺陷："漱溟

―――――――――――

① 梁漱溟：《民众教育何以能救中国》，载《梁漱溟全集》第五卷，山东人民出版社1992年版，第486—487页。

愿力弘大，思想多独到处，年来研究乡村建设问题，不欲问政权，却虑迂缓难有济也。"① 与梁、马创办书院不同，熊更希望通过设立中国哲学研究所等专门研究机构从事儒学哲学化②，他个人的理论创获主要体现在《新唯识论》的多次删订上，通过文本的嬗变及其相关论述，我们看到的是一个中国哲学家为争取中国哲学的合法性地位及与西方哲学的对等话语权而不懈创造的雄姿。

（一）以体用不二为基本架构

熊对哲学的理解是："哲学之事，基实测以游玄，从观象而知化。穷大则建本立极，冒天下之物；通微则极深研几，洞万化之原。解析入细，茧丝牛毛喻其密；组织精严，纵经横纬尽其巧。"③ 他力图证明哲学是对本体的研究和证验，不容西方科学插足，从而捍卫中国传统文化的哲学地位。"体用不二"是他的宇宙观的基本架构，他从心物现象的分析中抽绎出真实本体——"本心"，以"本心"为体，以物质世界为用。然后在"翕辟成变"的能动变化过程中，一方面以"本心"解释世界，通过翕的势用建构出物质世界；另一方面，又通过辟的势用把物质世界复归于"本心"本体，这样就完成了其"体用不二"的本体论系统④。

熊对此架构极为重视，这不仅是他哲学体系的内在逻辑，而且表征着其根本的哲学信条："本体现象不二，道器不二，天人不二，

---

① 熊十力：《十力语要初续》之《与林宰平》，载《熊十力全集》第五卷，百花洲出版社 1993 年版，第 202 页。

② 熊十力说："吾欲规设中国哲学研究所，冀聚若干有志士，得与吾共朝夕，专而不纷，期以数年，精神通，思理达，夫而后此学此道，不失其真。"（熊十力：《十力语要》卷三之《答韩裕文》，载《熊十力全集》第四卷，百花洲出版社 1993 年版，第 408 页。）

③ 熊十力：《新唯识论》（语体文本）初印上中卷序言，载《熊十力全集》第三卷，湖北教育出版社 2001 年版，第 7 页。

④ 参见宋志明关于熊十力"体用不二"的分析，《熊十力评传》，百花洲出版社 1993 年版，第 112—141 页。

心物不二，理欲不二，动静不二，知行不二，德慧知识不二，成己成物不二。"①

（二）以思修交尽为主要功夫

《新论》文本系列还显示出熊的另一重要思想的演变，即由"性量分途"到"思修交尽"。在熊看来，"本心"既是宇宙的本体，又是认识的主体和对象，而性智就是"本心"的自我认识能力，它不滞感官，超越主客，在刹那直觉中证会本体，浑然与天道合一；量智则是出自习心的认识能力，是性智的发用，以日常经验为基础，以主客划分为前提，以渐进积累为过程。他认为哲学是关于性智的学科，科学是关于量智的学科，中西文化也由此截然分途。

但他后来对此作了反省，使西方的思辨理性参与到哲学活动中，承认了量智对见性起着必要的作用，充分肯定性智和量智的互补作用，进而提出了"思修交尽"的观点。他说："余常以哲学为思修交尽之学。"② 又言："夫哲学以上达天德为究竟（达者犹云证会，天德犹云本体，非谓天帝，此用《中庸》语），其工夫要在思修交尽。"③ 此处，"思"指量智，"修"指性智。他以亲身治学体验说明在性智实证本体之前，量智是一种必要的准备和补充；而在性智证会本体之后，亦是一种不可或缺的巩固和保障。"见体之后，必依性智而起量智，即昔儒所谓不废格物穷理之功是也。"④他还指出："哲学方法，则思辨与体认须并重，余欲为《量论》一

---

① 熊十力：《原儒》序，载《熊十力全集》第六卷，湖北教育出版社 2001 年版，第 312—313 页。

② 熊十力：《十力语要初续》之《仲光记语》二，载《熊十力全集》第五卷，湖北教育出版社 2001 年版，第 212 页。

③ 熊十力：《新唯识论》（删定本）之《明宗》，载《熊十力全集》第六卷，湖北教育出版社 2001 年版，第 33 页。

④ 熊十力：《十力语要》卷三之《答谢幼伟》，载《熊十力全集》第四卷，湖北教育出版社 2001 年版，第 336 页。

书明此义。"①

（三）以范畴构造为建构范式

和西学相比，熊深感中国传统学术理论思维薄弱的缺陷，其中的一个重要方面就是范畴理论。在对康德的研究中，他发现西方哲学主要依据范畴的推导逐步形成发达的认识体系，中国古代虽有《北溪字义》、《孟子字义疏证》等本土范畴分析传统，但在时下却亟须传统范畴的改造与更新。

我们知道，康德从物自体和现象界的二分出发，认为人的认识能力只在现象界发挥作用，而对于作为宇宙本体的物自体本身却一无所知。在认识活动中，感性是接受表象的能力，知性是思维感性直观对象的能力，只有二种能力共同发挥作用才会形成整个关于现象界的认识链条。其中，在知性阶段，加工整理感性材料需要依靠头脑中知性的认识工具，把感性材料联系贯穿起来，形成理论升华。他从逻辑判断中引申出十二个范畴，共分四组。康德认为："范畴唯源自悟性，而与感性无关。"② 他把范畴称为"纯概念"，意味着范畴既不是来自感性对象，又不是对感性对象之间内在规律的客观描述，更不包括任何经验知识的成分，而是为人脑所先天具备的主观图式。思维运用先天诸范畴作为认识工具揭示现象之间的联系和规律，康德称之为"为自然立法"。

熊不同意康德关于范畴是先验地存在于意识活动中的主观图式的说法。他从体用不二出发，认为本体与现象、主观与客观具有同一性，这种统一性正是人可以即用见体的前提。所以，表征人的认识机制的范畴，便不能纯属主观，而必然是主客兼属。唯此，人的认识才具有客观有效性，打通本体与现象的隔阂，证会本体境界。

---

① 熊十力：《十力语要初续》之《仲光记语》二，载《熊十力全集》第五卷，湖北教育出版社 2001 年版，第 212 页。

② 康德：《纯粹理性批判》，蓝公武译，商印书馆 1995 年版，第 107 页。

他指出:"范畴本兼属主客。在客观方面,名为范畴,在主观方面,亦名为裁制。……物上具有种种轨范和形式或法则,是名范畴。此其属客观方面者也。心缘物时(缘者,攀援及思虑等义),物之轨则,顿现于心。而心即立时予以制造,是名裁制。此裁制,即物上范畴经过心思的营造而出之者也。"① 熊参考康德的范畴表,论列空时、有无、数量、同异、因果等五对范畴,力求通过这些范畴的纽结和推导深化对物质世界的认识,展现中国哲学内在的逻辑统一,成为现代中国哲学界唯一设计过范畴表的思想家,表现了他敢于探索、富于思辨的理论勇气和创造精神。

三 马一浮:儒学精英化

马一浮认为梁所主持的乡村建设偏重功利,不能苟同。所以1937年,在致云颂天的信中表示梁在入蜀后若继续从事乡村建设教育,建议应"稍稍传以经术,为当来人类留此一线生机"。(二,810)但梁在抗战期间奔走国事,无暇及此,所办勉仁书院,亦是为乡村建设培养训练人员。故马主动出山,在国民党政府的支持下,创办复性书院,为中国文化稍留少数种子,再图日后光大。

(一)以成就圣贤为根本目标

马指出欲求富强者必及于不仁,争夺资源,开辟殖民地,穷兵黩武,驱民于水火,这些都缘于自私之念的支配。所以须以"国土性空,物我一体"(二,810)的真实义理普及于人类。对重重习气的勘破只能依赖于少数明心复性的人,故马认为书院不同于现代大学的意义正在于此,学校造士,书院求师,着重养成博洽精醇的通儒,"学者所以学为圣人也,穷理尽性即学者分上事"(一,510)。他在致友人赵香宋的信中具体阐发了冀书院成就圣贤的用

---

① 熊十力:《新唯识论》(语体文本)之《成物》,载《熊十力全集》.第三卷,湖北教育出版社2001年版,第328页。

心："三十年来，学绝道丧，……后生小子几不知圣贤为何人、经籍为何物。今因寇乱之余，当路诸贤一念之发，因得于现行学制之外，存此书院。思藉此略聚少数学子，导以经术，使返求义理，冀续先儒之坠绪于垂绝之交，此亦人心之同然，有不可泯灭者在也。"（二，665）他宁愿书院出一周公，而不愿出一管仲。

（二）以明心复性为宗趣要旨

马认为不明心性是现代人的根本病，由此而生发出诸多弊端，导致普遍性的人性困境。书院以"复性"为名，即是欲扫习见性。书院讲习方法以求己为先，多闻为后，在指归自己方面下功夫。他反复强调去除习气，切己体究，涵养于好恶未发之先，勘验于一念发动处，并手订学规，以此为明心见性、证入圣域的宗途宏纲："主敬为涵养之要，穷理为致知之要，博文为立事之要，笃行为进德之要。四者内外交彻，优入圣途，必从此始。"（一，107）

（三）以书院讲论为主要形式

书院院事由主讲马一浮总摄，下设都讲，外聘讲友，课程设通治、别治二门，前者为必修，以《孝经》、《论语》为一类，孟、荀、董、郑、周、程、张、朱、陆、王诸子附之。后者为选修，以《尚书》、《周礼》、《仪礼》、《礼记》一类，名、法、墨三家附之；又《易》、《春秋》为一类，道家附之。逢五开讲，逢十谈话。从学制上看，一般以三年为限，不过他强调学问是毕生之事，讲习仅一时之缘，"讲论只可资触发，果能领会，实实践履将去，则一面数语，受用尽多。若泛泛悠悠，不唯三年，即相依三十年，亦无益也"（一，505）。

（四）以六艺之道为主要内容

他提示书院讲学宗旨不分今古、不分汉宋、不分朱陆，打破门户偏见，以六艺为教授内容，统摄一切学术。不分立诸科，但可分通治、别治二门。通治明群经大义，别治可专注一经，举凡诸子、史部、文学之研究，皆统于群经。从儒佛周孔，见性是同的角度，另设玄学、义学、禅学三讲座，延聘精通三学的大师，"敷扬经论旨要，以明性道"（二，1169）。本着"六艺皆所以明性道"的认识，马在复性书院分别讲述了《论语大义》、《孝经大义》、《诗教绪论》、《礼教绪论》、《洪范约义》、《观象卮言》，基本上对六艺作了较为完整的阐发。

> 时方危难，中土圣贤之学晦而不明矣。吾以炳烛余年，获与诸君一日共学，虽其言未足以为益，其属望诸君负荷斯道之心实无有尽。（一，696）

> 今四海骚然，举国皇皇，并力以拒敌，而吾暨幸得从容于崖穴之间，受饩廪之供。名为求先圣之道，是必乾乾夕惕，思所以尽其在己，日进于高明，不沦于弱丧，方不违于自性，可告于国人。若乃冒读书穷理之名，而无进德修业之实，徒以增长习气，骋其人我，持一隅之知，遂以为足，是不唯先圣所弃，苟反之自心而犹有义理之存者，其能安乎？（一，697－698）

马一浮在复性书院的讲学实践产生了很大的社会影响，他对六艺的揭示固然提振了抗日战争时期的民族精神和光复热情，亦在短时间内培养了一批深有国学根基的人才，所刊印的传统典籍为保存文化遗产作出了贡献。但由于书院讲论形式拘守传统，课程设置中缺乏必要的现代思想成素，因此有社会舆论批评书院空谈心性，学生亦难以接受，故开讲一月内，旋即有四人辞学，造成书院教学的危机。熊十力在这个问题上也和马发生抵牾，熊主张书院转制国立，扩大招生，增加科目，让学生应有谋生出路，而复性书院却拘守"寺院遗规"，等若"少数和尚住庙"[1]。而马认为，书院应保

---

① 熊十力：《十力语要》卷二，载《熊十力全集》第四卷，湖北教育出版社 2001 年版，第 265 页。

持学术和财政的独立性，属于社会性讲学团体，政府和人民同为檀越，同为护法，不能骤谋改定。熊因此愤然辞去书院教席。马、熊分歧不仅反映了他们教育理念的差异，而且体现了彼此对儒学的现代转型（精英化或哲学化）的不同思考。

梁漱溟与马一浮对熊十力推进儒学哲学化的努力并不认同。梁在1961年撰述的《读熊著各书书后》中系统批评了熊的理论缺陷，指出哲学化恰恰是其失败的根由。"熊先生缘何有此失败？这就为他癖好哲学这把戏。"[①]"对于哲学，熊先生固自强调其有超知识不尚理论之一面，力斥知见卜度、臆想构画、一切向外寻求之非；——这代表东方说话。但同时又肯定其有恃乎思辨，而且据说是极贵玄想（见《体用论》第151页并亦见他书）。这意在吸收西方哲学之长，以建立其本体论、宇宙论等等。口口声声以'内证离言'、'体神化不测于人伦日用之间'为哲学旨归，而实则自己不事修证实践，而癖好着思想把戏。其势要把不尚理论者引向理论去。"[②]又熊十力以哲学为见体之学，以思修交尽为主要工夫，那么，"我们要问：本体是事实呢？抑只不过推论中的一个空观念呢？为其是事实，定要从实证上解决，熊先生离开实证而推论如何如何，岂有是处？"[③]梁漱溟指责熊既知晓儒家身心性命之学不等同于所谓"哲学"，却以哲学称之，是有意无意地模糊儒家特征，没有尽到原儒的本分。因为不求纠正近代以来西洋学术风气的浅薄阙失，明确东方古人之学在学术上应有的地位，故而造成了理论上的尴尬："既已漫然随俗，以儒学归之于西人所谓哲学，完全失掉了自家立场，却又硬要治哲学者舍其一般通行的研究来从着我作自

① 梁漱溟：《读熊著各书书后》，载《梁漱溟全集》第七卷，山东人民出版社1993年版，第756页。
② 同上书，第756页。
③ 同上书，第764页。

修功夫，岂有是处？"① 梁为获得支持和响应，特将该文寄马一浮。马在通读梁文后，复信曰："见示尊撰熊著书后。粗读一过，深佩抉择之精。熊著之失正坐二执二取，骛于辩说而忽于躬行，遂致堕增上慢而不自知。……尊论直抉其蔽而不没所长，使后来读者可昭然无惑，所以救其失者甚大。"（二，704）

　　梁、马的批评，并不仅仅是学术观点的歧异，而只有从儒学现代转型的抉择上才能获得真正的理解。熊从其哲学化的角度认为，要使中国文化走向世界，必须借鉴西方哲学概念、术语，在回复梁文时，他表达了自己的苦衷和孤独："我喜用西洋哲学宇宙论、本体论等论调来谈东方古人身心性命切实受用之学，你自声明不赞成。这不止你不赞成，欧阳师、一浮向来也不赞成。我所以独喜用者，你们都不了解我的深心。"② 而熊的"深心"是："我的作书，确是要以哲学的方式建立一套宇宙论。这个建立起来，然后好谈身心性命切实工夫。我这个意思，我想你一定认为不必要，一浮从前也认为不必要，但也不反对我之所为。你有好多主观太重之病，不察一切事情。我一向感觉中国学校的占势力者，都不承认国学是学问。身心性命这些名词他讨厌，再无可引他作此工夫。我确是病心在此。"③

　　后来的现代新儒学的发展历程表明，熊十力—牟宗三一系的哲学化倾向主导了新儒学思潮，这固然提高了中国哲学的思辨水平，加快了"哲学在中国"的进程，但在以西学模式整合诠释中国哲学的同时也面临着迷失自身特质的危险，陷入儒学研究和发展的困境。儒学作为身心性命之学，是与人的社会生活和工夫实践密切相

---

　　① 梁漱溟：《读熊著各书书后》，载《梁漱溟全集》第七卷，山东人民出版社1993 年版，第 755 页。
　　② 熊十力：《熊十力论文书札》之《与梁漱溟》，载《熊十力全集》第八卷，湖北教育出版社 2001 年版，第 758 页。
　　③ 同上书，第 759 页。

关的，它追求的不是严密的理论和清晰的逻辑所推导的形上建构，而在于如何深造自得，如何将道德修养和人生实践打成一片。这样熊十力所启导由牟宗三所彻底贯彻的儒学哲学化的努力在现代思想史上就具有了双重的意义：一方面，在新儒学的发展中，理论的铺陈、逻辑的推演、体系的建构、学理的圆融越来越占据重要的地位，良知呈现、内圣外王等更多的成为学理的探究，从而偏离了内圣心性之学的根本方向，这就不是在重构儒学，而是在解构儒学了，梁漱溟、马一浮正是在这个意义上严词批判熊十力的；另一方面，儒学哲学化毕竟以某种学理的形式对传统儒学精神进行了阐释，构成了现代儒学发展的不可或缺的思想环节，能够以体系化的理论建构与西方哲学展开对话和交流，赢得中国哲学在世界哲坛的一席之地。

在梁漱溟和马一浮看来，熊十力"癖好思辨把戏"实际上是一种出世，是一种玩物丧志，是对社会生活和人生实践的疏离与逃避，而他们的致思则贯彻了传统儒学的入世精神，扼要地说，梁倾向于社会生活的改造，马侧重于人生实践的修证。但现代新儒家的最大问题在于，道德的应然并不一定体现为历史的必然，梁漱溟的儒学社会化的主张就是如此。梁并未从根本上理解乡村的基本矛盾和主要痼疾，而是希望通过儒学改造乡村，以掀起民族文化复兴运动，但农民在这场运动中并不能获得身份解放和土地产权，自然迸发不出他所期待的热情和动力。而且半个多世纪以来，通过土地革命、农业合作化以及改革开放后的联产承包等，中国乡村已发生了翻天覆地的变化，所以梁的具体主张已经丧失了历史前提。但他提出的问题和方向却没有过时，儒学与现代社会的结合仍然具有重大的现实意义。如何促进儒学与当代社会的双向互动，重新高扬儒者批判现实、关怀社会的入世精神，是现时代值得继续探究的话题。

与熊十力、梁漱溟相比，马一浮坚守了宋明理学的内在超越的心性路线，真正做到了道德文章与身心性命的圆融统一，以儒学精英化的努力在苍凉末世存留些许读书种子，完成战争劫火中的文化赓续。只有从这个意义上，我们才能更为接近地理解和评价马一浮的学术贡献。但遗憾的是，因为忽略了对马的思想动因与措思背景的考察，导致在现代新儒家中，尤其是在儒家三圣中，马一浮备受冷落和寂寞，直至现在对马一浮的研究仍然很不充分，也很不深入。

　　学界对马一浮思想的"身后寂寞"提出了不同看法：一种意见认为是马一浮的后学乏力，门弟子没有发扬光大，例如任继愈先生在《马一浮集》序言中认为马先生讲学授徒时间太短，私淑景慕者多，亲炙心传者少，缺乏像二程和阳明门下诸大弟子的弘扬、护持，遂使丰富精深的学术体系没有来得及亲手完成并薪火相传；另一种意见认为是哲学学科发展程度高、转型快的缘故，例如郑家栋先生在谈到西方背景对不同学科发展的影响时指出，由于现代意义上的中国史学与传统保持了更多的连贯性，而中国哲学则几乎是仿效西方模式建立起来的，这种学科差异性必然会对两个领域的学者提出不同的要求，钱穆和马一浮都在一定程度上坚持了传统的学术规范，但前者终成史学巨擘，而后者虽名噪一时，有较大的社会声誉，却很快被人遗忘，他认为"史学较为'传统'而哲学较为'西化'"① 是一个重要原因。

　　除了以上原因，本书认为根本原因还是马一浮的儒学精英化的文化主张。如果说梁漱溟的儒学社会化造成了广泛的社会影响，熊十力的儒学哲学化产生了持续的学术影响，那么马一浮的影响则局限于极少数故旧门人中间。但这恰恰显示了马一浮与梁、熊的根本差别，后者希望获得"哲学在中国"的落地生根、开花结果，而前者则意在唤起"中国的哲学"的现代转生。尽管马一浮的文化

---

① 郑家栋：《断裂中的传统——信念与理性之间》，中国社会科学出版社 2001 年版，第 234 页。

主张由于时代、社会诸因素的限制，并未真正影响到现代新儒学的发展方向，但时值 21 世纪，中国文化也掀开了一个新的篇章，对马一浮的重新思考也许会有助于我们认识和发现"中国的哲学"的生命精神，在向度的转进中逼近和抵达儒学的本原大道。

结语：默然不说声如雷

关于人物思想的评价可以有两种路径：一是以今说古，指根据现时代的理论水平和认识程度去判断、衡量人物的思想言行，从而得出较为全面的结论。此种方式尺度明确，操作性强，得失互见，但这种批判性评价容易脱离历史实际，以己之见妄测古人之意；二是以古论今，指针对古代人物思想中富有现实意义的成素予以启导、发掘，寓贬于褒，以得明失，而为建设性评价。

对于马一浮的文化哲学思想而言，它属于现代新儒家文化哲学；而在现代中国文化哲学的三大流派中，唯物派拥有意识形态的合法性和现实政治的依托，若据此作批判性评价，新儒学和西化派显然会被归置于低一级的理论层次，在否定性中寻找合理性，从而陷入评价的困境。本书认为对于马一浮等现代新儒家，应从"同情的了解"中体贴他们对民族文化的忧患情怀和深心大愿，于肯定性中探索现实性，通过建设性评价获得对一代儒宗的精神默契与价值悟解。

尽管马一浮还带有理论初创的粗率痕迹和坚持传统的保守色彩，但其视野开阔、胸襟宽广、立意高远、分析透辟，提出了较为完整的文化哲学体系，全面阐述了其对中西文化的时代理解和哲学反思。本章将就其文化哲学的理论特点做一综合，并揭示其文化哲学思想的现实意义及历史局限。

第一节　理论特点

一　理论形态的传统性

不管是认为马一浮是"旧瓶装新酒",具有哲学理论的原创性,还是指责他"旧瓶装旧酒",是纯粹泥古守旧的"冬烘先生",都肯定了马一浮文化哲学理论的传统性。例如采用天台判教风规作为文化比较的方法,重视对理气、知能、止观等传统范畴的辨析和归致,运用会语、讲录、答问等传统形式阐发经学旨趣和义理精蕴,创办古典书院以从事儒学教育实践,在人格价值取向上推崇圣贤、君子等,这一切都让人很难相信是一位曾经游历欧美、饱览西籍、精通八门外语的学者所为。我们不禁疑问:为何在他的理论推演中看不出多少西学的痕迹,为何他与其他新儒家相比更热衷于遵循传统治学的路径?

本书认为,这与他对中西文化的基本判断密切相关。前文已述,马一浮以性、习分判中、西,指出以六艺为价值纲维的中国文化是建立在心性上的,心性不会亡,则中国文化必不会亡;而西方文化是建立在经验习气上的,不管如何变化,只是在习气中转换,只是在虚妄中翻筋斗。从哲学上看,亦是性、习分明:"东土大哲之言,皆性分流出。若欧洲哲学,不论古近,悉因习气安排,故无一字道着。"(二,467)甚至他还对"哲学"概念的合法性提出了置疑:"哲学译自泰西,意云爱智,爱智即是执见,执见即是法执,应在破除之列,故其为名不妥。"(三,936)既然西方哲学属于应被破除的习气,自然不会被吸纳到他的理论体系中。他要极力保全中国文化的心性旨趣,提示出六艺,使西方文化从习气缠缚中解脱出来。所以他反对熊十力比较东西文化具体异同的做法,指出:"有东有西,即非文化。圣凡犹不许立,更说甚东甚西。"(二,467)在马一浮看来,没有东、西文化,只有心性文化和习气文化。这和他在华夷之辨中的逻辑一样，都试图将"中国"处理为一个普遍的道德概念，清除其民族、国家层面上的特殊意义，这固然有提振民族文化自信的作用，但也丧失了对固有文化的批判精神，而这恰恰是继承优良文化传统的基本前提。马一浮努力的方向就是用六艺破习气，在这个所谓习气增上的环境中捍卫心性的价值和地位，进而赋予儒家文化以普遍的世界意义。所以，他拒绝西学影响就是拒绝习气，坚守传统学术就是坚守心性之学，只有从这个意义上我们才可以理解马一浮保持其文化哲学理论形态的浓厚传统色彩的良苦用心。

二　哲学话题的时代性

与其理论的传统性形成鲜明反差的是，不仅马一浮文化哲学是文化危机背景下的理论创获，而且就其主要理论组成看，也都充满了哲学话题的现实性和针对性。正如任继愈先生指出的那样，中国学人所用的概念、名词都是前人用过的，却随时赋予各个不同时代的新内容，古而不老，旧中寓新，马先生是"述而不作，以述为作，述中见作"①的典范。他之所以判教，是因为传统文化在强势西方文化前所显示的涣散与脆弱，他迫切地要重构传统文化的价值系统，以儒家六艺完成对本土思想资源的整合，然后再确立中国文化在世界文化格局中的地位；他之所以进行名相辨析，是因为历史上的概念混乱和争执已经到了无法容忍的程度，各守封执，局而不通，这不仅增加了外国人了解和掌握传统文化的难度，而且直接导致了青年学生对国学的忽视与厌弃，故而他展开了对传统名相的厘正与归致，从而直探心性义理；他之所以从心性立论，是因为西方文化建立在经验习气上，而这是当今人性陷入困境的重要原因，故

---

① 任继愈：《马一浮集》第一册序，浙江古籍出版社、浙江教育出版社1996年版，第3页。

而以心兼理气、统性情的架构确立其文化哲学的心性基础；他之所以揭橥六艺，是因为不满于时人对国学的误解和滥用，他欲以六艺贞定国学，从而从超越性价值原则层面统摄一切学术部类和文化现象，建构起一个完整的六艺价值系统；他之所以创办复性书院，亦起因于对"循资按格，计日程功"的现代大学制度的批判，以价值理性抵制工具理性的泛滥，以通儒型抗衡专家型的培养模式；他之所以推崇圣贤，是因为习气世界里充斥着俗学、俗儒、俗吏、俗人，故而主张通过儒学教育和艺术熏陶去涵养和证成六艺之人。

可见，马一浮的思考具有强烈的时代性，身在书斋而胸怀天下，性慕幽遁而心忧生民，在新的历史条件下实践了儒者的入世精神和现实品格。

三　价值取向的圆融性

前文已经指出，圆融是马一浮文化哲学的根本特征，它同样体现在其价值取向上。判教从思维方式看，体现了圆融思维的特点，"异而知其类，睽而观其通"，使传统文化以及中西文化归置于一个整全的文化价值系统中；对名相的辨析也是试图寻找能指的共同基础，从而促成名相圆融；心、理、气、性、情等被整合为心兼理气、统性情的义理架构，是心性圆融的体现；作为文化核心价值的六艺也是互相统摄的关系，例如《易》可以统《礼》《乐》，《春秋》可以统《诗》《书》，而且一艺中亦包含其他诸艺，即一而六，即六而一，如《诗》有《诗》之《易》，《诗》之《诗》，《诗》之《书》，《诗》之《礼》，《诗》之《乐》，《诗》之《春秋》，故为六艺圆融；马在人格发展上追求一种德艺并进的通儒理想，他本人就兼具诗教、礼教和理学三种学养，故为人格圆融。

值得注意的是，缘于这种圆融的价值取向，所以马一浮在处理历史和现实中存在的冲突、论争时，采取了调和、融通的态度，而非舍彼取此的二值判断。尤其是他对释互证儒佛两家的思想资源，寻求民族文化内在的精神契合与理论平台，使其文化哲学体系体现出鲜明的圆融价值取向。

第二节　现实意义

一　诠释学的建构

关于"中国诠释学"问题成为近来学界探讨重点，一方面中国古代具有悠久的经典解释传统和丰厚的理论资源；另一方面，亦可通由中国诠释学的建构而拓展中国哲学新的理论形态。

"中国诠释学"作为进行时，无疑有赖于中国学界的持续努力与良性互动，同时也是对原有诠释思想资源的整理与发掘，包括对儒、释、道三家诠释方法与实践的总结与重构。马一浮的理论贡献在于他顺应时代发展潮流，把握民族文化方向，在具体文本实践中提出的"佛学诠释学"。

所谓"佛学诠释学"可以有广义和狭义两种理解：从广义看，一切以佛学义理为理据的解释活动都可视之，譬如晚清佛学复兴运动中的佛学对治西学的例子；从狭义看，指运用佛学注经方法诠解儒道经典，通过互诠对释以实现儒佛道义理的沟通，譬如马一浮对六经文本的解释活动。本文正是从狭义的意义上试图对马一浮的"佛学诠释学"作一阐发的。

（一）必要性：撫彼教之卮言，证儒家之孤义

学界大都着意马一浮有浓厚的经学色彩，从讲经实践到六经要旨都是围绕经学这个主轴而展开的。因为马认为以六艺为代表的经学成就是传统文化的精华，亦是新的理论创造的源泉。以此为指导思想，他在复性书院从事的讲经活动就呈现出与传统经学显著的差别。

马指出传统经学发展至清代已经陷入了局而不通的困境，迫切需要方法论的变革，亟待突破今古、汉宋的局限与束缚。在理论资

源的凭借上，他否定了西方哲学支援经学的可能性，因为在他看来哲学停留于概念思辨，并非见性之学，自然不能为强调穷理尽性的经学提供助益。而佛学不仅铲除知见，潜行密证，从而达到"无心于宰物而后能应物，无事于立知乃可以致知"的诠释境界，而且具有极为细密的释经程序，恰可对治佛家解经"教相未晰，条理不举"的病痛，这既可弘扬圣学，又可排斥西洋科学方法："儒者说经尚未及此，意当来或可略师其意，不必尽用其法，如此说经条理易得，岂时人所言科学整理所能梦见？"（一，226）由此，他希望通过佛学思想对儒家经典的再诠释，能够刷新文本，重昭义理，焕然成彩，为儒学的未来提供一条切实可行的发展途径，而且"撼彼教之卮言，证儒家之孤义"（二，505）亦是马在《与蒋再唐论儒佛书》中提出的"儒佛互摄"观点的具体文本实践，提供传统儒学再生于现代中国思想世界的合法性证明。

（二）可能性：见性则横说竖说

佛学诠释学如何可能？马一浮着重从心性依据给予说明。六艺作为人人自心本具之理，兼有内在性和普遍性，而儒佛二家皆是见性之学，即是以穷理尽性，明心见性为宏纲要旨的学问。孔子与释迦牟尼亦是证验本心、彻悟大道的圣人，在这个意义上，儒佛周孔，等是闲名，"无论儒佛，凡有言教，皆以明性道为归"（一，682）。正因为价值趋归的一致性，所以儒经和释典可以构成文本的交叉转换，共同秩序和昭显六艺之理。"此理是活泼泼的，见性则横说竖说，无往而不是。"（三，966）儒释圣人垂言立教，都是随机施设，因病与药，意在使人从分别相中见无分别相，从生灭门中入不生不灭门，但是，马指出："后人不明此旨，舍其两头话语，执着一边，留在胸中，转成障碍，遗毒众人，真是罪过。"（三，1140）总之，不泥文字，不拘门户，圆融无碍，见性是同。

马还以宋明理学家的治学经历作佐证，指出"先儒多出入二氏，归而求之六经。佛老于穷理尽性之功，实资助发。自俗儒不明先儒机用，屏而不讲，遂使圣道之大，若有所遗。墨守之徒，不能观其会通，渐趋隘陋而儒学益衰"（二，831）。尽管宋明诸家皆从义学翻过身来，汲取了大量佛教理论成果，提升了传统哲学的思辨水平，但他们对佛教却抱有十分排斥的态度，以儒家伦理抨击佛教谢世出家、辞亲割爱、违悖孝道伦常的行为。正因为这种矛盾的心态误导了后儒，伴随着对佛教的拒黜，于是发生了圣道的昏昧遮蔽。马指明欲要推进儒学的进一步发展，必须积极调动佛学思想资源，通过儒佛的文本转换，使教相明晰，义理昭著。在《复性书院讲录》等学术著作中，马关于儒佛比较和协调之处比比皆是，体现为其文化哲学的具体理论成果。正如李明友先生指出的那样："他将理学中的佛学成分揭示出来，又使理学更富有佛学色彩；如果说，宋明儒者通过融合佛学将儒学变成理学，马一浮则是通过融合佛学使理学进一步佛学化。"①

（三）诠释范式

马一浮指出佛教有四依之说，可以作为治经的基本原则。"一谓依法莫依人，二谓依义莫依文，三谓依智莫依识，四谓依了义莫依不了义。"（一，635）从客观与主观、所诠与能诠、智慧与知识②，究竟与方便的关系入手，强调了治经必须以前者为依据，才能把握文本的精神实质和根本特征，从而确立佛学诠释学的基础和前提③。马主要是从以下几个方面作逻辑展开的：

1. 语词格义

"格义"是魏晋南北朝时期中国僧人以玄学术语解释佛教经典

① 李明友：《马一浮的"三教"圆融观》，载毕养赛、马镜泉主编《马一浮学术研究》，杭州师院马一浮研究所，1995年，第108页。
② 马一浮解释道："识是现前分别揣量之知，智则是自然照了无碍之知，前后截然不同。"（一，635）
③ 马一浮指出不能片面地理解"四依"原则，例如依文诚然有得有失，得在比傅，失在穿凿；单纯的依义也有得有失，得在玄解，失在近专。

的一种方法，它从寻求语词的对应开始，逐步发展到观念的对应和文化精神的契合，以期弘法传道，获得佛教赖以生存和传播的思想空间①。马一浮在文本研究中亦常常运用"格义"方法，从而在三教合一的语境中明确能指的内在贯通。例如在《老子注》中，他以"空"释"无"，以"假"说"有"，以"止"解"静"，以"观"论"虚"，以"圆融"会"和同"，以"法界"言"自然"，充分反映了深湛的国学修养和高超的诠释艺术。所格之义当否，可暂置不论，但毫无疑问，它为超越概念纠葛从而直指义理提供了有效的借鉴。

　　2. 六离合释

　　"六离合释"是佛学家解释内典时的常用方法，即从能所关系中进行概念的辩析和厘清，它包括依主释、持业释、有财释、相违释、带数释、邻近释等六种。依主释是以所依为主，如辩眼识，眼是所依，识是能依，能所不二，识是眼的根本属性，而成依主释；持业释指任持业用，如辩藏识，识是本体，藏是业用，藏即是识，故为持业释；有财释指从他所有，故得其名。如金刚之名，金刚本是护法神，以执持金刚实杵，得金刚名。又如华言藏，藏有含藏义，犹如世间库藏，能积聚财物，故名藏。这种用他名以显己的命名原则，称为有财释；相违释从分别着手，如言阴阳刚柔，虽为一理，析义时分其体相，则成相违，不相随顺，两别双举，是为相违释；带数释是指带数量词的概念，如两仪、四象、五行、八卦、五蕴等；邻近释指概念间具有因果联系性，可互为诠释，如慧是拣择照了，念是明记不忘，四念处之所以本为观慧而称为念，是缘于慧与念的因果关联度。类似的有敬与礼，信与义，和与乐等。马在分疏《孝经》时运用了这一方法，他指出"德即是性，故曰性德，

---

　　①　参见陆世金《格义在佛教中国化过程中的作用》，载《安徽大学学报》1993年第2期。

亦曰德性"，其中"即性之德，是依主释；即德是性，是持业释"
（一，220）。

3. 句型解析

马一浮还运用禅宗三句进行儒典的句型解析。禅宗三句一为涵
盖乾坤句，指浑然一理，无分方所；二为截断众流句，表示抽刀断
水，特见力量，如习性之别，义利之分，必辩之至明，剖之入微；
三为随波逐浪句，指俯顺来机，从缘施设。马指出这可配属于
《中庸》三句："天命之谓性"是涵盖乾坤句；"率性之谓道"是
截断众流句；"修道之谓教"是随波逐浪句。他进一步申述："谈
义说理都是教，知性乃是闻道，闻道乃能说教。就性道言，则性为
体，道为用；就道教言，则道为体，教为用。以道为用，则教是用
中之用；以道为体，则性是体中之体。所谓一句中具三句，三句仍
是一句也。"（三，965—966）就《周易》文本而言，一句中具三
句，亦即太极一函三之象。例如"以言乎远则不御，以言乎迩则
静而正"，是涵盖乾坤句；"《复》其见天地之心"，"神也者，妙
万物而为言"，是截断众流句；"《井》以辨义，《巽》以行权"，
只是随顺道理，称量而说，是随波逐浪句。又推而广之，"神无方
而《易》无体"，是涵盖乾坤句；"吉凶者，贞胜者也。天下之动，
贞夫一者也"，是截断众流句；"仰以观于天文，俯以察于地理"，
是随波逐浪句。

马意在通过这样的句型解析从依文走向依义，强调句型内在的
逻辑关联，实现文本整体的义理贯通。当然这种贯通离不开释经程
序的精细解析。

4. 释经程序

马一浮极为叹赏佛门释经的精细严密，具有一整套的进行文本
解析的程序。他说："中土自有义学，始用科分以释经论，朗若列
眉，虽钝根可喻，其法最善。"（一，631）他指出天台宗释经确立
五重玄义：一释名，二辨体，三明宗，四论用，五判教相；而华严

宗则用十门释经：一教起因缘，二藏教所摄，三义理分齐，四教所被机，五教体浅深，六宗趣通局，七部类品会，八传译感通，九总释经题，十别解文义（一，226）。因此他十分留意总结佛学的释经程序并付诸于文本实践，如在《颜子所好何学论释义》中初标宗趣，二显正学，三简俗见；在《孔子闲居释义》中总显君德，别示德相，三明德用，四叹德化，尤其在《太极图说科判》中发挥得更为彻底：

一、显体；

二、辨用：甲、从体起用；

　　　　　乙、摄用归体；

　　　　　丙、总别不二：子、总标；

　　　　　　　　　　　　　丑、别说：丑之一、气化；

　　　　　　　　　　　　　　　　　　丑之二、形化；

　　　　　丁、特显人胜；

　　　　　戊、圣人立极：子、显圣德；

　　　　　　　　　　　　　丑、定吉凶；

　　　　　　　　　　　　　寅、标三极；

　　　　　　　　　　　　　卯、知死生；

三、叹德标宗。（一，707－709）

5. 逻辑同值

马一浮注意到："老氏言有无，释氏言空有，儒家言微显，皆以不二为宗趣。"（二，526）这里的"不二"实际上既是指对立面的彼此综合，又是对双方的超越，摆脱了内在的片面性和对立性，从而转生为新的形态。"不二"标志着此进程的逻辑关系，既相破又相成，既对立又融通，既包含又超越，而且这一逻辑转换关系在儒释道三家是同值的。在儒曰理气不二，知行不二；在佛曰体用不二，理事不二；在道曰性命不二。马经常举示的一个例子是《大乘起信论》的"一心二门"与张载的"心统性情"，认为二者有异曲同工之妙，心有真如门和生灭门，犹如性情乃心之体用，包蕴着微妙高深的"不二"的逻辑内涵。在这个意义上，他提出："《起信论》'不生不灭，与生灭和合，非一非异，名为阿赖耶识，张子'心统性情'之说，及《通书》'无极之真，二五之精，妙合而凝'三者可同会。"（三，967）

6. 框架融合

任何一种文本的解读过程都必须确立某种解释框架，以作贯通性的客观把握和整体提炼，马一浮认为运用佛学治经，存在着不同解释框架的矛盾状态，指出应从互动融合中开辟出一条新的解释之路。例如表示变易、不易、简易的"三易"框架与表示体大、相大、用大的"三大"框架就可以互相对应、涵摄："三易之义，亦即体、相、用三大：不易，是体大；变易，是相大；简易，是用大也。"（一，188）又如唐僧杜顺在《华严法界观门》中的"三观"与"三易"的若合符节："真空观当不易义，理事无碍观当变易义，周遍含容观当简易义。"（一，427）

不易	变易	简易
体大	相大	用大
涅槃德	解脱德	般若德
法身	应身	报身
天命之谓性	修道之谓教	率性之谓道
不生不灭	生灭	不变随缘，随缘不变
位	气	德
诚	万物资始，乾道变化	诚之源，诚斯立
无极而太极	动而生阳，静而生阴	阴阳一太极，太极本无极（一，817）

7. 文本转换

由语词格义、句型解析、框架融合而来的必然是文本价值理念的契合，因此，马一浮常以六经文本与释典作比较和转换，认为它们在义理精神方面，可以实现内在的沟通，例如《华严经》可通于《易》，《法华经》可通于《春秋》。马指出程子所谓的"看《华严经》不如看一《艮卦》"，实际已提示《华严经》通《易》之旨。而《法华经》为实施权，开权显实，即是一部《春秋》之大旨。马强调儒经与释典的文本转换关键在于"得意忘言于文字之外，则义学、禅宗悟道之言，亦可以与诸儒经学大义相通"，马的弟子记载了马在复性书院宣讲六经的情形："先生尝谓《华严》可以通《易》，《法华》可以通《诗》。……先生讲六经常引释典经论相印证，如理而说，恰到好处。"（三，1064）

8. 思维拟议

马一浮十分注意治经过程中的"心通于道"、"神会心解"，也就是在义理层面善于用佛学思维去推求、思考、诠解，在其讲经实践中比较突出地有以下三种情况：

（1）四法界

华严宗的四法界包括事法界、理法界、理事无碍法界、事事无碍法界。事法界指殊相万千的现象界；理法界指一切法的共同本质；理事无碍法界指理与事、本质与现象、实相与诸法是二而一的关系，水波交彻，圆融无碍；事事无碍法界指一切诸法都相即相入，合彼此，齐物我，一色心，现象之间混然融通。马认为儒家六艺之学内契四法界，如以三才而言："三才合言，总为一法界性也。若配四法界，则行是事法界，经是理法界，义是理事无碍法界，合而言之，则是事事无碍法界也。"（一，240）

（2）四悉檀

天台宗的四悉檀包括世界悉檀、为人悉檀、对治悉檀、第一义悉檀。世界悉檀，即随顺世间法，而说因缘和合之义，亦就是以世间一般的思想、语言、观念等说明缘起之真理。例如人本由因缘和合而存在，故非为实体。以人存在是一般世俗之见，乃说适合世俗之法以随顺众人，令凡夫喜悦而得世间之正智；为人悉檀，即根据众生不同根机与能力，而说各种出世法，令众生生起善根；对治悉檀，即针对众生的贪、嗔、痴等烦恼，应病与药，以断众生诸恶；第一义悉檀，即破除一切议论语言，直接以第一义诠明诸法实相之理，令众生真正契入教法。

马提出《论语》有三大问目：一问仁，二问政，三问孝，皆可从四悉檀加以统贯。一问仁。如樊迟问仁，子曰"爱人"；问知，子曰"知人"，是世界悉檀。答子贡曰"己欲立而立人，己欲达而达人，能近取譬，可谓仁之方也已"，是为人悉檀。答司马牛曰"仁者，其言也讱"；答樊迟曰"仁者先难而后获"，是对治悉檀。答颜渊曰"一日克己复礼，天下归仁焉"，是第一义悉檀（参见一，162）。

二问政。如曰"既庶矣，富之；既富矣，教之"，是世界悉檀。答叶公问政曰"近者悦，远者来"；答仲弓为季氏宰问政曰"先有司，赦小过，举贤才"，是为人悉檀。答哀公、季康子诸问及定公问一言"兴邦"、"丧邦"，答齐景公问政曰"君君、臣臣、父父、子子"，是对治悉檀。答子张曰"居之无倦，行之以忠"；答子路问君子曰"修己以敬"，是第一义悉檀（参见一，165—166）。

三问孝。如答孟懿子曰"无违"，是世界悉檀。答孟武伯曰"父母唯其疾之忧"，是为人悉檀。答子游曰"不敬何以别乎"；答子夏曰"色难"，是对治悉檀。答或问禘之说曰"知其说者之于天下也，其如示诸斯乎"，指其掌，是第一义悉檀（参见一，173）。

马对于自己在《洪范约议》末篇结尾处运用四悉檀会通六艺的一段文字颇为满意，自认多先儒未发之旨，常以此例为诸生说儒佛互摄之理："此为运用义学之要，却可作后来说经轨范。"（一，554）

（3）四宾主

四宾主是禅宗为学人提示禅机、趋向正途的手段，包括主中宾、宾中主、宾中宾、主中主。主中宾，又称体中之用，即从本体之中引发出作用，犹如大臣奉帝王之命，出而行事；宾中主，又称用中之体，即寓存于各种作用中之本体，犹如帝王潜居于闹市之中；宾中宾，又称用中之用，即作用与本体相互乖离而不与本体相应，犹如化外之民、无主之客；主中主，又称体中之体，即法理中未牵涉作用，或未显现为作用的本体，犹如帝王深居于王宫之中，权位虽在，而不能发令动员臣民。

马指出："宾主四料简，虽儒书亦可如此会。例如孔子语颜、曾便是主勘主，语子贡便是主勘宾，惟宾勘宾处殊不多见耳。"（三，967）

马通过四法界、四悉檀和四宾主的思维拟议确实厘清了原先较为模糊含混的概念，剖判出条理秩然、层次分明的意义结构，深化了对文本深层意蕴的解析。

（四）现实意义

马一浮系统总结了佛学释经规律，整理出语词格义、六离合释、句型解析、释经程序、逻辑同值、框架融合、文本转换、思维拟议等八种基本方法，为传统经学文本的时代阐释提供了一种新的解读视角。我们知道，自辛亥革命尤其是新文化运动、五四运动以后，批孔废经成为一时潮流，经学亦成为复古、保守的代名词，被摒除于文化教育制度之外，马在尊孔读经并劝设通儒院的建议未被当局采纳后，于是沉潜研究，终于以佛证儒，在儒佛互摄的理论路线上重建以六艺之道为代表的传统价值本体，为儒学的现代复兴提供扎实、可靠的文本依据和现实导向。

马一浮的佛学诠释学的实践也为当代诸文化系统的对话、融通提供了具体的文本参照和范式借鉴。文化学的研究表明任何一种民族文化系统都必须在与其他文化系统的交流、融摄中互补共济，汲取有用的思想文化成分，促进自身的良性发展。僵化保守、固步自封、闭锁隔绝只会导致文化的沉沦衰落乃至死亡。因此，马的"佛学诠释学"的文化学意义就在于采取新的诠解工具，赋予传统经典文本以时代内涵和文化意蕴，这也是中西文化融会贯通的一个富有启示性的发展路向。

二　文化学的阐发

本书认为，文化哲学意义上的判教实际上是现代新儒家为解决中西文化矛盾并基于本土思想资源而提出的，具有当代的文化理论品格，可以在众多的文化理论中聊备一说，而为"文化判教说"。所谓"文化判教说"，是指现代新儒家继承转化儒佛判教思维及方法，付诸于中西文化冲突的时代背景下关于考察世界诸文化系统的价值关系以及中华民族文化现代转型的思考与实践，从而形成的理论形态。

将马一浮的判教观及其文化实践放置于这样的思想境域中，可以看出他对现代中国文化哲学的核心命题——中西文化关系所作的探索与努力，他所提示的"文化判教说"具有现代文化学说的理论品格和思想个性，显示出很强的现实意义。从理论组成看，它包括三个主要部分：

心性本原依据。马一浮对文化的考察是从心性本原开始的，他将《诗》、《书》、《礼》、《乐》、《易》、《春秋》表征的六艺用来囊括古今中外一切学术部类和文化现象，其"六艺统摄于一心"的命题着重从人类普遍存在的心性本原上对文化加以贞定和落实，充分反映了文化的人性内涵和人道意蕴，促进文化与人的双向互动与良性生成。而且，马善于利用传统心性学说的丰厚理论资源优势，特别是在文化哲学语境中赋予心性以生动丰满的时代内容，使心性摆脱了原有的抽象性和神秘性，为文化判别教说奠定坚实的心性依据。

整体建构功能。六艺论是马的整体文化观，中西文化都是六艺的体现和嬗变。尽管六艺只是马从传统文化尤其是儒家文化中抽绎出来的，但马却视六艺为世界文化的普遍本质，此处隐含的判教逻辑是：一方面无论哪一民族、国家、地区的文化都是世界文化的共同组成部分，具有存在的合理性与合法性，这就意味着不能按照某种固定的文化模式判别其他文化是文明或野蛮，先进或落后，价值的高或低，发展的快或慢，从而否定其正当的文化价值①；另一方面，儒家六艺之理是最崇高、最优越、最圆满的体现，其他文化系统则被归置于不同层次的欠圆满的价值序列。

价值圆融取向。我们已经指出圆融是马文化哲学的根本特征，是多方面、多层次的，具体就价值取向而言，同样反映了这一特征。诸文化系统的价值性虽有高下浅深的差别，但因为都是六艺之理的体现，故而其动态发展的轨迹就显示为对崇高圆满的六艺之理的趋归与认同，表现为文化形态的多姿多彩和价值取向上的圆融统一。

在现代的历史条件下，具体就判教而言，它所给予全球性、多元化的文化思考的助益，本书认为体现在下面若干思维原则上：

第一，整体性原则。体系之所以为体系，就在于其整体性，因此维护思想体系的完整性是判教的出发点，不管有多少观念分歧，也不论这种分歧有多大，都应该而且可以集聚、统摄在同一个思想架构下。当然，这种整体性思想架构不是一成不变的，在与其他文化系统发生冲突、碰撞时，它会向基于各文化系统的基础层自然的生发、延展出新的思想架构，所以这种整体性不是呆板、凝固的，而是富有弹性和活力的，它始终吟唱着文化是人的文化这一永恒主

---

① 例如学术界时下普遍存在着以西方模式判断中国思想文化状况的情形：史学界关于中国有无封建社会，有无资本主义萌芽；文学界关于中国有无悲剧；自然科学界关于中国古代有无科学；哲学界关于中国古代有无哲学，儒教是否为宗教等的讨论。

题，突破种族、民族、地域和国别的界限，追求着人类的整体性文化。

第二，统一性原则。整体性统摄架构的形成必须立足于统一的尺度和标准。任何文化系统都是具有丰富内涵和独特品质的，因此在沟通和比较的基础上，有必要寻找到一个共同的理论支撑平台，以此分别出文化殊相，同中有异，异中见同。由于文化是人的文化，各文化系统必然存在着统一本质，而且可以按照本质的统一尺度去判别、去衡准，是判教统一性原则的强烈信念。

第三，秩序性原则。传统文化的历史形态总是呈现为纷繁复杂的万千表象，犹如一株枝繁叶茂的大树，何处是虬干，何处为须根，上述文化层的分辨与厘清是十分必要的。佛教采取的是据时间递进顺序或教理浅深程度加以判教，现代新儒家也大致交错采用之，应该说这也是某种意义上的历史与逻辑相统一，条理分明，层次历然，有利于进一步的文化交流与文化研究。

第四，价值性原则。秩序的形成内在地包含了价值的判定。它包括两个层面的判定：首先，它肯定各文化系统具有不可替代的独立的精神价值，所以都是人类总体文明的重要组成部门，这是基本层面的判断；其次，各文化系统又具有价值的高低之分，如抽象价值与具体价值、恒久价值与暂时价值、绝对价值与相对价值等，一般来说，本宗、本民族或本国文化属于前者，其他文化系统或形态属于后者。

第五，目的性原则。以上种种原则最终都围绕着一个目的而运行，即人是文化的最终目的。佛说法之所以有权与实，有不了义与了义，有方便说与究竟说，皆是根据不同根机的受众而起教施设，关键在于能否证悟成佛，因此佛家判教的精义也就在这里，悉为佛说，法须自悟。各文化系统皆是全人类的文化，所以应该共同增进人类社会的福祉和发展。

这五项思维原则不仅为现代新儒家的文化思考提供了犀利的思

维武器，而且有助于今天对于全球文化的认识与建设。试以"文明冲突论"略作分析。

塞缪尔·亨廷顿作为美国的著名政治学家，为配合美国政府在冷战结束的世界政治格局的战略行动，并由此在国际政治活动中重构世界秩序，于 1993 年提出了倍受瞩目的"文明冲突论"。亨廷顿认为文明与文化是密切联系的，指出文明与文化包含着一个民族的血统、语言、宗教和生活方式等内容，其核心是宗教、信仰、价值观，构成了该民族的最基本特征。由此，他按照宗教、信仰、价值观的标准划分出八种主要文明：西方文明、中华（儒教）文明、日本文明、伊斯兰文明、印度文明、斯拉夫—东正教文明、拉美文明以及可能的非洲文明。文明在信仰和价值观层面上是人们对自我身份的认同，所以既可能多个国家同属一种文明，又可能同一民族国家分属不同的文明。文明的分际线既是断裂带，可以爆发冲突乃至战争；又是聚合链，使相近的文明形态聚合团结起来以对抗共同的敌人。在亨廷顿看来，冷战结束后所发生的流血冲突大多属于文明之间的冲突，爆发于文明的断裂带，形成各自对抗的文明冲突阵营，指出文明间的冲突将取代意识形态与其他形式的冲突而成为最主要的冲突形式，未来最重要的冲突将爆发于文明的断裂带上，在现实政治中很可能表现为西方文明与非西方文明的价值观碰撞，而且断定伊斯兰和儒教文明将是引发冲突的主要力量，强调加以遏制的全球战略。

亨廷顿的"文明冲突论"，客观地讲，为分析当今的国际政治格局和安全秩序提供了一个新的视野，具有相当的启示意义，深化了人们从文明角度对国际政治生态的认识。但其论证过程及所得出的结论是不能令人接受的。

首先，文化是分立还是整体。亨廷顿认为不存在统一的世界文明，不同的区域产生了不同的文明形态，彼此缺乏内在的本质联系，因此世界范围内的文明结构是分离和独立的；而"文化判教说”则突出了整体意义上的文化概念，视诸文化类型为人类总体性文化的必要的组成部分，因此文化是整体和统一的。

其次，文化是本异还是本同。亨廷顿从价值观的差异将世界文明划分为各自独立、不相统属、时有冲突的八大文明系统，反映了他“文化本异”的观点，因此强调文化的异质性和斗争性；而“文化判教说”则认为作为人类文化的普遍本质的价值观是相同的，是一种建立在心性本原基础上的价值观，各民族文化形态都奠基于其上，从而形成纷繁复杂的文化殊相，因此强调文化的同异性和统一性。

再次，价值是冲突还是圆融。亨廷顿认为文明的冲突主要是由价值观的差异而引发的，不同文明集团之间由此产生对立，甚至表现为战争等高强度对抗行为，严重影响国际安全秩序，并直接损害到双方人民的福祉和利益；而“文化判教说”则侧重于价值观的认同与趋归，表现为正常的文化交流活动和互动过程，顺应了全球化的时代发展趋势，有利于促进社会稳定和文化进步。

本书将其和“文明冲突论”进行了比较，这并不意味着认同该观点，也不意味着认为它超越了“文明冲突论”，而是意在抉发其义化理论的现代意蕴。全球文化是全人类的整体性文化，最重要的是以和谐取代冲突，实现人类社会良性、健康的可持续发展，在这一伟大的历史进程中，我们有理由相信，文化判教说是拥有巨大的现实意义和充沛的思维能量的。当然，文化判教说并非完美无缺，例如判教的标准过于主观、武断；判教的形而上学气息仍较浓厚；判教对主体文化的批判力度不够等等，但我们可以由此为思想借鉴和历史教训，进一步探索和建构一种全球化背景下的新型文化理论。

三　价值观的解读

时值 21 世纪，20 世纪的诸多理论话题和哲学思考是我们进行理论创新的宝贵财富。张岱年先生指出："中国传统哲学的核心部分是价值观。"[①] 本书认为，从价值观的角度看，马一浮在文化哲学的建构过程中，体现了一种新型价值观——六艺价值观。所谓"六艺价值观"，是以诗、书、礼、乐、易、春秋等六艺为核心价值的关于自然、社会、人生的系统观点。就六艺价值观而言，本书认为它在今天仍然具有相当活跃的生命力和丰富的现实意蕴。

从民族精神的塑造看，民族精神是一个民族赖以生存和发展的精神支撑、内在灵魂和凝聚纽带，它对于整个民族的存在起着认同和整合的作用。对于民族的发展起着引导和促进的作用，成为民族文化中能动的内核与根据。中华民族精神对于中华民族的生存和发展的巨大推动作用是人所共知的，但就其具体内涵而言，却见仁见智。如张岱年先生曾以《周易》中的"自强不息，厚德载物"为中华民族精神的核心内容；刘纲纪先生将之归纳为理性精神、自由精神、求实精神、应变精神[②]；方立天先生则划分为重德精神、务实精神、自强精神、宽容精神、爱国精神共五个方面[③]；臧宏先生认为中华民族精神的核心是追求真、善、美统一的理想[④]。相形之下，六艺价值观以《诗》、《书》、《礼》、《乐》、《易》、《春秋》为中国文化的大本大原和民族精神的价值源泉，彰显出巨大的历史感和丰厚的思想蕴含。本书并不鼓倡独尊六艺，并以之为中华民族精神的核心内容，而是意在发掘其对于当代的启示意义。诚如伍雄武先生所言："我们探索中华文化的内核，认识中华民族精神的要义，就是要从它的价值观着手。……新儒家对中华传统文化、中华民族精神内核的探索和张扬，由此得到相当的赞许和认同，成为我

---

① 张岱年：《文化与哲学》，教育科学出版社 1982 年版，第 264 页。

② 刘纲纪：《略论中国民族精神》，载《武汉大学学报》1985 年第 1 期。

③ 方立天：《民族精神的界定与中华民族精神的内涵》，载《哲学研究》1991 年第 5 期。

④ 臧宏：《论中华民族精神及其核心》，载《哲学研究》1991 年第 11 期。

们今天探索中华民族精神重要的理论资源。"① 这个评价对六艺价
值观也是贴切的。

　　从价值系统的转换看，儒学作为价值系统对于两千多年中国社
会结构起到了十分重要的稳定作用和凝聚功能。作为世界上最大的
发展中国家，中国在过去的一个世纪经历了前所未有的大变革，政
权交替和社会变迁的速度也极为罕见。"五四运动"以后，中国的
文化价值系统也开始了新一轮转换，但在转型期间，往往容易造成
思想混乱、理想失落、道德滑坡等社会状况，表现为对感官物欲的
追求和现实利益的满足，表现为理想、信仰和意义的危机。
丹尼尔·贝尔曾经指出："一旦社会失去了超验纽带的维系，或者
说当它不能继续为它的品格构造、工作和文化提供某种'终极意
义'时，这个制度就会发生动荡。"② 六艺价值观在这方面具有强
烈的现实意义。它强调心性的内在超越，激发主体意识的高扬，使
个体奠定坚强、稳固的精神基石，在天人共生、心物不二的宇宙情
怀中获得人生境界的升华。对此，刘学智先生指出："通过内在超
越，也可以建立起适合时代精神的终极价值体系，而且这一价值体
系具有不依赖于虚幻的、外在的、形式化的超越性存在（如上帝、
神之类）的更为稳定、更为坚实的基础，即所建立的绝非脱离历
史存在、社会制度、意识形态的抽象的价值系统，而是在对社会主
义的价值观和道德规范认同基础上并立足于现实社会的价值系
统。"③ 只要我们能扬弃六艺价值观的主观性和非历史性因素，以
民族精神为体，以时代精神为用，就一定能建构中国特色的新型价

---

　　① 伍雄武：《中华民族的形成与凝聚新论》，云南人民出版社 2000 年版，第 284—
285 页。

　　② ［美］丹尼尔·贝尔：《资本主义文化矛盾》，生活·读书·新知三联书店 1989
年版，第 67 页。

　　③ 刘学智：《心性论与当代伦理实践》，载《陕西师范大学学报》（哲社版）2002
年第 1 期。

值系统。

从道德建设的角度看，中共中央颁布《公民道德建设实施纲要》（简称《纲要》）标志着我国公民道德建设进入新阶段。《纲要》就公民道德建设提出了指导思想和方针原则，强调以人为本，在全民族树立正确的世界观、人生观、价值观，提倡爱国守法、明礼诚信、团结友善、勤俭自强、敬业奉献为内容的基本道德规范。这些基本道德规范兼具时代性和民族性：一方面基于我国人民的现实道德生活实践；另一方面源于中华民族的悠久道德传统。六艺价值观中包含着极为丰富的道德内容，例如六艺之教散在《论语》总在《孝经》，以"孝"为至德要道，而且在马一浮看来，六艺包含了性德，德相，君德，修德、德治等内容，"六艺之教总为德教"（一，221），"六经所示，皆修德之门，学道之事"（一，220）。肯定在心为德，行之为道，以六艺之道涵养德性，提升道德境界，强调遵循道德规范，于日用伦常间处处践履。六艺价值观中对古代伦理学说的概括和集成，对人格、人性的关注与涵养，对于现时代的公民道德建设是大有裨益的。

第三节　历史局限

马一浮希望能为中西文化的走向给予一个确切的回答，寻找到一个正确的方向，应当肯定，他的探索在现代思想文化史上是具有重要价值和意义的。但同时，和其他现代新儒家一样，马也不可避免的带有历史的局限性，包含着内在的思想偏向。

一　判教的非历史主义

判教是马一浮文化哲学体系的思维手段，但判教往往以自身的义理为最高真理，以某种意识形态的执著取代了对传统文化的深刻批判，这使其关于历史的描述失去了必要的客观、公正，历史展开的过程无非是为论证六艺这一先在观念，带有非历史主义的特征。显然，这对于创造性地批判继承优良文化传统是弊大于利的。所以，郑家栋先生区分了"判教"和"对话"的实质性差异，指出应实现从"判教"到"对话"的范式转换："'判教'的形态仍然相信某种思想理论有其完全超越于现实之社会历史过程的完满性；而'对话'则必须以承认思想理论的生命力来自于生活本身，来自于面对现实历史生活情境及其问题的调整与修正、解构与重构为前提。'判教'可以成就某种'实践的理论'，即在理论上强调'实践'的优先地位和重要性……；'对话'则有可能形成'理论的实践'，亦即通过理论的阐释切入现实的社会历史与生活过程，并与之形成某种互动的关系。"① 尽管本书认为"判教"通过创造性转化仍然具有相当积极的现实意义，但郑先生的提醒剀切地指出了判教的主观性和非历史主义特征，无疑是发人深省的。

二　心性的神秘主义

马一浮可谓是引领现代新儒学心性义理精神脉向的第一人，后来的新儒家都公认心性之学是中国传统文化的精髓，并由此探索内圣开出新外王的通道。尽管马一浮信誓旦旦，言之凿凿，但对于心性一直没有给予有力的论证，也缺乏现代科学的支持。他一再要求人们"信"自性真实，本心无妄，"信"圣人可学而至，通过明心复性、穷理尽性的心性修炼工夫而臻于高明的人生境界。不可否认，马一浮可能确实有证验的体会，但当下的肯定对于崇尚理性的现代人来说是难以理解的，尤其是在马糅合了儒佛心性论的成分后，更增加了些许宗教性气息，容易导向神秘主义。陈来先生曾经撰文讨论了"心学传统中的神秘主义问题"，从宗教情绪、感受的

---

① 郑家栋：《断裂中的传统——信念与理性之间》，中国社会科学出版社 2001 年版，第 445 页。

角度加以解释，不管合理与否，他确实指出了中国哲学史中一个很重要的问题。从历史上看，很少有人曾经对心性有过透彻、显豁的阐述，罗钦顺、黄宗羲就感叹"心性至为难明"，熊十力写至明心章难以下笔，马一浮则借助于内在超越的信仰，通过功夫实践去证验所"信"，但我们既难以确认证验者的所证是否真实，又无法判断不同证验者的所证是否一致。总之，在现代社会中，传统中的心性如果仍然难以至明，同样也会难以置信。

三　道德的至上主义

和其他的现代新儒家一样，马一浮仍然过于重视道德在人格养成中的作用。以儒释典籍为主要教材，以阐述经论要旨为考试内容，并通过诗、书、画、印等具体艺术实践培养传统士大夫的"雅"的生活情趣和审美能力，却忽视了工业化时代专家型科技人才的重要性。社会发展的历史趋势要求价值理性只有和工具理性结合起来，才能在当代社会发挥深远、持久的作用。而且，人格的健全发展和良性塑造纯粹依赖道德自律是远远不够的，更需要法制的有效监督和及时制裁。这些都是马一浮囿于历史局限而未能进一步展开的时代内容。

结语分别论述了马一浮文化哲学的理论特点、现代意义、历史局限，可能"同情的了解"有余，批判的力度不足，但思想的价值并非只能通过一时的批判方可实现，方会昭显。本书相信，思想的存在总是绵延于一脉相传的文化传统中，嬗变于创造性的现代转生中。

参考文献

著作类：

马一浮：《马一浮集》（一、二、三），浙江古籍出版社、浙江教育
　出版社 1996 年版。

班固：《汉书·艺文志》，中华书局 1962 年版。

张载：《张载集》，中华书局 1978 年版。

程颢、程颐：《二程集》，中华书局 1981 年版。

朱熹：《朱子语类》，中华书局 1986 年版。

朱熹：《四书集注》，岳麓书社 1987 年版。

陆九渊：《陆九渊集》，中华书局 1980 年版。

王守仁：《王阳明全集》，上海古籍出版社 1992 年版。

罗钦顺：《困知记》，中华书局 1992 年版。

王廷相：《王廷相集》，中华书局 1989 年版。

李颙：《二曲集》，中华书局 1996 年版。

黄宗羲原著，全祖望补修：《宋元学案》，中华书局 1986 年版。

黄宗羲：《明儒学案》，中华书局 1985 年版。

王夫之：《船山全书》，岳麓书社 1991 年版。

皮锡瑞：《经学历史》，中华书局 1959 年版。

章学诚：《文史通义》，上海书店 1988 年版。

梁漱溟：《梁漱溟全集》，山东人民出版社 1989—1993 年版。

熊十力：《熊十力全集》，湖北教育出版社 2001 年版。

钱穆：《中国近三百年学术史》，中华书局 1986 年版。

贺麟：《五十年来的中国哲学》，辽宁教育出版社 1989 年版。

方东美：《方东美先生演讲集》，台北黎明文化事业公司 1980 年版。

方东美：《中国人生哲学》，台北黎明文化事业公司 1991 年版。

牟宗三：《圆善论》，台北学生书局 1985 年版。

牟宗三：《佛性与般若》，台北学生书局 1984 年版。

牟宗三：《心体与性体》，上海古籍出版社 1999 年版。

陆宝千整理：《马一浮先生遗稿初编》，台北广文书局 1992 年版。

陆宝千整理：《马一浮先生遗稿续编》，台北广文书局 1998 年版。

马镜泉编校：《马一浮卷》，河北教育出版社 1996 年版。

滕复编：《默然不说声如雷——马一浮新儒学论著辑要》，中国广
　　播出版社 1995 年版。

宋志明编注：《复性书院讲录》，山东人民出版社 1998 年版。

夏宗禹编：《马一浮遗墨》，华夏出版社 1991 年版。

夏宗禹编：《马一浮篆刻》，华夏出版社 1990 年版。

马镜泉编：《马一浮诗翰六种》，浙江人民美术出版社 1993 年版。

马镜泉、赵士华：《马一浮评传》，百花洲出版社 1993 年版。

马镜泉编：《马一浮学术文化随笔》，中国青年出版社 1999 年版。

郑大华：《马一浮》，载王寿南主编《中国历代思想家》（二十
　　一），台北商务印书馆 1999 年版。

滕复：《马一浮思想研究》，中华书局 2001 年版。

陈星：《隐士儒宗——马一浮》，山东画报出版社 1996 年版。

乌以风编述：《马一浮学赞》，自印本，1987 年。

恒铭选编：《马一浮书法选》，安徽美术出版社 1988 年版。

中国书法家协会浙江分会：《马一浮先生纪念册》，浙江分会，
　　1987 年。

方克立、李锦全主编：《现代新儒家学案》（上、中、下），中国社
　　会科学出版社 1995 年版。

方克立、李锦全主编：《现代新儒学研究论集》（一），中国社会科
　　学出版社 1989 年版。

方克立、李锦全主编：《现代新儒学研究论集》（二），中国社会科

学出版社 1991 年版。

宋志明:《现代新儒家研究》,中国人民大学出版社 1991 年版。

宋志明:《熊十力评传》,百花洲出版社 1993 年版。

郑家栋:《本体与方法——从熊十力到牟宗三》,辽宁大学出版社 1992 年版。

郑家栋:《断裂中的传统——信念与理性之间》,中国社会科学出版社 2001 年版。

郭齐勇:《熊十力思想研究》,天津人民出版社 1993 年版。

郭齐勇、龚建平:《梁漱溟哲学思想》,湖北人民出版社 1996 年版。

丁为祥:《熊十力学术思想评传》,北京图书馆出版社 1999 年版。

黄克剑:《百年新儒林》,中国青年出版社 2000 年版。

张岱年:《文化与哲学》,教育科学出版社 1982 年版。

许苏民:《文化哲学》,上海人民出版社 1990 年版。

朱谦之:《文化哲学》,商务印书馆 1990 年版。

吕希晨主编:《中国现代文化哲学》,天津人民出版社 1993 年版。

李鹏程:《当代文化哲学沉思》,人民出版社 1994 年版。

刘进田:《文化哲学导论》,法律出版社 1999 年版。

洪晓楠:《文化哲学思潮简论》,上海三联书店 2000 年版。

柴文华:《现代新儒家文化观研究》,生活·读书·新知三联书店 2004 年版。

李德顺:《价值论》,中国人民大学出版社 1987 年版。

司马云杰:《文化价值论》,山东人民出版社 1990 年版。

赵馥洁:《中国传统文化价值论》,陕西人民出版社 1991 年版。

袁贵仁:《价值学引论》,北京师范大学出版社 1991 年版。

张书琛:《西方价值哲学思想简史》,当代中国出版社 1998 年版。

石峻等编:《中国佛教思想资料选编》,中华书局 1983 年版。

董群:《融合的佛教——圭峰宗密的佛学思想研究》,宗教文化出版社 2000 年版。

王仲尧：《隋唐佛教判教思想研究》，巴蜀书社 2000 年版。

韩焕忠：《天台判教论》，巴蜀书社 2005 年版。

［德］马克斯·韦伯：《儒教与道教》，江苏人民出版社 1993 年版。

余英时：《中国思想传统的现代诠释》，江苏人民出版社 1995 年版。

蒙培元：《理学范畴系统》，人民出版社 1989 年版。

高振农：《大乘起信论校释》，中华书局 1992 年版。

张立文：《宋明理学研究》，中国人民大学出版社 1985 年版。

陈来：《有无之境——王阳明哲学的精神》，人民出版社 1991 年版。

陈来：《现代中国哲学的追寻》，人民出版社 2001 年版。

杨国荣：《心学之思——王阳明哲学的阐释》，生活·读书·新知三联书店 1997 年版。

彭明辉：《疑古思潮与现代中国史学的发展》，台北商务印书馆 1991 年版。

梁燕城：《破晓时代——后现代中国哲学的重构》，上海东方出版公司 1999 年版。

郁振华：《形上的智慧如何可能？——中国现代哲学的沉思》，华东师范大学出版社 2000 年版。

林继平：《禅学探微十讲》，台北兰台出版社 2002 年版。

卢钟锋：《中国传统学术史》，河南人民出版社 1998 年版。

罗荣渠主编：《从“西化”到现代化》，北京大学出版社 1990 年版。

许启贤主编：《世界文明论研究》，山东人民出版社 2001 年版。

［美］丹尼尔·贝尔：《资本主义文化矛盾》，生活·读书·新知三联书店 1989 年版。

［美］塞缪尔·亨廷顿：《文明的冲突与世界秩序的重建》，新华出

版社 1999 年版。

伍雄武：《中华民族的形成与凝聚新论》，云南人民出版社 2000
　年版。

论文类：

刘又铭：《马浮研究》（台湾政大硕士论文），1984 年 5 月。

韩莺：《马一浮新儒学思想研究》（中国人民大学硕士学位论文），
　1997 年 5 月。

刘士林：《诗力都从定慧生——论马一浮的诗》，载《浙江学刊》
　2002 年第 5 期。

滕复：《从义理名相之关系看儒、释、道的分别——马一浮的义理
　名相论解析》，载《浙江学刊》2001 年第 5 期。

陈来：《马一浮的理气体用论》，载毕养赛、马镜泉主编《马一浮
　学术研究》，杭州师院马一浮研究所，1995 年。

马镜泉：《马一浮理学思想浅析》，同上。

滕复：《马一浮的六艺论》，同上。

杨儒宾：《马浮"六艺统于一心"思想析论》，同上。

林安梧：《马一浮心性论的义理结构》，同上。

蒋年丰：《马一浮经学思想的解释学基础》，同上。

李明友：《马一浮的"三教"圆融观》，同上。

成大荣：《独尊六艺绾经学与心性之学为一途》，同上。

龚道运：《马一浮论诗教》，同上。

束际成、应大白、金荣昌：《马一浮伦理思想述要》，同上。

罗义俊：《学问方向之扭转与生命进路之展示——读马一浮先生
　〈尔雅台答问〉》，同上。

夏瑰琦：《略论陆王心学在马一浮哲学中的地位》，同上。

张家成：《千年国粹一代儒宗——杭州首届马一浮国际学术研讨会
　综述》，同上。

郭齐勇：《侧身天地更怀古独立苍茫自咏诗——论马一浮的人格、文格与哲理诗》，同上。

潘慧惠：《儒学大师的心迹——〈蠲戏斋诗前集〉和〈避寇集〉印象》，同上。

李立心：《读马一浮抗战时期的诗歌》，同上。

杜巽：《马一浮先生的书法艺术》，同上。

方爱龙：《马一浮书法论》，同上。

方爱龙：《马一浮篆刻：抒情写志——一种文人印的典范》，载《书法研究》1996 年第 4 期。

章建明：《马一浮先生介绍》，载《书法研究》1988 年第 2 期。

汪英、刘学智：《中国佛教的判教理论及其意义》，载《新疆师范大学学报》（哲社版）2002 年第 1 期。

刘学智：《心性论与当代伦理实践》，载《陕西师范大学学报》（哲社版）2002 年第 1 期。

李维武：《儒学生存形态的历史形成与未来转化》，载《中国哲学史》2000 年第 4 期。

柴文华：《评马一浮的中西文化观》，载《中国哲学史》2004 年第 1 期。

柴文华：《旧瓶装旧酒——论马一浮的哲学思想》，载《深圳大学学报》（社科版）2003 年第 2 期。

范兵：《马一浮与儒学文化体系的重建》，载《中国文化》1995 年第 9 期。

楼宇烈：《理学大师马一浮》，载毕养赛主编，吕正之、马镜泉副主编《中国当代理学大师马一浮》，上海人民出版社 1992 年版。

王凤贤、滕复：《现代新儒学的典范——评马一浮先生的学术地位和学术思想》，同上。

吴林伯：《马先生学行述闻并赞》，同上。

沈文倬：《蒋庄问学记》，同上。

任继愈：《马一浮论蒋介石》，同上。

程千帆：《读蠲戏斋诗杂记》，同上。

刘操南：《浙江大学校歌疏释》，同上。

沙孟海：《论马一浮的书法艺术》，同上。

蔡吉堂：《缅忆马湛翁大师》，同上。

梁培宽：《先父梁漱溟与马一浮先生》，同上。

丰华瞻：《回忆马老》，同上。

丰一吟：《马一浮与丰子恺》，同上。

唐至中：《纪念前辈马一浮先生》，同上。

楼达人：《“文革”中的马一浮先生》，同上。

马镜泉：《怀念伯父》，同上。

许宁：《马一浮的判教观及其实践》，载吴光主编《当代新儒学探
    索》，上海古籍出版社 2003 年版。

许宁：《释门判教与现代新儒家》，载《普门学报》2002 年第
    12 期。

后　记

　　2003 年，我作为中国人民大学当年唯一参加"支援西部建设"的应届博士，来到陕西师范大学工作。弹指间五年过去了，有人问我后悔了吗？我想事实可以说明一切。四年前，陕西师范大学的哲学学科没有一个博士点，现在有了中国哲学和宗教学两个博士点，哲学博士后流动站，具有哲学硕士学位一级学科授予权。有幸的是，我作为一个年轻人，在学科建设过程中参与了一些微不足道的具体工作，尽了一点绵薄之力，亲身见证了哲学学科的蓬勃发展，体会到科研团队强大的凝聚力和感召力，深受浓郁而活跃的学术氛围和人文环境的熏陶。这些，我都视之为一个年轻学人宝贵的精神财富和不可或缺的人生历练！

　　放在读者诸君面前的这本书，一方面，作为学术习作，凝聚了母校、师长和亲人的心血，也是本人对求学阶段的一个总结，鼓舞着我进一步在教学和科研方面继续努力；另一方面，这是大陆地区以马一浮思想研究为题的第一篇博士学位论文。拙文在 2003 年 6 月以《圆融的意蕴——马一浮文化哲学研究》在中国人民大学申请哲学博士学位之后，相继有邓新文博士的《马一浮六艺一心论研究》（中山大学，2004），高迎刚博士的《马一浮诗学思想研究》（山东大学，2005），李国红博士的《马一浮思想研究——以性命与六艺为中心》（南京大学，2005），王党辉博士的《马一浮心学理学融合论》（复旦大学，2006），刘炜博士的《马一浮的六艺论与诗学思想》（华东师范大学，2006）以马一浮思想研究为题申请博士学位，充分说明了学术界对此选题积极的研究热情和持续的研究力度，谨供读者诸君作延伸阅读。

　　瞻往思来，在本书出版之际，首先感谢关心、帮助我成长的伍雄武教授，正是在伍老师的鼓励下，我才得以初窥哲学堂奥，获得了相关的学科训练和专业基础；同时向葛荣晋教授致以深深的敬意，没有他的接纳，我负笈京城求学的愿望也是难以实现的。

　　我的导师宋志明教授，他宽广的胸怀、敏锐的思维和率真的性情深刻影响着我，成为我为人处世的楷模和典范。宋老师不仅帮助选题，而且一直给予亲切指点，"证人论"一章即是根据他的建议而增设的。导师于书报资料中心繁忙公务之外，对论文曾数度披阅，此次更赐序嘉勉，言传身教，谨受不忘。

　　本书关于马一浮的生平事迹主要参考了马镜泉先生的大著《马一浮评传》。马镜泉先生是马一浮先生的嫡侄、杭州师范大学教授，虽年逾七旬，远在杭州，却两度拨冗回函，并惠赠《马一浮学术研究》，墨香手泽，言近旨远，恍见马一浮先生遗风！

　　感谢胡军教授、李景林教授、郑大华研究员等先生撰写审查报告，提出中肯的修改意见，并一致建议送呈答辩。对于中国人民大学哲学系中国哲学教研室的张立文教授以及向世陵教授、姜日天教授、彭永捷教授和罗安宪博士一直以来的关照，我铭感肺腑。

　　我所在的陕西师大中国哲学教研室是一个学风严谨、学缘互补、学术精进的教学和科研团队，刘学智教授、林乐昌教授、丁为祥教授、康中乾教授、孙萌副教授的学识、涵养使我获益匪浅，我为能够有缘参加到这个团队深感荣幸。我同时对陕西师大政治经济学院院领导在生活和工作上的支持谨致谢忱！

　　本书在撰写和修订阶段，曾于多种学术期刊发表相关成果，承蒙学界前辈指正，在此亦对《中国哲学史》、《学术研究》、《中华文化论坛》、《普门学报》、《安徽大学学报》、《中华文化研究辑刊》等刊物奖掖后学的精神表达由衷的钦佩。

　　本书有幸获得国家社会科学基金和陕西师范大学优秀学术著作出版基金的资助，中国社会科学出版社副总编辑曹宏举先生和责任编辑张林女士为出版事务作出了重要贡献，没有他们富有责任感的协助，本书的顺利付梓是难以想象的。

　　略有遗憾的是，马一浮先生一向以诗自期，认为"后世有欲知某之为人者，求之吾诗足矣"，本书尚有待于充分挖掘和利用马一浮先生的诗歌资源，以作为其文化哲学思想的说明和佐证。而且从现代新儒学的发展过程看，我对马一浮之学有了进一步的认识。按照我的导师宋志明教授在其博士论文《现代新儒家研究》中所论证的：梁漱溟属于现代新孔学，熊十力属于现代新唯识学，冯友兰属于现代新理学，贺麟属于现代新心学。那么，能否判定马一浮之学属于现代新儒学阵营中的现代新经学？这样，马一浮在现代新儒学发展过程中的地位和意义也会进一步得到明确。我另文对此进行了讨论，未及在书中说明。

　　本书参考了海内外的相关研究成果，难以在文中全部列出，在此一并致谢。书中错误不当之处，敬请读者批评指正。

　　谨以此书献给我的父母！

作者谨识

2007 年 11 月 18 日

于南京大学平仓巷博士后公寓